Hanno Beck / Aloys Prinz

Abgebrannt

Hanno Beck / Aloys Prinz

ABGEBRANNT

Unsere Zukunft nach dem Schulden-Kollaps

MIX
Papier aus verantwor-
tungsvollen Quellen
FSC® C014889

Bibliografische Information der Deutschen Nationalbibliothek
Die Deutsche Nationalbibliothek verzeichnet diese Publikation in der
Deutschen Nationalbibliografie; detaillierte bibliografische Daten
sind im Internet über http://dnb.d-nb.de abrufbar.

1   2   3   4   5   15   14   13   12   11

© 2011 Carl Hanser Verlag München
Internet: http://www.hanser-literaturverlage.de
Lektorat: Martin Janik
Herstellung: Stefanie König
Umschlaggestaltung: Brecherspitz Kommunikation GmbH, München,
www.brecherspitz.com
Satz: le-tex publishing services GmbH, Leipzig
Druck und Bindung: Friedrich Pustet, Regensburg
Printed in Germany
ISBN 978-3-446-42697-9

INHALT

PROLOG: BANKROTT, PLEITE, ABGEBRANNT

„Der Staatshaushalt muss ausgeglichen sein. Die öffentlichen Schulden müssen verringert werden. Die Arroganz der Behörden muss gemäßigt und kontrolliert werden. Die Zahlungen an ausländische Regierungen müssen reduziert werden, wenn der Staat nicht bankrottgehen will."

Marcus Tullius Cicero

Als der Präsident im Parlament die Insolvenz seines Landes verkündete, zogen wütende Bürger, deren Bankguthaben der Staat eingefroren hatte, auf die Straße und machten ihrem Ärger über die Politiker Luft; Plastiktüten, gefüllt mit menschlichen Exkrementen, flogen in Richtung Parlament. Der Staatschef ließ sich nach seinem Rücktritt mit dem Hubschrauber vom Dach des Präsidentenpalastes ausfliegen, um dem Volkszorn zu entgehen.

Als der Regierungschef sich nicht mehr zu helfen wusste, verkündete er die Einstellung aller Zahlungen an die Gläubiger. In der Folge brachen in ganz Europa Banken und Finanzhäuser zusammen.

Als es Griechenland mit seiner Schuldenpolitik übertrieben hatte, hatten die Länder der Union genug: Sie warfen Griechenland aus der Währungsunion.

Auf dem Höhepunkt der Inflation hatte das Papiergeld nur noch ein Prozent seiner ursprünglichen Kaufkraft, bevor der Staat eingriff und dieses Geld kurzerhand abschaffte.

Vertraute Szenen? Leider. Neu? Wohl kaum. Der Staatschef mit dem Hubschrauber war der argentinische Präsident, er musste 2001 vor dem Zorn seiner Bürger fliehen. Der Regierungschef, der die europäische Bankenlandschaft in den Abgrund stürzte, war König Edward III., der 1340 den Staatsbankrott der Briten erklärte. Der Rauswurf der Griechen aus der Währungsunion fand 1908 statt, als Frankreich, Italien, Belgien und die Schweiz Griechenland aus der Lateinischen Münzunion warfen. Und der Staat mit der vermögensvernichtenden Inflation war das China der Ming-Dynastie im 15. Jahrhundert.

Griechenland wird aus der Währungsunion ausgeschlossen? Die USA sind pleite? Die Inflationsraten werden zweistellig? So aktuell das klingt – alles ein alter Hut, alles schon passiert. Griechenland würde nicht das erste Mal aus einer Währungsunion fliegen, die Vereinigten Staaten wären – wie fast alle anderen Industrienationen – nicht das erste Mal pleite, und Inflation ist älter als das Geld, mit dem wir bezahlen. Alleine für die vergangenen 200 Jahre registrieren Ökonomen rund 320 Staatspleiten; unter den Staaten, die ihre Schulden nicht zurückzahlten, finden sich prominente Namen wie die Vereinigten Staaten, Spanien, Dänemark, England, Japan und auch Deutschland. Allein im 20. Jahrhundert zählen wir mehr als zwei Dutzend Währungsreformen im Gefolge staatlicher Schuldeneskapaden.

Bankrotte Staaten, Bankenkrisen, geplatzte Währungsunionen, Hyperinflationen – das alles gibt es seit Jahrhunderten, und die Ursache dieser Katastrophen ist stets die gleiche: Staaten verschulden sich bis über die Halskrause, verbrennen das Geld ihrer Bürger für unsinnige Veranstaltungen und entziehen sich ihrer Verantwortung, indem sie die Rückzahlung einstellen. Heute, im zweiten Jahrzehnt des neuen Jahrtausends, droht die Wiedervorlage: Weltweit haben sich die Staaten bis über beide Ohren verschuldet, drohen Staatspleiten, scheint ein Auseinanderbrechen der Europäischen Währungsunion möglich, befürchten Bürger Inflation. Es

scheint, als hätten Politiker nichts aus der Vergangenheit gelernt.

Dabei kann man, muss man viel aus der Vergangenheit
lernen, und man muss wissen, welche Ursachen und Folgen
eine steigende Staatsverschuldung haben kann. Warum
muss ein Staat Schulden machen, wann darf er sich verschulden, und wo ist die Schmerzgrenze, ab der es gefährlich
wird? Welche Folgen hat das für uns, für unsere Kinder? Was
wird aus der Europäischen Währungsunion? Und warum
können Politiker nicht die Hände aus dem Schuldenkekstopf
nehmen? Nicht nur als Wähler oder mündiger Bürger, auch
als Steuerzahler, der die Suppe auslöffeln muss, die ihm die
gewählten Repräsentanten einbrocken, sollte man solche
Dinge wissen. Wir wollen versuchen, diese Fragen zu beantworten, ohne Fachjargon, Formeln und Grafiken, verständlich für alle, und auch ein wenig unterhaltsam – wobei es
dem Leser selbst überlassen bleibt, ob er lachen, weinen oder
sich gruseln will.

Wir hegen keine Zweifel daran, dass die (Über-)Verschul-
dung der Staaten weltweit die politischen Debatten der kommenden Jahre prägen wird – dies soll unser Beitrag dazu
sein. Lassen Sie uns keine Zeit mehr verlieren. Fangen wir
an. Fangen wir an mit einem Staatchef, dem man das Flugzeug pfänden will.

1 EINE KLEINE GESCHICHTE DER STAATSPLEITEN

„Ein Blick in die Geschichte des Staatsschuldenwesens belehrt uns, daß dieses wenigstens während langer Zeitläufte glattweg als Geschichte von Staatsbankrotten bezeichnet werden kann. Es gehört auch keine übermäßig große Prophetengabe zu der Auffassung, daß auch hier in naher Zukunft bei manchen Staaten die Geschichte sich wiederholen wird."

Alfred Manes, Staatsbankrotte.
Wirtschaftliche und rechtliche Betrachtungen, 1919

„Pfänden Sie die Präsidentenmaschine"

Als Oberhaupt eines Staates ist man es gewohnt, um die Welt zu reisen, mit gekrönten oder gewählten Häuptern zu plaudern, Paraden abzunehmen und wichtige Geschäfte zu machen. Und man ist es gewohnt, in allen Ehren und in aller Freundschaft empfangen zu werden. Doch das ist keine zwingende Veranstaltung, wie Argentiniens Präsident Nestor Kirchner erfahren musste: Als er im Oktober 2004 seinen Besuch in Deutschland ankündigte, drohten erboste deutsche Anleger, die Argentinien Geld geliehen hatten, mit der Pfändung der Präsidentenmaschine „Tango 01". Das wäre einzigartig gewesen: Der Präsident Argentiniens landet zum Staatsbesuch, und als die Maschine ausrollt, kommt der Gerichtsvollzieher, klebt einen Kuckuck an die Windschutzscheibe und der Präsident muss per Linienflug zurückkreisen. Das war Kirchner zu spektakulär: Die Präsidentenmaschine blieb im Hangar, er verzichtete auf den Besuch. Stattdessen reiste Vizepräsident Daniel Scioli per Linienmaschine an.

Der Ärger hatte eine lange Vorgeschichte: Mehr als 700.000 Anleger in aller Welt hatten Argentinien in den 90er-Jahren Geld geliehen, indem sie argentinische Staatsanleihen gekauft hatten. Immerhin versprach Argentinien seinen Gläubigern bis zu zwölf Prozent Zinsen. Das klang so einfach: Man leiht Argentinien Geld, und später zahlt der Staat dieses Geld zurück, zuzüglich zwölf Prozent Zinsen – was soll da schiefgehen? Vermutlich haben viele Anleger überhaupt nicht die Möglichkeit erwogen, dass ein souveräner Staat pleitegehen und die Rückzahlung seiner Schulden einstellen könnte. Stattdessen haben sie begeistert zugegriffen, wenn Finanzberater mit zwölf Prozent Zinsen lockten. Und Argentinien nahm das Geld der internationalen Anlegergemeinde dankbar an, bis es auf einem Schuldenberg von 110 Milliarden Dollar saß, den es nicht mehr abtragen konnte. Kurz vor dem unvermeidlichen Ende verwendete Argentinien 80 Prozent seiner jährlichen Steuereinnahmen dafür, die Zinsen auf seine Schulden zu zahlen. Das konnte nicht gut gehen.

Ging es auch nicht: Im Dezember 2001 verkündete der damalige Präsident Adolfo Rodríguez Saá unter tosendem Beifall der Abgeordneten im argentinischen Parlament die Einstellung aller diesbezüglichen Zahlungen. Die Bankguthaben der eigenen Bürger wurden eingefroren, um einem Ansturm auf die Banken zuvorzukommen und zu verhindern, dass die Argentinier ihr Geld außer Landes schaffen. Die Banken verbarrikadierten Türen und Fenster mit Stahlplatten, einige Tage wurden sie geschlossen, Bargeld wurde knapp. Tausende Argentinier zogen auf die Straße und machten ihrem Ärger über die Politiker Luft; Plastiktüten, gefüllt mit menschlichen Exkrementen, flogen in Richtung Parlament, und die erboste Menge brüllte Parolen wie „Geben wir den Politikern, die eine ganze Nation in die Pleite geritten haben, ihren jämmerlichen Dreck zurück". Der

Staatschef ließ sich nach seinem Rücktritt mit dem Hub-schrauber vom Dach des Präsidentenpalastes ausfliegen, um dem Volkszorn zu entgehen.

Aber nicht nur die Bürger Argentiniens litten unter dem Bankrott des argentinischen Staates, auch die ausländischen Gläubiger, auch die deutschen Anleger: Im Juni 2004 machte Kirchner den ausländischen Gläubigern das wenig verlo-ckende Angebot, dass sie auf 75 Prozent ihres eingesetzten Kapitals verzichten sollen. Im Klartext: Für jeden Euro, den die Anleger Argentinien geliehen hatten, sollten sie noch 25 Cent zurückbekommen – das sei ja schließlich besser als nichts. Das brachte die deutschen Gläubiger auf die Palme – so leicht wollten sie nicht auf ihr Geld verzichten. Also ka-men sie auf die verzweifelte Idee, die Präsidentenmaschine zu pfänden, auch wenn ihnen klar gewesen sein muss, dass dieses Unterfangen wenig aussichtsreich war – zudem wäre der Erlös aus dem Verkauf der Maschine nur ein Tropfen auf dem heißen Schuldenstein gewesen.

Nun ist Argentinien ein besonders schwerer, ja fast chroni-scher Fall eines Pleitestaates, aber bei Weitem nicht der ein-zige. Über Jahrhunderte hinweg haben Staaten sich über-nommen, Geld geliehen, verprasst und anschließend die Zins- und Rückzahlung an ihre Gläubiger eingestellt. Die Ökonomen Kenneth Rogoff und Carmen Reinhart haben für die vergangenen 200 Jahre rund 320 Staatspleiten gezählt; unter den Staaten, die ihre Schulden nicht zurückzahlten, finden sich prominente Namen wie die Vereinigten Staaten, Spanien, Dänemark, England, Japan und auch Deutschland. Argentinien ist ganz vorne: Allein zwischen 1980 und 2001 konnte es dreimal seine Schulden nicht begleichen.

Griechenland, das 2009 Europa mit seinen Schuldenprob-lemen an den Abgrund drängte, verbrachte seit seiner Unab-hängigkeit im Jahr 1830 etwa die Hälfte der Zeit in Staats-bankrotten – für unseren Kontinent ein Spitzenwert. Auch in anderen europäischen Ländern finden wir Staatspleiten: Frankreich meldete im Anschluss an die Revolution von 1789 Staatsbankrott an, das Kaiserreich Österreich, damals eine europäische Großmacht, ging 1811 pleite, Dänemark 1813 und Russland 1918. Auch Deutschland zahlte zweimal seine Schulden nicht zurück, in den Jahren 1923 und 1948 meldete der deutsche Adler de facto Bankrott an.

Was die Zahl der Bankrotte seit 1800 angeht, so liegt Spanien mit acht Pleiten in Führung, dicht gefolgt von Deutschland mit sieben Bankrotten sowie Österreich und Ungarn (beide einschließlich Österreich-Ungarns) ebenfalls mit je sieben Staatspleiten. Kurzum: Zu allen Zeiten haben Staaten über ihre Verhältnisse gelebt und ihren Gläubigern genommen, was ihnen gehörte. Wer glaubt, dass Staaten nicht pleitegehen können, hat den Geschichtsunterricht geschwänzt. Aber was ist da passiert? Wie kann es dazu kommen, dass ein Staat in die Pleite schliddert? Fragen wir dazu einen Pleitesuperstar der frühen Neuzeit, dessen Finanzgebaren ihm einen Eintrag in den Geschichtsbüchern und einen Ehrenplatz in der Ruhmeshalle der Staatsbankrotteure sichert.

Der Superstar unter den Staatsbankrotteuren

Als Superstar unter den Staatsbankrotteuren gilt Philipp II. von Spanien, und das nicht ganz zu Unrecht: Rekordverdächtige vier Staatsbankrotte legte Philipp während seiner 42 Jahre dauernden Regentschaft hin – 1557, 1566, 1575 und 1596 erklärte er sein Land für zahlungsunfähig.

Dabei hatte Philipp gute Voraussetzungen für solide Staatsfinanzen: Innerhalb weniger Jahrzehnte brachten spanische Schiffe große Mengen an Silber und Gold aus Südamerika in die Heimat – Schätzungen zufolge sollen zwischen 1493 und 1600 die Edelmetall- und Geldbestände in Europa um das Sechs- bis Achtfache gestiegen sein. Doch Reichtum macht verschwenderisch: Philipp verprasste einen Teil des aus den Kolonien geraubten Reichtums für einen üppigen Hof- und Staatsapparat. Rund 500 Jahre später sollte es ein kleines Land vom Rande der Europäischen Union dem Staatsbankrott-Superstar gleichtun und große Geldmengen für einen absurd aufgeblähten Beamtenapparat verschwenden, mit den eingangs bereits erwähnten Folgen. Hier haben wir eines der bewährten Strickmuster auf dem Weg in den Schuldenstaat: die Finanzierung eines überdimensionierten Staatsapparats.

Und wer glaubt, dass dies heute nicht passieren kann, sollte einen Blick auf die üppigen Pensionsversprechen werfen, die viele Staaten ihren Bediensteten machen oder gemacht haben. An diesen Schulden – um nichts anderes handelt es sich hierbei – werden sich in den kommenden Jahren noch heftige Debatten entzünden.

Auch mit dem Bau des Prachtschlosses Escorial brachte Philipp viel Geld durch – ebenfalls eine bewährte Schnellstraße in den Staatsruin: Man verpulvert das Geld für Prestigeobjekte, Investitionsruinen oder sonstige unproduktive Politikerspielzeuge. Das ist eine wichtige Erkenntnis: Wenn sich ein Staat Geld leiht und es in produktive Investitionen steckt, die später Erträge in Form von höheren Steuereinnahmen abwerfen, ist Staatsverschuldung kein Problem, sie gleicht dann einem ganz normalen Investitionsvorgang. Man leiht sich Geld, um es zu investieren, und aus den Erträgen der Investition zahlt man den Kredit nebst Zinsen zurück. Wandert das geliehene Geld hingegen in unproduktive Verwendungen wie Luxusschlösser, einen aufgeblähten Beamtenapparat, Prunkbauten oder andere Repräsentationsungeheuer, so stellt sich die Frage, woher das Geld kommen soll, um den Kredit später zurückzuzahlen. Jede Bank fragt ihre Kunden, die einen Kredit aufnehmen wollen, was sie mit dem Geld machen wollen – und zu Recht. Wer einem Staat Geld leiht, sollte diese Frage auch stellen.

Das haben die Banken im Falle Philipps wohl nicht gemacht – die schiere Menge an Edelmetall, die aus den Kolonien ins spanische Mutterland strömte, reichte ihnen als Sicherheit, um dem verschwendungssüchtigen Potentaten Geld zu leihen. Doch das viele Edelmetall wurde den Banken zum Verhängnis: Der Wert von Gold und Silber sank aufgrund des riesigen Zuflusses, und als die Banken keine weiteren Kredite mehr vergeben wollten oder konnten, verkündete Philipp 1557 den ersten Staatsbankrott. Sein Kommentar zu dieser Pleite zeigt seine entspannte Haltung im Umgang mit solchen Problemen; sinngemäß soll er gesagt haben: „Wer Gläubiger ist, ist selbst in Schuld." So kann man das auch sehen.

Nichtsdestoweniger liehen die Banken Philipp wieder Geld, das dieser flugs in den zweiten Staatsbankrott umsetzte, dem rasch der dritte folgte. Der Hauptgrund für Philipps Pleiterekord war die unproduktivste Verwendung, die man sich für geliehenes Geld vorstellen kann: Krieg. Mit großer Leidenschaft bekämpfte er Engländer, Osmanen, Niederländer und Franzosen; während der 42 Jahre, in denen er regierte, herrschten gerade einmal sechs Monate lang Frieden in seinem Reich. Kein Wunder, dass bei einem so streitbaren Herrscher rund 90 Prozent des Staatshaushaltes für das Militär aufgewendet wurden. Ein ähnliches Schicksal ereilte Preußen in den Jahren 1807 und 1813, als dem Land die Kosten für die napoleonischen Kriege aus dem Ruder liefen und es Bankrott anmeldete. Rund 500 Jahre nach Philipp sollte sich eine andere Weltmacht jenseits des Atlantiks Geld für aberwitzige Kriegszüge leihen und einen gewaltigen Schuldenberg aufhäufen – mit noch unbestimmten Folgen.

Eine weitere historische Konstante staatlicher Schuldeneskapaden finden wir bei den Banken: Bei Philipps drittem Bankrott erlitten die deutschen Bankhäuser Fugger und Welser derart hohe Verluste, dass sie in den darauffolgenden Jahren ihre Pforten schließen mussten. Ein Muster mit Wiedererkennungswert: Ähnlich erging es den bedeutenden Florentiner Handels- und Finanzhäusern, die im 14. Jahrhundert das englische Königshaus mit Krediten versorgten. Als ihn seine italienischen Finanziers zwingen wollten, die englische Wollproduktion zu ungünstigen Konditionen zu verkaufen, stellte der englische König Edward III. die Rückzahlung seiner Kredite ein – innerhalb eines Jahres brachen mehrere der größten Bankhäuser von Florenz zusammen. Einige Hundert Jahre später war die Befürchtung, dass eine Staatspleite viele Banken in den Abgrund reißen würde, der Europäischen Union Anlass genug, um die 750-Milliarden-Bazooka auszupacken, die Staatspleiten in Europa verhindern soll. Die Geschichte wiederholt sich: Mag es auch Wahnsinn sein, so hat es doch Methode.

Unproduktive Ausgaben, Kriege, bankrotte Banken – man könnte fast meinen, ein Staatsbankrott folgt einem vorgegebenen Drehbuch. Ganz so einfach ist es nicht, aber es gibt Gemeinsamkeiten. Wie schlittern Staaten in den Bankrott? Oftmals verläuft diese Veranstaltung nach einem Muster, das

viele aus ihrer Schulzeit kennen, als man Kettenbriefchen an
seine Freunde verschickte. Dieses Muster stammt von einem
Italiener, dem die zweifelhafte Ehre zuteil wurde, dass man
ein Betrugsschema nach ihm benannte.

Ein Schwindler liefert das Drehbuch für den Staatsbankrott

Wenn Philipp II. als Superstar unter den Staatsbankrotteuren
gehandelt wird, so kann man ihm den gebürtigen Italiener
Charles Ponzi als Superstar der Finanzbetrüger an die Seite
stellen. Ponzi wanderte 1903 bitterarm in die Vereinigten
Staaten ein, wo er anfänglich als Kellner arbeitete und nach
Arbeitsschluss die Bücher des Restaurants fälschte. Die folgenden Jahre lernte er das amerikanische Justizsystem kennen und saß wegen Scheckbetrug und Menschenhandel ein.
Dann kam er auf die Idee mit den internationalen Antwortscheinen. Internationale Antwortscheine funktionieren so:
Wer einen Brief ins Ausland schickt, fügt einen Antwort-
schein bei, den er zuvor bezahlt hat, und der Empfänger des
Briefes bekommt für diesen Antwortschein die Briefmarken
für das Rückporto. Ponzi behauptete, mit diesen Antwortscheinen Geld verdienen zu können, da er die Antwortschei-
ne aufgrund des günstigen Wechselkurses des Dollars im
Ausland billig erwerben und zu einem wesentlich höheren
Wert in Amerika umtauschen könne – ein narrensicheres
System mit Renditen von 400 Prozent, wie er gutgläubigen
Anlegern versicherte. Kann die Welt schöner sein?

Nein, kann sie nicht – der Handel mit den Antwortscheinen fand nie statt. Ponzi gilt als Urvater eines klassischen
Betrugsschemas: Er köderte seine Kunden mit hohen Gewinnen, die er anfangs ausschüttete. Das waren aber keine Gewinne aus dem Handel mit Antwortscheinen, sondern die
Einlagen neu gewonnener Anleger. Ponzi finanzierte die Aus-
schüttungen mit dem Geld von Neukunden. Solange die Kunden ihre Einlagen nicht abziehen, merken sie das nicht. Dieses System hat allerdings eine Schwachstelle: Um ständig
Gewinne ausschütten zu können, brauchte Ponzi immer neue
Kunden, aus deren Einlagen er die „Gewinne" der Altkunden

bezahlte. Und je mehr Kunden kamen, umso mehr neue Kunden musste er anwerben, denen er wiederum Gewinne auszahlen musste.

Damit ist klar, dass dieses System zusammenbrechen muss: Als Ponzi keine neuen Kunden mehr akquirieren konnte und die ersten Kunden ihr Geld wiedersehen wollten, brach das Kartenhaus zusammen – einer der größten Finanzschwindel aller Zeiten war perfekt. Rund 80 Jahre später sollte der angesehene Wall-Street-Veteran Bernard Madoff dieses Spiel, das man heute Ponzi-Spiel nennt, wiederholen und dafür 150 Jahre Gefängnis kassieren – jemandem, der über 70 Jahre alt ist, hilft da auch kein Strafnachlass wegen guter Führung.

Vielleicht wäre Madoff das Gefängnis erspart geblieben, wenn er ein souveräner Staat gewesen wäre, denn ähnlich wie ein Ponzi-Spiel funktioniert ein Staatsbankrott. Am Anfang stehen gewaltige Ausgaben, verschwendungssüchtige Politiker und klamme Staatskassen. Der Staat nimmt zur Finanzierung seiner Ausgaben Kredite auf, natürlich in der festen Absicht, diese wieder zurückzuzahlen. Dann stellt sich heraus, dass man diese Kredite nicht so rasch zurückzahlen kann, sondern sogar weitere Mittel benötigt. Das ist der Punkt, an dem das Ponzi-Spiel beginnt: Irgendwann muss der Staat ja die alten Schulden zurückzahlen, wenn er das anfangs nicht will, später nicht kann, nimmt er neue Schulden auf, um die Zinszahlungen und die alten Schulden zu begleichen. In der Fachsprache nennt man das „debt roll over" oder „refinanzieren" – die alten Schulden werden zurückbezahlt, indem man neue Schulden aufnimmt.

Das Ganze wäre unproblematisch, wenn man immer den gleichen Schuldenberg refinanzieren, also sozusagen immer die gleiche Schuldensumme vor sich herschieben würde. Doch genau das ist nicht der Fall. Erstens neigen Regierungen dazu, den alten Schulden neue an die Seite zu stellen, und zweitens muss der Staat ja auf die Schulden Zinsen zahlen. Das sorgt dafür, dass die Schuldensumme wie von selbst steigt. Und irgendwann reichen die Steuereinnahmen des Staates nicht einmal mehr aus, um nach Abzug der sonstigen Staatsausgaben die Zinsen auf die Staatsverschuldung zu bezahlen. Das nennt man in der Fachsprache den Primärüberschuss: die Steuereinnahmen minus die Staatsausgaben, aber ohne die Ausgaben für die Zinszahlungen auf die Staatsschuld. Wird dieser Primärüberschuss negativ, so bedeutet das, dass nach Abzug aller sonstigen Staatsausgaben von den Einnahmen des Staates nicht mehr genügend Geld übrig bleibt, um die Zinsen zu zahlen, die auf die bestehenden Schulden anfallen – von der Rückzahlung der Schulden, der Tilgung, ganz zu schweigen.

Was aber soll der Staat tun, wenn seine Einnahmen nicht ausreichen, seine normalen Ausgaben plus die Zinsen auf seine Staatsschulden zu bezahlen? Klarer Fall, er nimmt neue Schulden auf. Jetzt beginnt das Ponzi-Spiel: Man bedient die Ansprüche der alten Gläubiger, indem man neue Gläubiger sucht, mit deren Geld man die Zinsansprüche der alten Gläubiger finanziert. Schulden werden mit Schulden bezahlt, die weitere Schulden zur Folge haben. Das kann nicht gut gehen.

Tut es auch nicht: Irgendwann kommen den Gläubigern Zweifel, ob der Schuldenstaat noch willens und in der Lage ist, Zinsen und Kredit zurückzuzahlen – und sie beginnen zu zögern, dem Staat neue Kredite zu geben. Anfangs kann der Staat das kompensieren, indem er den zweifelnden Gläubigern höhere Zinsen bietet, doch das ist nur eine Scheinlösung: Die höheren Zinsen, die er nun zahlen muss, kann er aus seinen regulären Einnahmen nicht finanzieren, da ja bereits der Primärsaldo negativ ist. Also muss er die höheren Zinsen mit noch höherer Verschuldung bezahlen. Vereinfacht gesagt: Der Staat verschuldet sich noch mehr, um die Kosten seiner bisherigen Verschuldung zu finanzieren, wodurch die Staatsschulden steigen, weil die Staatsschulden steigen, was dann zu höheren Staatsschulden führt. Mehr Ponzi geht nicht.

Das erkennen auch die Gläubiger: Sie geben keine neuen Kredite mehr und verweigern eine Verlängerung der Laufzeiten der bestehenden Kredite. Das ist das Ende: Sobald der Staat keine neuen Kredite mehr erhält, um die Altschulden zu refinanzieren und die Zinsen auf die bestehenden Kredite zu bezahlen, ist er zahlungsunfähig.

Zuletzt konnte man dieses Drehbuch in Griechenland bewundern: Als sich 2009 herausstellte, dass die Griechen jahrelang die offiziellen Daten über ihre Staatsverschuldung geschönt hatten, wurde den Gläubigern schlagartig klar, dass die Rückzahlung ihrer Kredite gefährdet war – viele verweigerten neue Kredite, andere waren nur bereit, gegen höhere Zinszahlungen weitere Kredite zu geben. Diese höheren Zinszahlungen verschärften die griechische Schuldenkrise, da der Staat nun seine bisherige Verschuldung mit noch höherer Verschuldung finanzieren musste. Noch schlimmer war, dass die Ereignisse um die griechische Staatsverschuldung die internationale Gläubigergemeinde aufschreckten – plötzlich war die Vorstellung, dass ein Industriestaat, ein Mitglied der Europäischen Währungsunion, pleitegehen könnte, nicht mehr abwegig. In Panik überprüften Investoren weltweit ihre Portfolios sowie die Zahlungsfähigkeit anderer Staaten der EU – und bekamen es mit der Angst zu tun. Staaten wie Spanien, Portugal oder Irland, selbst Italien schienen auf einmal unsichere Kantonisten zu sein, weswegen viele Investoren ihre Brieftaschen zuknöpften und die Kreditvergabe an diese Länder einstellten.

In der Folge mussten diese Staaten höhere Zinsen zahlen, um an Geld zu kommen, was ihre Staatshaushalte noch mehr belastete. Die EU geriet in eine Schieflage, das Gespenst des Staatsbankrotts erschien am europäischen Abendhimmel. Dabei hätte man es besser wissen können – es passiert schließlich wenig Neues unter der Sonne, wie ein Blick in die Vergangenheit zeigt.

„Dieses Mal ist alles anders"

Ein altes Sprichwort sagt, dass die teuersten Wörter an der Börse nicht „Gewinn", „Verlust", „Crash" oder „Kaufen" sind, sondern „dieses Mal ist alles anders". Natürlich wiederholt sich die Geschichte nie eins zu eins, und jede Krise hat ihre Eigentümlichkeiten; dennoch lassen sich Regelmäßigkeiten und Muster erkennen, die jeder Krise, jedem Staatsbankrott vorauseilen. Die amerikanischen Ökonomen Kenneth Rogoff und Carmen Reinhart sind diesen Mustern nachgegangen und haben ihre Ergebnisse veröffentlicht, nicht ganz zufällig unter dem Titel *This Time is Different* – dieses Mal ist alles anders. Und der Parforceritt der beiden Wissenschaftler durch ein paar Hundert Jahre Staatsschuldengeschichte liest sich wie ein Gruselroman für den modernen Staatsbürger und Steuerzahler.

Vereinfacht gesagt lautet das Ergebnis der Untersuchung, dass Staaten sich zu allen Zeiten, in allen Kulturen und in allen Varianten ihrer Schulden auf anderem Wege als durch Rückzahlung entledigt haben. Immerhin hat sich der Umgang der Staaten mit dem Bankrott verbessert: So ist von den französischen Königen überliefert, dass sie sich bisweilen ihrer inländischen Gläubiger entledigten, indem sie diese exekutierten. Hat man aber die Schulden im Ausland gemacht, kann man nicht einfach die ausländischen Gläubiger beseitigen (ohne einen teuren Krieg zu riskieren), weswegen das schwerwiegendere Folgen für das Schuldnerland haben kann: Neufundland beispielsweise verlor seine Unabhängigkeit, nachdem es seine Schulden an das Ausland nicht mehr zurückzahlen konnte, und wurde kanadische Provinz; die Ägypter bezahlten ihre Schulden mit der Konsequenz, dass sie britisches Protektorat wurden.

Eine weitere Unsitte, die sich durch die Jahrhunderte hinweg gehalten hat, ist die Zahlungsverweigerung mit Verweis auf die Unrechtmäßigkeit der Schulden. So berief sich der König von Portugal 1560 auf die kirchliche Wucherlehre, die ihm verbiete, mehr als fünf Prozent Zinsen zu zahlen. Nicht weniger findig war der Gouverneur des Staates Mississippi, der 1841 die Rückzahlung von Schulden verweigerte – der Kredit sei unrechtmäßig zustande gekommen, da die Zustimmung des Parlaments gefehlt habe. Das Parlament zeigte sich ob dieser Haltung begeistert, die Gläubiger weniger. Rund 170 Jahre später war es der Präsident von Ecuador, Rafael Correa, der die vollständige Rückzahlung von Krediten durch sein Land verweigerte: Diese Kredite seien rechtswidrig zustande gekommen, „ein Raubüberfall auf das Land" habe stattgefunden. Ecuador war zum zweiten Mal innerhalb eines Jahrzehnts zahlungsunfähig.

In den vergangenen 200 Jahren gab es immer wieder Phasen, in denen mehrere souveräne Staaten gleichzeitig dramatische Schuldenkrisen durchmachten, umschulden mussten oder ihre Zahlungsunfähigkeit verkündeten. In dieser Zeit lassen sich fünf große Schuldenkrisenzeiten ausmachen, fünf Phasen, in denen eine größere Zahl von Staaten mit ihren Schuldenproblemen nicht mehr fertigwurde: die erste Phase Anfang des 19. Jahrhunderts im Zuge der napoleonischen Kriege, die zweite in den 20er-Jahren des gleichen Jahrhunderts, Phase Nummer drei begann etwa 1870 und dauerte fast zwei Jahrzehnte. Die große Depression 1930 läutete Phase Nummer vier ein, bis zum Ende der 50er-Jahre des vorigen Jahrhunderts – auf dem Höhepunkt war fast die Hälfte aller Staaten zahlungsunfähig. Die vorläufig fünfte Phase im historischen Weltschuldenspiel waren die 80er- und 90er-Jahre des 20. Jahrhunderts, als vor allem den Regierungen in den sogenannten Schwellenländern die finanzielle Puste ausging. Insofern darf es nicht verwundern, dass wir im Jahr 2009 über Staatsbankrott im Dutzend sprechen – aus historischer Perspektive betrachtet waren die Jahre von Ende der 90er-Jahre bis zum Jahr 2009 ungewöhnlich ruhig, was die Anzahl der Staatsbankrotte angeht.

Natürlich fragt man sich, warum Gläubiger dennoch den Staaten immer wieder Geld leihen. Im Fall von Philipp II. war es der Reichtum an Edelmetallen, den die spanischen Eroberer aus Südamerika mit nach Hause brachten, der die Banken leichtsinnig machte. Doch als der Wert dieser Edelmetalle – aufgrund des steigenden Angebotes aus den Kolonien – fiel, krachte das Finanzierungskartenhaus Philipps zusammen. Damit haben wir einen weiteren Grund für Staatspleiten: So bizarr es klingen mag, Reichtum kann in den Staatsbankrott führen.

Nun sind zwar die Zeiten, in denen man Edelmetalle aus Kolonien nach Hause brachte, lange vorbei, doch die Erfahrungen der Banken mit Philipps Gold und Silber ziehen sich wie ein roter Faden durch die Weltgeschichte der Staatsbankrotte, und die Erkenntnis ist verwirrend: Übermäßiger Reichtum macht Länder bisweilen arm. Ein Paradebeispiel dafür ist ein Land, das für zwei Arten von Exportgütern bekannt ist: Erdöl und Kriminalität. Willkommen in Nigeria.

Der Fluch des Reichtums

Vielen Deutschen dürfte Nigeria vor allem wegen der berüchtigten Nigeria-Connection bekannt sein – das sind Betrüger, die mithilfe dubioser Geschäftspraktiken versuchen, gutgläubigen Menschen Geld aus der Tasche zu ziehen. Man bekommt Post von einem Unbekannten, der Geld geerbt hat und es über ein ausländisches Konto vor den heimischen Behörden in Sicherheit bringen will – ob man sein Konto zur Verfügung stellen könne, gegen eine angemessene Beteiligung, versteht sich? Natürlich kommt kein Geld und keine Beteiligung, stattdessen legt man gutgläubig etwas Geld vor („Bearbeitungsgebühren"), das man nie wiedersieht, und wenn man zur Polizei geht, nicken die Beamten verständnisvoll und bescheinigen dem geprellten Bürger, dass er der Nigeria-Connection aufgesessen ist.

Natürlich tut man dem Land unrecht, wenn man es auf diesen Exportartikel reduziert; ökonomisch auf jeden Fall, denn Nigerias Hauptexportschlager treibt unsere Wirtschaft an: Nigeria ist eines der wichtigsten Erdöl exportierenden Länder. Mehr als 90 Prozent der Exporteinnahmen stammen aus dem Verkauf des schwarzen Goldes. Und dennoch: Trotz seines immensen Ölreichtums ist das Land seit seiner Unabhängigkeit im Jahr 1960 fünfmal pleite gewesen. Wie kann das passieren?

Nigeria ist – wie Philipp II. und so viele andere Staaten – dem Fluch seines eigenen Rohstoffreichtums zum Opfer gefallen. Ein solcher Reichtum führt zu Verteilungskämpfen im Inneren – korrupte Politiker, Militärs und Banden kämpfen um Einfluss und Reichtum, also um das Öl; bisweilen eskortiert von internationalen Ölkonzernen. Kein Land mit solchen Problemen kann zu stabilen wirtschaftlichen Verhältnissen finden; stattdessen gibt es Bürgerkriege, Putsche, innenpolitische Konflikte – das ist teuer und treibt einen Staat in den Ruin. Der zweite Grund, warum Rohstoffe ein Fluch sein können, ist subtiler: Wenn ein Land wie Nigeria zu 90 Prozent vom Export eines einzigen Rohstoffs abhängt, dann schwanken seine Einnahmen und damit sein Reichtum mit den Preisen dieses Rohstoffs.

Man muss sich das so vorstellen: Bei steigenden Rohstoff-preisen steigen die Exporteinnahmen des Landes, ohne dass es etwas dafür tun muss. Hat man beispielsweise bisher für ein Fass Öl 30 Dollar bekommen (wofür man ausländische Waren im Wert von 30 Dollar kaufen kann), so erhält man nach einem Preisanstieg für Öl für das gleiche Fass 40 Dollar. Für die gleiche Menge von Ölexporten kann man eine größe-re Menge ausländischer Güter kaufen. Die Verbindung zum Staatshaushalt ist zumeist direkt, da die entsprechenden In-dustrien oft verstaatlicht sind und ihre Einnahmen dem Staatshaushalt zufließen. Jeder Cent, den das Öl teurer wird, bedeutet mehr Ausgabenspielraum im Staatshaushalt, der von Politikern gerne genutzt wird.

Doch leider führt dieser unverhoffte Reichtum bei vielen Ländern dazu, dass sie noch mehr im Ausland einkaufen und sich angesichts des größeren Reichtums frohgemut verschul-den – man kann es sich ja leisten, man hat ja Öl. Und das Ausland gewährt leichten Herzens Kredit, da die große Men-ge Öl die beruhigende Sicherheit gibt, dass man sein Geld wiedersieht. Doch leider ist Reichtum, der sich auf steigen-den Rohstoffpreisen begründet, oft trügerisch, denn so rasch die Preise steigen, fallen sie auch wieder. Die mit dem höhe-ren Reichtum einhergehende höhere Verschuldung aus gu-ten Zeiten kann nun angesichts der sinkenden Preise des ei-genen Exportschlagers nicht mehr zurückgezahlt werden. Also bleibt nur der Weg in den Staatsbankrott.

Ein solches Schicksal ereilte Nigeria ebenso wie das an Erdöl reiche Russland, und ähnlich erging es vielen Erdöl ex-portierenden Ländern in der zweiten Hälfte der 80er-Jahre des 20. Jahrhunderts: Als Ende der 70er-Jahre die Ölpreise zulegten, passten sie ihre Ausgaben nach oben an, doch als die Preise Mitte der 80er-Jahre den Keller aufsuchten, hatten sie größte Mühen, diese Ausgaben wieder zurückzufahren und an die gesunkenen Preise ihres Exportschlagers anzu-passen. Immerhin scheinen einige Staaten aus diesen Erfah-rungen gelernt zu haben: Seit Beginn des neuen Jahrtau-sends haben viele dieser Länder den steigenden Ölpreis ge-nutzt, um ihre Schuldenlast zu senken – mithilfe internatio-naler Institutionen und diverser Schuldenerlasse.

Viele Pleitestaaten sind mit ihren Schuldenbergen nur fertiggeworden, weil sie Investoren verprellt und von internationalen Institutionen Geld bekommen haben. Das bringt uns zu einer interessanten Frage: Was kostet denn so ein Staatsbankrott? Fragen wir Zeitzeugen, die bei einem Staatsbankrott dabei waren – was uns zurückbringt zum argentinischen Präsidenten und seinem Flugzeug.

Der Hurrikan verprellt dreiste, dumme Anleger

Das Leben von Nestor Kirchner ist eine Erfolgsgeschichte: Ein ehemaliger Rechtsanwalt aus Patagonien, der als Schuldeneintreiber gearbeitet hat und während der Militärdiktatur im Gefängnis saß, bringt es zum Staatspräsidenten Argentiniens und führt das Land aus einer schweren Krise. Respektvoll wurde er auch „Hurrikan" genannt, und in der Tat hat der Hurrikan sein Land aus einer der tiefsten Krisen seiner Geschichte gerettet, als die Wirtschaft zwischen 1999 und 2002 um 20 Prozent schrumpfte. Und wie es sich für einen Hurrikan gehört, war er nicht zimperlich in der Wahl seiner Mittel: Erst weigerte er sich jahrelang, den Gläubigern Argentiniens etwas zurückzuzahlen – weswegen diese, wie wir gesehen hatten, versuchten, die Präsidentenmaschine zu pfänden –, dann machte er ihnen eine freche Offerte: Auf 75 Prozent ihrer Forderungen sollten sie verzichten. Immerhin drei Viertel der Gläubiger akzeptierten das Angebot, der Rest weigerte sich, das wenig großzügige Angebot anzunehmen – und klagt heute noch.

Anleger aus aller Welt schlossen sich zu Interessengemeinschaften zusammen, klagten, drohten, versuchten erfolglos die Präsidentenmaschine und weiteres argentinisches Staatseigentum zu pfänden und blieben auf ihren Forderungen sitzen – zwischen 20 und 30 Milliarden Euro stehen noch offen, erst 2010 machte Argentinien ein neues Angebot – man zahle 100 Prozent der alten Forderungen zurück, allerdings zu deutlich niedrigeren Zinsen.

Unter dem Strich hat das Anleger eine Menge Geld gekostet und eine Menge Wut geschürt. Ein Gründer einer Interessengemeinschaft geplünderter Argentinien-Anleger versuchte, dem argentinischen Finanzminister eine bayerische Lederhose mit Jodel-Sound zu überreichen; er gab bei einer Weltbank-Konferenz in Singapur eine Fünf-Stunden-Performance, mit Fesseln und Gesichtsmaske, er versuchte sogar, Regierungsmitglieder auf Toiletten abzufangen. Immerhin verschaffte ihm das die zweifelhafte Ehre, in einer argentinischen Zeitung als Witzfigur zu reüssieren – als der um sein Geld bettelnde ausländische Gläubiger Klaus. Das erinnert an ein altes Börsenbonmot: Anleger sind dumm und dreist; dumm, weil sie anderen ihr Geld anvertrauen, dreist, weil sie dafür auch noch belohnt werden wollen (und es zurückhaben möchten, muss man hinzufügen). Ein anderer Argentinien-Geschädigter versuchte sich in der Taktik der Nadelstiche: Über alle Instanzen erstritt er (praktisch wertlose) Urteile gegen Argentinien, suchte ständig nach Pfändungsobjekten, um den Druck auf Buenos Aires zu erhöhen, auch wenn ihm bisher nur in einem Fall die Pfändung gelang.

So sehr sich Anleger dagegen wehren – das ist das übliche Vorgehen bei Staatspleiten: Der insolvente Staat wendet sich an seine Gläubiger und teilt ihnen mit, dass er seine Schulden nicht begleichen wird, Pfändungsklagen und Fünf-Stunden-Performance hin oder her. Dabei hat der Staat mehrere Ansatzpunkte, wenn er seinen Gläubigern das Geld nicht zurückzahlen kann (oder will): Er kann erstens die Rückzahlung des Betrags, den er sich geliehen hat, kürzen, zweitens die Zinszahlungen reduzieren oder drittens die Rückzahlung auf einen längeren Zeitraum strecken – und alle diese drei Möglichkeiten werden bei einem Staatsbankrott genutzt. Das Ganze wird „Umschuldung" genannt, das klingt besser als „Staatspleite".

Möglichkeit Nummer eins nennt man in Fachkreisen auch „Haircut", also Haarschnitt: Man teilt der Gläubigergemeinschaft mit, dass man nur noch einen bestimmten Prozentsatz des geliehenen Geldes zurückzahlt. Das ist für die Anleger die schmerzhafteste und sichtbarste Maßnahme. Das darf nicht darüber hinwegtäuschen, dass auch die anderen Maßnahmen den Anleger teuer zu stehen kommen: Die Kürzung der Zinszahlungen – Lösung zwei – bedeutet einen entgangenen Gewinn, ebenso wie Lösung drei, die Verzögerung der Rückzahlung – je länger man auf sein Geld warten muss, umso länger nagt die Inflation daran, umso länger verzichtet man darauf, dieses Geld anderweitig gewinnbringend anzulegen.

Zumeist wenden Pleitestaaten alle Maßnahmen zugleich an, was es unübersichtlicher macht – wie viel Geld man bei so einer Staatspleite verliert, lässt sich dann nur noch mithilfe einer Tabellenkalkulation ausrechnen. Noch schwerer wird es, eine allgemeine Zahl anzugeben, einen Durchschnittswert, der sagt, was ein Staatsbankrott die Gläubiger im Schnitt kostet. Die durchschnittlichen Verluste der Anleger zu messen, ist auch deswegen schwer, weil sie je nach Land, Zeit, Schuldner und Schuldeninstrument recht unterschiedlich ausfallen können. Einen groben Anhaltspunkt für die Kosten der Gläubiger bei einem Staatsbankrott liefert die sogenannte Recovery Rate, die angibt, wie viel Prozent des eingesetzten Geldes einem Gläubiger nach der Umschuldung gezahlt werden. Man setzt also das Geld, das der Pleitestaat seinen Gläubigern zahlt, ins Verhältnis zu dem, was ihnen entsprechend der ursprünglichen Vereinbarung zusteht.

Die Erfahrungen der Anleger sind recht unterschiedlich: Für die Pleite Argentiniens im Jahr 2005 haben Ökonomen eine Recovery Rate von 27 Prozent ermittelt. Mit anderen Worten: Wenn Argentinien inklusive aller Zinszahlungen 100 Euro Rückzahlungen versprochen hatte, so gab es statt dieser 100 Euro nur noch 27 Euro zurück. Mit Präsidentenmaschine wäre es vielleicht etwas mehr gewesen.

Demgegenüber zahlte Pakistan 69 Prozent seiner Schulden zurück, Ecuador 62 Prozent; bei anderen Staaten pendelt dieser Wert zwischen 40 und 80 Prozent. Aber es geht auch schmerzloser: Moldawien reduzierte 2002 seine Zahlungen lediglich um fünf Prozent, ebenso wie die Dominikanische Republik 2005. Die Recovery Rate hängt auch davon ab, wem man das Geld zurückzahlt: Uruguay beispielsweise erstattete nach einer Umschuldung den ausländischen Gläubigern 87 Prozent ihres Geldes zurück, die eigenen Bürger hingegen erhielten nur 76 Prozent. Diese Unterscheidung zwischen inländischen (internen) und ausländischen (externen) Gläubi-

gern spielt häufig eine wichtige Rolle für die Höhe der Rückzahlung: Die Ukraine zahlte bei einigen ihrer umgeschulde-
ten Anleihen den inländischen Gläubigern 93 Prozent ihrer
Anlagen, den Ausländern aber nur 43 Prozent; ähnlich war es
im Fall von Russland – 55 Prozent für die Inländer, 38 Prozent für die Ausländer.

Hier gibt es kein zwingendes Muster: Bisweilen wird in der
Literatur davon ausgegangen, dass der Staat den ausländischen Gläubigern mehr zurückzahlt als den Inländern – das
muss aber nicht zwingend der Fall sein. Für die Politiker, die
diese Umschuldung umsetzen müssen, ist das ein heikler
Balance-Akt: Grundsätzlich will man so wenig wie möglich
zurückzahlen; zahlt man aber den ausländischen Gläubigern
zu wenig zurück, geben diese später keinen Kredit mehr
(man muss ja bei der Pleite berücksichtigen, dass man bald
neue Schulden machen will); zahlt man den inländischen
Gläubigern zu wenig zurück, wird man nicht wiedergewählt.
Das letzte Argument spricht dafür, dass man als Pleitenation
im Zweifelsfall lieber die ausländischen Gläubiger schröpft
als die eigenen Bürger, oder? Warum sollte man Fremden ihr
Geld zurückzahlen, wenn die eigenen Bürger dafür bluten
müssen? Oder um noch viel grundsätzlicher zu fragen: Warum soll ein Staat seine Schulden zurückzahlen, wenn es doch
viel günstiger für ihn wäre, nichts zu zahlen? Vielleicht, weil
er Angst hat, dass seine Gläubiger zu den Waffen greifen?
Zumindest vor 100 Jahren war diese Furcht berechtigt.

„Ihr Geld ist nicht weg, es hat nur jemand anderes"

Was waren das für Zeiten, in denen die Politiker noch mit einer
Waffe in der Hand Politik gemacht haben – Kanonenbootdiplo-
matie nannte man das. Ein Beispiel für diesen Politikstil liefert
der amerikanische Präsident Theodore Roosevelt. 1904 verkündete er der Welt, dass man willens sei, sich in die Geschäfte
aller karibischen und zentralamerikanischen Staaten einzumi-
schen, die ihre Schulden nicht zurückzahlen – eine freundliche
Umschreibung für die Diplomatie per Kanonenboot. Die Idee,
einfach seine Schulden nicht zu begleichen, wurde damit für

diese Länder deutlich weniger attraktiv, zumindest zeigen die damaligen Reaktionen der Kapitalmärkte, dass diese – nach der Ankündigung Roosevelts – von einer schlagartig verbesserten Zahlungsmoral dieser Staaten ausgingen.

Heute ist so etwas nicht mehr denkbar, und das macht die Idee, sich aus der Schuldenfalle davonzuschleichen, attraktiver. So frech dieser Gedanke klingt, so naheliegend ist er doch, denn die Verluste der Anleger, denen der Staat ihr Geld nicht zurückzahlt, sind die Gewinne des Staates: Das Geld der Gläubiger geht an den Staat, der davon seinen Ausgabenrausch finanziert; zahlt er das Geld an die Gläubiger nicht zurück, dann hat er sich auf deren Kosten bereichert. Damit ist eine Sache klar: Die Kosten, die den Anlegern durch einen Staatsbankrott entstehen, sind gesamtwirtschaftlich betrachtet keine Kosten, sondern nur eine Umverteilung von finanziellen Mitteln. Oder wie man es plastisch an der Börse formuliert: Ihr Geld ist nicht weg, es hat nur ein anderer. Warum sollte dann ein Staat überhaupt Schulden zurückzahlen, statt sich mit einem Bankrott zu sanieren? Ganz einfach: Manchmal kann es teurer sein, insolvent zu werden als durchzuhalten und den harten Weg der Ausgabenkürzungen zu gehen. Andernfalls wäre zu erwarten, dass die Anleger den stets drohenden Staatsbankrott vorhersehen und dem Staat kein Geld mehr leihen würden. Ergo: Eine Staatspleite muss auch für den Staat teuer sein. Aber was genau macht eine Staatspleite für ihn teuer?

Auch dem dreistesten Staat ist klar, dass mit längerfristigen Folgen einer Staatspleite zu rechnen ist. Folge Nummer eins ist naheliegend: Das Land erhält im Ausland keinen Kredit mehr. Klare Sache: Wer sich Geld leiht und es nicht zurückzahlt, erhält entweder gar keinen Kredit mehr oder aber nur gegen drastisch höhere Zinsen. Für eine Volkswirtschaft würde das bedeuten, dass wichtige Investitionen nicht mehr getätigt und Staatsbedienstete nicht bezahlt werden können – mit entsprechenden Folgen für das Bruttoinlandsprodukt, also die Menge der im Inland hergestellten Güter und Dienstleistungen. Das heißt letzten Endes, dass nach einer Staatspleite in dem betroffenen Land das Wirtschaftswachstum einbricht. Stimmt das?

Grundsätzlich ja: Empirische Studien zeigen, dass ein Staatsbankrott das Wachstum des Sozialprodukts des Landes um 0,5 bis zwei Prozentpunkte senkt. Allerdings haben Experten des Internationalen Währungsfonds (IWF) berechnet, dass dieser Effekt recht kurzfristig ist und sich mehr oder weniger auf das erste Jahr des Staatsbankrotts beschränkt – schon zwei, drei Jahre später lässt sich kein spürbarer Effekt mehr nachweisen. So gesehen muss man vermuten, dass eine Staatspleite zwar einen negativen Effekt auf das Wachstum eines Landes hat, der aber kurzlebig ist.

Wie setzt sich dieser Effekt zusammen? Das ist schwer zu sagen, aber ein paar Daten haben Ökonomen dazu gesammelt. So zeigen Studien, dass nach einer Staatspleite zunächst die Finanzierungskosten des Pleitelandes im Ausland steigen. Die Kreditwürdigkeit eines Landes, gemessen an Kreditnoten, sogenannten Ratings, welche von darauf spezialisierten Unternehmen – den Ratingagenturen – verteilt werden, sinkt nach einem Zahlungsausfall, was dazu führt, dass neue potenzielle Geldgeber höhere Zinsen verlangen – zumindest kurzfristig. Nach Berechnungen des Internationalen Währungsfonds muss das betreffende Land im Jahr der Staatspleite einen Zinssatz zahlen, der um vier Prozentpunkte über den marktüblichen Zinsen liegt: Zahlt der (gesunde) Rest der Welt sagen wir vier Prozent für geliehenes Geld, so muss der Pleitestaat acht Prozent zahlen – das ist die Strafe der Finanzmärkte dafür, dass der Staat ihnen nicht ihr Geld zurückzahlt. Doch auch dieser Effekt hält nicht lange vor: Wie Untersuchungen zeigen, reagieren Investoren zwar heftig auf eine Staatspleite, haben aber ein kurzes Gedächtnis; schon bald danach sind sie wieder bereit, dem Pleitestaat neues Geld zu weitgehend marktüblichen Konditionen zur Verfügung zu stellen. Die Pleite wird rasch abgehakt, neues Schuldenspiel, neues Glück.

Auch auf den Außenhandel des betreffenden Landes kann eine Staatspleite negativ wirken: Die Handelspartner haben Angst, dass sie ihr Geld nicht wiedersehen, und gewähren daher keinen Kredit mehr; Geschäfte werden Zug um Zug, also Ware gegen Geld, abgewickelt, Zahlung auf Rechnung gibt es nicht mehr. Oder wie es einmal ein Unternehmer formulierte: Der Lkw mit den Produkten geht erst vom Hof, wenn die Rechnung beglichen ist. Dass der Außenhandelsmotor ohne solche Kreditlinien stottert, liegt auf der Hand. Untersuchungen zeigen, dass ein Staatsbankrott den Handel eines Landes deutlich beeinträchtigen kann, je nach Studie können das bis zu acht Prozent sein, um die der bilaterale Handel pro Jahr einbricht. Vor allem für die exportorientierten Industrien eines Landes kann das teuer werden. Dieser Effekt findet sich – man möchte sagen naturgemäß – vor allem im Handel zwischen industrialisierten Staaten und Schwellenländern, da sich hier potenzielle Gläubiger und Schuldner gegenüberstehen.

Auch dem inländischen Bankensystem drohen Gefahren aus einem Staatsbankrott, vor allem, wenn die heimischen Banken in großem Umfang Gläubiger des entsprechenden Staates sind, wie es beispielsweise beim russischen Staatsbankrott von 1998 der Fall war. Zahlt der Staat diese Schulden nicht zurück, droht den Banken ebenfalls die Pleite, was dazu führt, dass die Kunden der Banken aus Angst vor einer Bankenpleite ihr Geld abziehen – was unweigerlich eine Bankenpleite zur Folge hat, da keine Bank alle Gelder ihrer Kunden sofort und unmittelbar zurückzahlen kann. Und selbst wenn die Banken diese Phase überstehen, werden sie weniger Kredite vergeben; dadurch wird das Wachstum des Landes beeinträchtigt, da die Unternehmen zur Investitionsfinanzierung auf Bankkredite angewiesen sind. Auch die Folgen einer Staatspleite für das inländische Bankensystem muss man ernst nehmen: Das Risiko einer Bankenkrise steigt um bis zu elf Prozentpunkte, wenn das betreffende Land in den Bankrott schliddert.

Ungemütlich wird es auch hinsichtlich der Folgen eines Staatsbankrotts für den Wechselkurs der Währung des entsprechenden Landes. Nehmen wir dazu einmal an, ein Land – zum Beispiel Argentinien – hat sich im Ausland Geld in ausländischer Währung geliehen, sagen wir 100 Dollar. Dieses Geld wird nun nach Argentinien gebracht und eins zu eins (das ist der Wechselkurs) in argentinische Pesos umgetauscht; diese Pesos werden nun im Inland ausgegeben. Solange der Wechselkurs zwischen Peso und Dollar bei eins zu

eins bleibt, ist die Welt in Ordnung. Wenn aber Argentinien
in die Krise rutscht und der Peso abwertet, so bedeutet das,
dass Argentinien beispielsweise zwei Peso für einen Dollar
zahlen muss – der Peso ist wesentlich unattraktiver geworden, deshalb muss man mehr Pesos für den Dollar bezahlen.
Dies wird bei der Rückzahlung der Schulden zum Problem:
Statt 100 Peso muss im Falle dieser Abwertung das Schuldnerland 200 Peso aufwenden, um die 100 Dollar zu erwerben,
mit denen man seine Auslandsschulden zurückzahlen kann.
Die Abwertung hat die Schulden gegenüber dem Ausland in
Inlandswährung gerechnet verdoppelt. Das wird teuer.

Noch teurer wird es dadurch, dass auch die Inländer diesen Wechselkurseffekt durchschauen: Sie werden versuchen,
ihre Pesos in Dollars umzutauschen. Schaffen sie das vor der
Abwertung (also zum Kurs von eins zu eins), dann erhalten
sie nach der Abwertung für die zuvor eins zu eins umge-
tauschten 100 Dollar 200 Peso. Die Folge: Die inländischen
Bürger versuchen in Heerscharen, ihr Geld umzutauschen
oder außer Landes zu bringen. Dadurch wird die Abwertung
der inländischen Währung weiter beschleunigt. Die Furcht
davor, dass der Pleitestaat sich des Geldes seiner Bürger be-
mächtigen will, um seine Schulden los zu werden, verleiht
dem Exodus des heimischen Kapitals zusätzliche Flügel. Das
hat wieder Folgen für das Wachstum: Je weniger Kapital im
Inland zur Verfügung steht, umso geringer ist das zukünftige
Wachstum.

Vielleicht könnten die Politiker mit diesen wirtschaftlichen Konsequenzen einer Staatspleite leben, aber nicht mit
den politischen: Eine Regierung, die den Staatsbankrott aus-
ruft, braucht sich keine Illusionen über ihr politisches Überleben zu machen – jedenfalls solange sie dabei die inländischen Gläubiger rupft, was sie in der Regel tut. Schätzungen
gehen davon aus, dass die Zahl der Wählerstimmen für die
Regierung, die den Konkurs verkündet, um 16 Prozent sinkt;
in der Hälfte aller Fälle war spätestens das zweite Jahr nach
der Pleite Endstation für den jeweiligen Regierungschef, der
das Pleiteverfahren eingeleitet hatte.

Das sind viele Anreize für Politiker und Staaten, eine
Staatspleite zu verhindern: Drohende Bankenkrisen, verbun-

den mit sinkender Kreditvergabe, reduzieren das im Inland zur Verfügung stehende Kapital, mit negativen Folgen für das Wachstum und den Außenhandel; zudem entzieht die mit der Pleite zu erwartende Kapitalflucht dem Land zusätzlich Kapital, was das Wachstum weiter beeinträchtigt. Zu allem Übel sinken für die beteiligten Politiker die Chancen, wiedergewählt zu werden. So gesehen muss man sich wundern, dass Politiker ihr Staatswesen immer wieder an die Wand fahren – dieser Frage werden wir uns noch detaillierter widmen müssen. Doch zuvor wollen wir sehen, wie das Märchen vom Hurrikan Kirchner weitergegangen ist, der seine Heimat aus der tiefsten Wirtschaftskrise gerettet hat – um sie in die nächste Krise zu führen.

Die Frau des Hurrikans klaut die Rentengelder

Wie hat der Hurrikan sein Land aus der Krise geführt? Im Grunde genommen mit dem ältesten wirtschaftspolitischen Trick der Welt: Kirchner wertete den argentinischen Peso drastisch ab und entzündete auf diesem Weg einen künstlichen Boom. Argentinische Exporte wurden für den Rest der Welt sehr preisgünstig, Importe verteuerten sich für die Inländer, das Geschäft brummte. Im Inland sicherte sich Kirchner die Gunst der Bürger und Gewerkschaften, indem er die Preise für viele öffentliche Güter und Dienstleistungen wie Gas, Telefon, Benzin, Wasser und viele Grundnahrungsmittel einfror und die Sozialausgaben massiv erhöhte. Damit nicht auffiel, dass diese Maßnahmen in einer satten Inflation münden, unterstellte der Hurrikan das Statistikamt Indec der Kontrolle eines ihm ergebenen Staatssekretärs, wodurch die offizielle Inflationsrate auf wundersame Weise um rund 15 Prozentpunkte unter dem Wert lag, den Ökonomen für realistisch halten. Ein weiterer Nebeneffekt: Ein großer Teil der argentinischen Staatsschuld war an die offizielle Inflationsrate gekoppelt – und je geringer diese war, umso weniger Zinsen musste die Regierung zahlen.

Ein solcher wirtschaftspolitischer Kamikaze-Kurs kann nicht gut gehen, und das erste Wetterleuchten zeichnete sich bereits am Horizont ab. Mittlerweile hatte der Hurrikan die Staatsgeschäfte an seine Gattin, Cristina Fernández de Kirchner, weitergereicht, die sich mit seiner Hilfe zur neuen argentinischen Staatspräsidentin wählen ließ. Die Frau des Hurrikans war nicht zimperlich: 2008 riss sie das Vermögen der 1994 privatisierten staatlichen Rentenversicherung an sich. Das Vermögen der privaten Pensionsfondsverwalter, also das Geld der argentinischen Sparer, das diese für den Ruhestand angesammelt hatten, wurde verstaatlicht. Offizielle Begründung von Frau Hurrikan war, dass sie in Zeiten der Finanzkrise Rentner und Arbeiter schützen wolle – die Opposition hingegen befürchtete, dass die Regierung einen Teil des Vermögens für den Schuldendienst einsetzen würde. Ganz unbegründet war diese Befürchtung nicht: Da die nunmehr verstaatlichten Pensionsfonds rund 55 Prozent ihres Kapitals in Anleihen des Staates Argentinien investiert hatten, waren sie wichtige Gläubiger Argentiniens. Mit anderen Worten: Die argentinischen Sparer hatten für den Ruhestand vorgesorgt, indem sie ihrem Staat Geld liehen, und jetzt reißt sich der Staat genau diese Ersparnisse seiner Gläubiger unter den Nagel.

Wie knapp das finanzielle Kleid der Hurrikan-Gattin und ihres Staatswesens geschneidert gewesen sein muss, lässt auch ihr rüder Umgang mit dem Notenbankchef Argentiniens, Martín Redrado, erahnen: Sie wollte die Währungsreserven der Notenbank – mehr als sechs Milliarden US-Dollar – in einen speziellen Fonds, den Fondo Bicentenario, überführen, aus dem Schulden an private und öffentliche Gläubiger Argentiniens zurückgezahlt werden sollten. Als sich der Notenbankchef weigerte, dieser Zweckentfremdung der Währungsreserven zuzustimmen, legte Frau Kirchner ihm den Rücktritt nahe; als er diese Empfehlung ignorierte, feuerte sie ihn.

Das sieht nach einem Sieg für die Frau des Hurrikans aus: Erfolgreich hat sie für den Staat private Rentengelder und die Währungsreserven der Notenbank an sich gerissen. Man darf als Staatsoberhaupt eben nicht zimperlich sein. Doch auf lange Sicht funktioniert diese Strategie nicht – dies belegt die jüngste Geschichte des Kontinents, auf dem auch Argentinien beheimatet ist, mit der wir uns später noch auseinandersetzen werden. Doch zuvor wollen wir überlegen, wie Staaten in die Überschuldung getrieben werden. Dazu müssen wir einen Blick auf die Ideen eines Mannes werfen, der wenig von Demokratie hielt, seinem König treu war und ein Gesetz formulierte, das auf erschreckend wuchtige Weise Wirklichkeit werden sollte.

2 MEHR GELD FÜR DIE HYDRA

„Ein Bankrott ist alle 100 Jahre einmal für einen Staat
eine Notwendigkeit, um die Bilanz wiederherzustellen."

Abbé Terray, französischer Finanzminister von 1768 bis 1774

Ein königstreuer Prophet

Der in Erlangen geborene Ökonom und Finanzwissenschaftler Adolph Wagner zählte zu den einflussreichsten deutschen Ökonomen in der Bismarck-Ära: Er war Mitbegründer des renommierten „Vereins für Socialpolitik", noch heute eine Institution in der deutschsprachigen ökonomischen Forschung, Mitglied des preußischen Abgeordnetenhauses und ab 1910 Mitglied im preußischen Herrenhaus. Seine politischen Ideen allerdings waren wenig demokratiefreundlich: Er befürwortete die Monarchie, lehnte den Parlamentarismus ab und forderte eine starke Reglementierung und Steuerung der Wirtschaft. Wagner war das, was man heute „Monarchist" und „Kathedersozialist" nennt, jemand, der an die Obrigkeit glaubte und demokratischen Institutionen skeptisch gegenüberstand. Sein Nachruhm begründet sich weniger auf seine politische Haltung als auf das von ihm skizzierte Gesetz der wachsenden Staatsausgaben – er war der erste Wissenschaftler, der so etwas wie eine Gesetzesmäßigkeit in der Entwicklung der Ausgaben des Staates erkannte und formulierte.

Wagners Erkenntnis: In einer wachsenden Volkswirtschaft nimmt die Staatätigkeit immer mehr zu – mehr Reichtum führt zu mehr Staat. Seine Studien, so Wagner, hätten ergeben, dass „... bei fortschreitenden Culturvölkern ... regelmäßig eine Ausdehnung der Staatsthätigkeiten und der gesamten öffentlichen, durch die Selbstverwaltungskörper neben dem Staate ausgeführten Tätigkeiten erfolgt". Mit modernen Worten: Wächst eine Volkswirtschaft, so wächst auch ihr Staat und mit ihm seine Ausgaben.

Wagner führt diese – in seinen Augen naturgesetzmäßige – Ausdehnung der Staatsausgaben auf zwei Ursachen zurück: Erstens nehme in einer wachsenden Volkswirtschaft der Regelungsbedarf zu. Immer mehr Gesetze, Geschäfte, Verträge – Wirtschaft und Gesellschaft werden immer unübersichtlicher und komplizierter. Das, so Wagner, erfordere mehr staatliche Aktivität, mehr Verwaltung, Polizei und Justiz. Die zweite Ursache des wachsenden Staates ist Wagner zufolge der „Cultur- und Wohlfahrtszweck"; hierbei geht es um Ausgaben für öffentliche Unternehmen – Energie, Wasser, Bergbau, Banken; das alles sei eine zunehmende öffentliche Aufgabe ebenso wie Bildung, Armenhilfe und Wohltätigkeit. Das klingt recht plausibel – stimmt das?

Um diese Frage zu beantworten, muss man überlegen, wie man das von Wagner postulierte „mehr Staat" messen will. In der Praxis verwendet man dazu die Staatsquote: Man zählt alle Ausgaben des Staates zusammen und teilt sie durch das aktuelle Bruttoinlandsprodukt. Heraus kommt dabei eine Prozentzahl, die einen Hinweis dafür liefert, wie stark sich der Staat in die Herstellung respektive Verteilung des Sozialprodukts einmischt. Eine Staatsquote von 50 Prozent bedeutet, dass von jedem Euro, der in dem betreffenden Land verdient wird, 50 Cent in irgendeiner Form durch die Hände des Staates geflossen sind. Lassen wir einmal die statistischen Fallstricke beiseite, die sich bei der Ermittlung einer solchen Zahl stellen (und das sind nicht wenige) – wie hat sich die Staatsquote in den vergangenen Jahrzehnten entwickelt?

Der Trend gibt dem Monarchisten recht: Seit Mitte des 20. Jahrhunderts steigen die Staatsquoten in ganz Europa, und die Hauptursache sind zunehmende Ausgaben für soziale

Leistungen. Die Staatsquote der heutigen Euro-Zone lag 1960 im Schnitt bei 30 Prozent, Mitte des ersten Jahrzehnts des neuen Jahrtausends dagegen bei knapp 50 Prozent. Ein ähnliches Bild finden wir in Deutschland: Hier belief sich die Staatsquote im Jahr 1960 auf 33 Prozent, kletterte bis 1975 kontinuierlich auf fast 49 Prozent, bevor sie etwas nachgab; 1996 bereits war sie wieder bei 49 Prozent. Seitdem pendelt sie zwischen 45 und 47 Prozent. 2008 rutschte sie – eher konjunkturbedingt – auf knapp 44 Prozent ab.

Altbundeskanzler Helmut Kohl soll sinngemäß gesagt haben, dass ab einer Staatsquote von 50 Prozent der Sozialismus beginne – so gesehen ist Deutschland nahe dran am Sozialismus: Die Staatsquote dürfte nach den Ereignissen der Jahre 2008 und 2009 im Jahr 2010 auf 49 Prozent und damit auf den zweithöchsten Stand in der Geschichte der Bundesrepublik steigen, hart an der Grenze zum kohlschen Sozialismus. Wer mit spitzerem Stift rechnet, kommt sogar zum Schluss, dass wir längst im Sozialismus angekommen sind, denn viele Einmischungen des Staates in das Leben seiner Bürger werden in der Staatsquote nicht berücksichtigt – beispielsweise Mindestlöhne oder andere Gesetze und Verordnungen, die den Bürger in seiner Entscheidungsfreiheit einschränken.

Allerdings fragt die Staatsquote nicht nach der Verwendung der Mittel, die der Staat für sich vereinnahmt – dabei macht es, wie wir bereits gesehen haben, einen eklatanten Unterschied, ob dieses Geld für Prunkbauten, einen überdimensionierten Beamtenapparat oder Subventionen ausgegeben werden oder aber für Schulen und eine leistungsfähige Infrastruktur. Nicht das Volumen der Staatsausgaben ist entscheidend, sondern das, was mit dem Geld gemacht wird – Qualität schlägt Quantität. Doch über diese Qualität sagt die Staatsquote kein Wort.

Es ist zu vermuten, dass viele europäische Regierungen den Qualitätsaspekt der Staatsausgaben vernachlässigt haben – das jedenfalls legen Forschungsergebnisse der Europäischen Zentralbank (EZB) nahe. Rund 40 Prozent aller Staatsausgaben gingen in den vergangenen Jahren in das, was Ökonomen „Staatskonsum" nennen, wobei den Löwenanteil die

Gehälter der Staatsbediensteten ausmachten. Weitere 40 Prozent der Staatsausgaben wanderten in die Taschen der Bürger als Sozialtransfers oder Subventionen. Nur fünf Prozent der Ausgaben wurden für produktive Investitionen verwendet, von denen man sich mehr Wachstum verspricht. Das soll nicht heißen, dass Sozialtransfers überflüssig oder unnötig sind – aber man muss sich darüber im Klaren sein, dass sie einen unsicheren Bezug zum Wachstum haben. Und ohne Wirtschaftswachstum wird es schwer, die Schulden zurückzuzahlen, die man im Laufe der Zeit angesammelt hat.

Die Untersuchungen der EZB-Ökonomen legen nahe, dass die hohen Staatsausgaben nicht sonderlich wachstumsfördernd sind. Ihr Befund: Weniger ist mehr, die Zunahme der Staatsquoten schadete dem Wachstum der Volkswirtschaften. In Staaten, die ihre Staatsausgaben innerhalb von zehn Jahren von 52 Prozent auf 44 Prozent gesenkt haben, stieg das Wachstum auf über drei Prozent, während es in Ländern wie Frankreich, Italien und Deutschland, die ihre Staatsquote nicht reduzierten, bei rund zwei Prozent verharrte. Kurzum – wo der Staat weniger ausgab, hatten die Bürger mehr in der Tasche.

Einen weiteren bemerkenswerten Befund förderten die EZB-Ökonomen zutage: Der Anstieg der Staatsquoten in den 70er- und 80er-Jahren war in den meisten europäischen Staaten begleitet von der Entstehung chronischer Defizite – Staatsausgaben und Staatsschulden gehen Hand in Hand. Je mehr der Staat ausgibt, umso mehr verschuldet er sich. Deswegen ist es höchste Zeit, sich mit einer weiteren Quote zu beschäftigen: Wie viel Schulden haben wir eigentlich? Die Antwort darauf liefert eine Reise nach Berlin.

Neujahrskarten und der Schuldenpranger

Wer in Berlin den Sitz des Bundes der Steuerzahler besucht, kann sie sich im Original anschauen; es genügt aber auch ein Besuch auf der Homepage des Steuerzahlerbundes, dort steht sie gleich am Anfang der Seite: die Schuldenuhr des Bundes, welche die aktuelle Höhe der Staatsverschuldung (rund 1,9

Billionen Euro), den Zuwachs je Sekunde (2.279 Euro) und die Schulden pro Kopf (23.705 Euro) anzeigt. Solche Uhren sind mittlerweile weitverbreitet, es gibt sie nicht nur für den Bund, sondern auch einzelne Gemeinden und Bundesländer in Deutschland haben solche Uhren als Mahnmal angebracht. Ursprünglich kommt die Idee dazu vom New Yorker Immobilienhändler Seymour Durst, der den mangelnden Sparwillen der Politiker hasste. Jeweils zum Jahreswechsel schickte er Neujahrskarten nach Washington, auf denen er den Politikern den Anteil seiner Familie an der Staatsverschuldung vorrechnete. Da dies wenig nutzte, ließ Durst in der Nähe des Times Square eine fünf mal zehn Meter große Schuldenuhr installieren, welche die Politiker daran erinnern soll, wie tief sie bei ihren Gläubigern in der Kreide stehen.

Diese Schuldenuhren beeindrucken durch die schiere Größe der Zahlen – 1,9 Billionen, das ist eine Zahl mit 13 Stellen. 1,9 Billionen, das sind 9,5 Millionen Reihenhäuser, die man damit kaufen könnte, das sind 364 Millionen Studenten, denen man ein Jahr lang den durchschnittlichen BAföG-Satz zahlen kann. 1,9 Billionen, das sind das 5.882-Fache des Jahresumsatzes des FC Bayern München oder 95 Millionen VW Golf. Schon die bloße Nennung solcher Zahlen macht Angst – und sagt herzlich wenig darüber aus, wie gut oder schlecht es um die Staatsverschuldung steht. Der Grund liegt auf der Hand: Die Höhe der Schulden alleine ist wenig aussagekräftig – entscheidend ist die Fähigkeit des Landes, diese Schulden später zurückzahlen zu können. Beides muss man gegeneinander abwägen: Schulden versus wirtschaftliche Leistungskraft.

Eine einfache Methode, den Schuldenberg gegen die Fähigkeit eines Staates abzuwägen, diesen Berg wieder abzutragen, ist die Schuldenstandsquote. Man berechnet sie, indem man den aktuellen Schuldenstand durch das Bruttoinlandsprodukt des Landes dividiert. Eine Schuldenstandsquote von 50 Prozent besagt beispielsweise, dass der aufgetürmte Schuldenberg die Hälfte des heimischen Bruttoinlandsprodukts ausmacht.

Ein Blick auf die Entwicklung der Schuldenstandsquote ist ernüchternd: Seit dem Jahr 1970 hat sich der Schulden-

stand des Bundes in Relation zum nominalen Bruttoinlandsprodukt verfünffacht; der Schuldenstand der Bundesländer
ist gleichfalls mehr oder weniger ungebremst gestiegen. Seit
40 Jahren steigen die Schulden Deutschlands schneller als
seine Wirtschaftsleistung. Mittlerweile liegt die Schuldenstandsquote bei rund 70 Prozent. Wenn wir auf einen Schlag
alle unsere Schulden zurückzahlen wollten, müssten wir ein
Jahr lang auf 70 Prozent unserer Wirtschaftsleistung verzichten.

Aber wie schlimm ist das? Das lässt sich so ohne Weiteres
nicht sagen: Es gibt keinen wissenschaftlichen Anhaltspunkt
dafür, ab welchem Wert es ungemütlich wird; weltweit exis-
tieren Staaten mit Schuldenstandsquoten von 20 bis 200 Prozent – ohne dass man sagen könnte, welcher dieser Staaten
in seiner Existenz bedroht ist. Das liegt daran, dass die Schuldenstandsquote ein eher rückwärtsgewandtes Konzept ist.
Der Schuldenstand ist das Resultat vergangener Tage, im Jargon der Ökonomen eine Bestandsgröße, während das Bruttoinlandsprodukt die Bestandsaufnahme der aktuellen, heutigen wirtschaftlichen Leistungskraft ist – eine Stromgröße,
deren Höhe jedes Jahr neu ermittelt wird. Damit trifft eine
aus der Vergangenheit aufsummierte Zahl auf eine jährlich
neu ermittelte Zahl der Gegenwart. Also muss man diese
Quote mit Vorsicht betrachten, kann sie aber interpretieren:
Je höher das Bruttoinlandsprodukt ist und vor allem je
schneller es wächst, umso weniger ist Staatsverschuldung
ein Problem, weil ein hohes respektive steigendes Sozialprodukt verspricht, dass der Staat seine Schulden mit größerer
Sicherheit zurückzahlen kann.

Gibt es bessere Indikatoren als die Schuldenstandsquote?
Sicher. Wenn man etwas darüber wissen will, wie es um die
Schulden eines Landes bestellt ist, sollte man fragen, wie
sich der Schuldenstand eines Landes verändert. Hier ist die
Defizitquote hilfreich. Um diese zu bestimmen, zieht man
von den jährlichen regulären Einnahmen des Staates (also
die Staatseinnahmen ohne die Kreditaufnahme) seine Ausgaben ab; ergibt sich dabei ein negativer Wert, so ist das ein
Budgetdefizit. Dieses Budgetdefizit, das man über neue (also
zusätzliche) Schulden finanzieren muss, setzt man ins Ver-

hältnis zum Bruttoinlandsprodukt und erhält so die Defizitquote. Diese Kennziffer ist aussagekräftiger als die Schuldenstandsquote, denn hier setzt man die aktuelle Neuverschuldung (eine Stromgröße) ins Verhältnis zur aktuellen Wirtschaftsleistung (ebenfalls eine Stromgröße). Vereinfacht
gesagt gilt: Je höher die Zunahme der Wirtschaftsleistung
(das Sozialprodukt), umso höher kann die Neuverschuldung
sein, denn mit höherer Wirtschaftsleistung steigt auch die
Fähigkeit, diese Verschuldung wieder zurückzahlen zu können. Zwischen der Defizitquote und der Schuldenstandsquote besteht ein einfacher Zusammenhang: Die Defizite von
heute sind der Schuldenstand von morgen, denn der Schuldenstand ist ja nichts anderes als die Summe aller Jahr für
Jahr angehäuften Defizite.

Stellt man nicht auf die absoluten Zahlen von Schuldenstand und Defizit, sondern auf die Quoten ab, also das Verhältnis zum Bruttoinlandsprodukt, so spielt das Wachstum
des Inlandsprodukts eine entscheidende Rolle dafür, ob die
Schuldenstandsquote weiter ansteigt oder nicht: Je stärker
das Bruttoinlandsprodukt steigt, desto geringer wird die
Schuldenstandsquote.

Ein einfacher Zusammenhang, der enorme politische Bedeutung hat. Will die Regierung die Schuldenstandsquote
senken, so hat sie dazu zwei Möglichkeiten: Entweder sie reduziert die Neuverschuldung (durch Ausgabensenkungen
oder Steuererhöhungen) oder sie versucht, das Wachstum
des Sozialprodukts zu erhöhen. Hier zeigt sich, dass bei der
Verschuldung eines Staates sehr viel von der künftigen Entwicklung des Sozialprodukts abhängt: Je höher dieses ist,
umso geringer werden die Schuldenstands- und die Defizitquote, umso sicherer kann der Staat seine Schulden später
zurückzuzahlen. Und umso weniger Sorgen muss man sich
als Bürger machen.

Mit Blick auf die aktuelle Situation in Deutschland ver-
heißt diese Faustregel nichts Gutes: Seit den 90er-Jahren
ist die Defizitquote in der weit überwiegenden Zahl der Jahre gestiegen; zudem ist die Neuverschuldung stärker gewachsen als die Wirtschaftsleistung des Landes. Im Klartext: Die Verschuldungspolitik aller Parteien hat durch die

Bank dazu beigetragen, den deutschen Schuldenberg absolut und in Relation zur Wirtschaftsleistung zu vergrößern.

Doch es ist nicht nur das Wachstum des Sozialprodukts,
das über die tatsächliche Schuldenlast eines Landes entscheidet; eine weitere wichtige Rolle spielt der Zins, den der Staat
für seine Schulden zahlen muss. Wie das funktioniert, schau-
en wir uns als Nächstes an. In diesem Zusammenhang eine
komische Frage: Darf ein englischer Schatzkanzler während
der Parlamentssitzungen Alkohol trinken?

Ein Prosit auf das Schicksalsbuch der Nation

Das Wort „Budget" leitet sich vom französischen „bougette"
ab, was so viel heißt wie „kleine Tasche". Vermutlich war das
eine Anspielung auf ein geringes Vermögen, das so mickrig
ist, dass es in eine kleine Tasche passt. In Großbritannien
wird das Budget, also der Haushalt des Staates, nicht in einer
kleinen Tasche, sondern in einem roten Aktenkoffer aus Le-
der ins Parlament getragen. Der Koffer wurde etwa 1860 an-
gefertigt und enthält die Rede des Schatzkanzlers zum Budget, die er vor dem britischen Parlament hält. Diese Rede
kann unterschiedlich lang ausfallen: Benjamin Disraeli benö-
tigte 1867 nur 45 Minuten, um dem Parlament das Budget zu
erklären, William Gladstone hingegen brauchte 1853 zu diesen 45 Minuten weitere vier Stunden (Disraeli brachte es
zwar in einer Rede sogar auf fünf Stunden, allerdings inklusive einer Pause). Vielleicht aufgrund dieser Längen ist es
dem britischen Schatzkanzler erlaubt, während dieser Rede
– und nur während dieser Rede – im Parlament Alkohol zu
trinken, ein Privileg, das von vielen Amtsinhabern weidlich
genutzt wurde: Kenneth Clarke wählte Whisky, Geoffrey
Howe Gin and Tonic, andere genehmigten sich Sherry mit
geschlagenem Ei oder Brandy und Wasser. Gordon Brown
hingegen schlürfte Mineralwasser.

Bedenkt man, wie wichtig das Budget, also der Haushalt
eines Staates, für seine Bürger ist, kann man verstehen, dass
man sich als Finanzminister einen darauf genehmigen will
– nicht umsonst wird der Haushaltsplan als das „Schicksals-

buch der Nation" bezeichnet. In diesem Plan (der dick genug ist, um als Buch durchzugehen) werden die Ausgaben und die Einnahmen des Staates minutiös aufgelistet und benannt; er beeinflusst das Leben und Handeln aller Bürger und bestimmt über ihr heutiges und zukünftiges Einkommen sowie über das Einkommen ihrer Kinder. In diesem Budget werden die Einnahmen des Staates seinen Ausgaben gegenübergestellt. Vor allem die Art der Ausgaben ist interessant, wenn man etwas über die Schuldenbelastung eines Landes erfahren will.

In Deutschland belaufen sich die Ausgaben des Bundes für das Jahr 2010 auf rund 320 Milliarden Euro. Allein 143 Milliarden davon wandern in das Ressort Arbeit und Soziales – das ist in Zahlen gegossener Sozialstaat und der mit Abstand größte Ausgabenposten. An zweiter Stelle vermuten die meisten Menschen den Verteidigungshaushalt und liegen damit falsch: Die Verteidigungsausgaben belaufen sich auf 30 Milliarden Euro, das ist deutlich weniger als der zweitgrößte Ausgabenposten des Bundes: die Bundesschuld. Fast 39 Milliarden Euro gibt der Bund 2010 nur für Zinsen auf seine Schulden aus. Mit anderen Worten: Der zweitgrößte Ausgabenposten des Staates entsteht alleine dadurch, dass der Staat Schulden hat; er schafft keine Werte, stopft keine hungrigen Mäuler und bezahlt keine Gehälter. Der Staat zahlt 39 Milliarden Euro im Jahr 2010 dafür, dass er Schulden hat.

Diese Zahl macht klar, wie bedrohlich Staatsverschuldung werden kann: Je größer der Schuldenberg wird, umso größer werden die Zinszahlungen, die der Staat bezahlen muss; schlimmstenfalls werden diese so groß, dass der Staat andere Ausgabenposten zusammenstreichen muss oder es nicht mehr schafft, seine Schulden zu bedienen. Werden die Zinslasten eines Landes zu groß, droht es davon erdrückt zu werden. Zu hohe Verschuldung führt in die Zinsknechtschaft.

Diese Überlegungen machen klar, dass der sogenannte Primärsaldo, also die Differenz zwischen den Einnahmen des Staates und den Ausgaben ohne die Aufwendungen für die Zinszahlungen, wichtige Informationen über die Schuldenlage eines Landes enthält. Ist der Primärsaldo positiv, sind also die Einnahmen größer als die Primärausgaben, so bedeutet das, dass der Staat seine wesentlichen Aufgaben finanzieren kann und darüber hinaus noch Geld übrig hat, um wenigstens einen Teil der Zinszahlungen zu bezahlen. Ist der Primärsaldo hingegen negativ, so bedeutet das, dass der Staat Schulden machen muss, um nicht nur die Zinsen auf seine Schulden zu bezahlen, sondern auch noch einen Teil seiner übrigen Ausgaben – negative Primärsalden über längere Zeiträume sind eine Schnellstraße in den Staatsbankrott.

In Deutschland schwankt der Primärsaldo stark: Bis zum Ende der 90er-Jahre war er zumeist negativ, in den ersten neun Jahren des neuen Jahrtausends war er mit Ausnahme der Jahre 2003 und 2004 positiv; zuletzt mit deutlich steigender Tendenz. Dann, 2010, kam der Absturz: Bankenkrise, Rettungspakete und Rezession stutzten den Primärsaldo auf ein Minus von 43 Milliarden Euro, rund zehn Prozent des gesamten Haushalts.

Staaten müssen einen Primärüberschuss erzielen, wenn sie einen Anstieg der Schuldenstandsquoten und eine Einengung zukünftiger Haushaltsspielräume verhindern wollen. Legt man die Wachstumsprognosen des Internationalen Währungsfonds zugrunde, so kommt man – mithilfe einiger weiterer Annahmen – zum Ergebnis, dass viele Industrienationen vor einem gewaltigen Kraftakt stehen, wenn sie ihre Schuldenstandsquoten auch nur stabilisieren wollen: Im Schnitt müssten sie dazu ab 2010 einen dauerhaften Primärüberschuss von 0,5 Prozent des Bruttoinlandsprodukts erzielen. Das klingt nicht viel, wenn man aber bedenkt, dass dieser Primärsaldo zwischen 2000 und 2009 in diesen Ländern im Durchschnitt bei einem Minus von 1,2 Prozent lag, wird rasch klar, welche Herkulesaufgabe vor ihnen liegt.

Und bis dahin haben wir nur von einer Stabilisierung der Schuldensituation gesprochen, also davon, dass die Schuldenstandsquote nicht weiter steigt – wollen Industrieländer mit Staatsschulden von mehr als 60 Prozent des Sozialprodukts, beispielsweise Großbritannien, die Vereinigten Staaten, Frankreich oder Italien, ihre Verschuldung in den kommenden zehn Jahren wieder auf 60 Prozent senken, so müssten sie dauerhafte Primärüberschüsse von 2,5 bis acht Prozent des Sozialprodukts erwirtschaften. Eine fast unmögliche Aufgabe.

Für die Bundesrepublik sieht das nicht besser aus: In allen vergangenen vier Jahrzehnten war der Primärsaldo, den die Regierung realisierte, immer geringer als derjenige, der nötig gewesen wäre, um die Schuldenquote zu stabilisieren. Im ersten Jahrzehnt des neuen Jahrtausends beispielsweise betrug der tatsächliche Primärsaldo rund 0,5 Prozent – 1,75 Prozent wären nötig gewesen, um den Schuldenstand zu stabilisieren. Die Bank für Internationalen Zahlungsausgleich (BIZ) hat ausgerechnet, dass Deutschland für die nächsten fünf Jahre einen Primärüberschuss von 5,5 Prozent erwirtschaften müsste, um die Schuldenstandsquote auf dem Niveau von 2007 zu stabilisieren.

Mit Blick auf diese Zahlen muss man befürchten, dass die Schuldenprobleme vieler Staaten zunehmen werden. Noch bedrohlicher wird diese Aussicht dadurch, dass wir bisher nur die Spitze des Eisbergs gesehen haben – den meisten Bürgern ist gar nicht klar, wie viel Eisberg zusätzlich unter der Wasseroberfläche lauert. Fragen wir doch einen fröhlichen Professor, der gerne arbeitet und sich bei Beamten unbeliebt macht.

Der fröhliche Professor und die teuren Beamten

Bernd Raffelhüschen, das kann man wohl sagen, hat es geschafft: Er ist Professor für Volkswirtschaftslehre, leitet das Institut für Finanzwissenschaft an der Universität Freiburg, ist Direktor des Forschungszentrums Generationenverträge und einer der renommiertesten Experten in Deutschland zum Thema Altersvorsorge. Der stets gut gelaunt wirkende und lebendig argumentierende Ökonom ist als Professor selbstverständlich Beamter, doch seine Meinung zum Berufsbeamtentum ist in Beamtenkreisen wenig salonfähig: „Bei mindestens der Hälfte der heutigen Beamten gibt es keinen Grund für das Berufsbeamtentum", sagt Raffelhüschen, wobei er Hochschulprofessoren nicht ausnimmt. Und nicht nur das: Raffelhüschen findet, dass Beamte länger arbeiten und weniger Geld bekommen sollten. „Auch Beamte müssen künftig länger arbeiten – und dafür im Ruhestand weniger bekommen", muss sich der arme geplagte Staatsdiener von dem blonden Professor mit dem leicht rollenden Akzent in der Aussprache anhören. Muss das sein?

Vermutlich ja. Das Problem bei den Beamten ist rasch benannt – es sind die Pensionen. Derzeit, rechnet Raffelhüschen vor, geben die Länder durchschnittlich acht bis neun Prozent ihrer jährlichen Steuereinnahmen für ihre pensionierten Beamten aus. In Zukunft dürfte sich dieser Wert verdoppeln, wenn nicht sogar verdreifachen, und die Länder ihrer finanziellen Spielräume berauben. Wer ein Viertel seiner Steuereinnahmen für die Ruhegehälter der ehemaligen Staatsdiener ausgibt, dem fehlt ein Viertel seiner Einnahmen für Straßen, Kindergärten oder neue Beamte – und zwar ständig, Jahr für Jahr.

Raffelhüschens Argument ist ein blinder Fleck auf dem Radar der Politiker, die über die Staatsverschuldung des Landes sprechen – bei ihnen geht es stets um die Schuldenstands- oder die Defizitquote, der deutsche Beamte steht nicht auf ihrer Liste der Staatsschulden. Auch in den Medien wird die deutsche Schuldenstandsquote mit rund 70 Prozent des Sozialprodukts angegeben – doch in diesen 70 Prozent sind die Beamten nicht enthalten. Staaten rechnen nach einem Prinzip aus der buchhalterischen Steinzeit, der sogenannten Kameralistik: Man verbucht, was jährlich an Geld hereinkommt und was an Geld rausgeht – fertig. Wer das in Deutschland als Geschäftsmann tut, muss mit dem Besuch der Staatsanwaltschaft rechnen, es sei denn, er ist ein sogenannter Minderkaufmann, also jemand, der nur sehr wenig Geschäfte macht.

Vom Staat kann man das nicht behaupten, und doch benimmt er sich, was seine Buchhaltung angeht, in vielen Dingen wie ein Minderkaufmann: Er zählt zusammen, was jährlich reinkommt und rausgeht – fertig. Das hat weitreichende Konsequenzen: Alle Verpflichtungen, die heute nicht kassenwirksam werden, verschwinden aus dem Blickfeld der Buchhaltung und der Politik. Da wären zum Beispiel die Beamtenpensionen: Wird ein Beamter eingestellt, so verspricht ihm sein Arbeitgeber, der Staat, ein regelmäßiges Ruhegehalt, nachdem er die Altersgrenze erreicht hat. So der Beamte diese Altersgrenze erreicht, wird diese Zahlung fällig, das weiß man schon heute. Wenn man aber heute nichts zurücklegt für diese zukünftige Verpflichtung – was in den seltensten Fällen geschieht –, dann sind diese zukünftigen Verpflichtungen Schulden. Der Beamte überlässt dem Staat heute seine Arbeitskraft gegen das Gehalt und das Versprechen, später, im Rentenalter, eine Pension zu erhalten – damit wird die Pensionsverpflichtung für den Staat zu einer Schuld. Die Pensionslasten, die der Professor aus Freiburg moniert, sind nichts anderes als versteckte Staatsverschuldung.

Das Tückische an dieser Form der Staatsverschuldung ist, dass sie nicht explizit im Budgetdefizit des Staates auftaucht; der offizielle Schuldenstand unterschlägt diese Verpflichtungen. Defizit und Schuldenstand machen keinerlei Aussagen darüber, wie sich die zukünftige Finanzsituation des Staates entwickeln wird – und hier liegt ihre Schwäche. Was fehlt, sind Zahlungsverpflichtungen des Staates, die erst in Zukunft fällig werden – beispielsweise Rentenzusagen –, aber heute bereits festgelegt und absehbar sind. Angenommen, der Staat weitet seine Leistungszusagen in der Beamtenversorgung oder der gesetzlichen Rentenversicherung aus – was passiert mit den Staatsschulden? Im ersten Moment erschreckenderweise nichts. Erst wenn diese Rentenzusagen fällig werden, fließt Geld, erst dann finden die Leistungsausweitungen auch ihren Niederschlag in Form von steigenden Ausgaben des Staates (Bund, Länder, Gemeinden) oder der Rentenversicherungsträger (die zum Sektor Staat gehören).

Das muss man sich klarmachen: Da sagt der Staat heute seinen Beamten oder Rentnern höhere Renten zu, sehr zur Freude aller Beteiligten. Doch im Budget von heute passiert – nichts. Weder steigt das Budgetdefizit noch der Schuldenstand. Die Verpflichtungen der zukünftigen Generationen tauchen nirgendwo auf dem Schuldenzettel der heutigen Generation auf. De facto steigt die Schuldenlast des Staates, in den offiziellen Statistiken hingegen bleibt alles beim Alten.

Hier liegt eine gravierende Schwachstelle der Schuldenstands- und Defizitquote: Sie erfassen nur Schulden, die explizit als solche deklariert werden, weswegen man sie explizite Schulden nennt. Die sogenannten impliziten Schulden wie beispielsweise zukünftige Ansprüche an die Rentenversicherung oder die zukünftigen Pensionsansprüche der Beamten werden weder im Schuldenstand noch im Budgetdefizit erfasst. Wer etwas erfahren will über die möglichen anstehenden Belastungen zukünftiger Generationen oder aber über die Tragfähigkeit der gegenwärtigen Fiskalpolitik, darf nicht nur auf den Schuldenstand des Staates schielen; er braucht andere Kenngrößen. Hier kommt das Konzept des Generational Accounting, also der Generationenbilanzen, ins Spiel; mit diesem Konzept versucht man zu messen, wie groß der gesamte Schulden-Eisberg ist – wovon das meiste unter der Wasseroberfläche liegt.

Ein Blick unter die Wasseroberfläche

Um die Mitte des 18. Jahrhunderts hat der russische Dichter und Naturwissenschaftler Michail Lomonossow das Wesen des Eisbergs erforscht und erkannt: Da die Dichte des Eises 0,920 Kilogramm pro Liter beträgt, die Dichte des Meerwassers aber 1,025 Kilogramm je Liter, folgerte er, dass 90 Prozent des Volumens eines Eisbergs unter der Wasseroberfläche liegen müssen. Diese Tatsache ist so manchen Schiffen zum Verhängnis geworden, beispielsweise einem legendären Luxusliner, der am 14. April 1912 gegen 23:40 Uhr mit einem Eisberg – besser gesagt mit den 90 Prozent unter Wasser – Bekanntschaft machte und sank. Vielen verschuldeten Staaten und ihren Gläubigern droht ein ähnliches Schicksal: Sie könnten Schiffbruch an dem Teil der Staatsverschuldung erleiden, der unter der Wasseroberfläche liegt.

Den Teil des Schulden-Eisbergs, der unter der Wasseroberfläche liegt, nennt man die implizite oder verdeckte Staatsverschuldung, also jene Schulden, die nicht ausdrücklich im Staatshaushalt (oder anderen staatlichen Nebenhaushalten) auftauchen. Leiht sich die Regierung Geld auf den Kapitalmärkten, so wird das als Staatsverschuldung verbucht; das ist die explizite oder offene Staatsverschuldung. Verspricht sie hingegen den Bürgern mehr Geld oder staatliche Leistungen in der Zukunft, indem sie ihnen höhere Renten, Pensionen oder sonstige Sozialleistungen in den kommenden Jahren zusagt, so bewegt sich der Schuldenstand keinen Millimeter respektive keinen Euro. Diese versteckte Verschuldung, die implizite Staatsverschuldung, das ist der Teil, der unter der Wasseroberfläche liegt, der sich dem Radar vieler Politiker, Journalisten und Wähler entzieht. Aber wie groß ist dieser Teil? Oder um es deutlicher zu formulieren: Wie hoch ist der Staat wirklich verschuldet?

Um diese Frage zu beantworten, verwenden Ökonomen Generationenbilanzen. Vereinfacht gesagt ermittelt man bei diesen Bilanzen die zukünftigen Zahlungen des Staates an seine Bürger und die Zahlungen der Bürger an den Staat und bildet den Saldo. Mithilfe dieser Bilanzen kann man auch berechnen, welche Generation im Verlauf ihres Lebens was an den Staat bezahlt oder von ihm bekommt. So wissen wir beispielsweise, dass die heute 20- bis 30-Jährigen im Durchschnitt bis an ihr Lebensende pro Kopf mehr als 100.000 Euro mehr an den Staat gezahlt haben werden, als sie von ihm erhalten. Sie sind die Geldesel der Nation.

Anders sieht es bei der Generation der heute 60-Jährigen aus: Sie werden bis an ihr Lebensende voraussichtlich pro Kopf rund 250.000 Euro mehr vom Staat kassieren, als sie an ihn gezahlt haben. Hinter dieser riesigen Summe stehen vor allem die Leistungen aus der Renten-, Kranken- und Pflegeversicherung. Insgesamt kann man sagen, dass die Generationen der heute Zehn- bis 40-Jährigen Nettozahler sind, während alle anderen zurzeit lebenden Jahrgänge mehr vom Staat empfangen, als sie ihm geben.

Mithilfe dieser Generationenbilanzen können wir die implizite Staatsverschuldung ermitteln, also die Schulden des Staates, die sich daraus ergeben, dass er seinen Bürgern Versprechungen für die Zukunft gemacht hat, und die sich nicht im Budget niederschlagen. Allerdings unterstellen diese Berechnungen, dass sich die aktuelle Gesetzeslage hinsichtlich der Ansprüche der Bürger und ihrer Zahlungsverpflichtungen nicht ändert. Das ist eine Schwäche des Konzepts: Es ist nur eine Beschreibung der zukünftigen Folgen heutiger Budgetpolitik; es trifft keine Aussagen darüber, welche Budgetpolitik in den nächsten 100 Jahren tatsächlich verfolgt wird. Insofern ist eine Generationenbilanz nichts anderes als die Darstellung der zukünftigen Folgen gegenwärtiger Budgetpolitik, sofern diese so beibehalten wird. Ein sinnvolles Instrument sind die Generationenbilanzen dennoch, denn sie zeigen, welche Folgen die derzeitige Finanz- und Sozialpolitik des Staates für zukünftige Generationen hat, wenn sich nichts ändert.

Womit wir beim entscheidenden Punkt sind: Wie hoch ist die Staatsverschuldung in der Bundesrepublik Deutschland wirklich? Die explizite Staatsverschuldung, die sich aus dem Haushaltsbudget ergibt, beläuft sich, wie wir gesehen haben, auf etwa 70 Prozent des Sozialprodukts. Packt man die implizite Staatsverschuldung obendrauf, so beläuft sich der Schuldenberg auf fast 300 Prozent des Bruttoinlandsprodukts. Um das deutlich zu machen: Berücksichtigt man neben den offiziellen Staatsschulden, für die der Staat geradestehen muss, alle seine zukünftigen Verpflichtungen, die aus Versprechungen gegenüber seinen Bürgern resultieren – Renten, Pensionen, Zahlungen aus Sozialversicherungen und Sozialtransfers –, so beträgt der Schuldenberg der Bundesrepublik Deutschland das Dreifache des Sozialprodukts. Das ist fast wie beim Eisberg: Nicht einmal ein Drittel der Staatsverschuldung liegt über dem Wasser und wird offen ausgewiesen.

Doch es gibt – man will es kaum glauben – Länder, deren Staatsverschuldung noch höher liegt: Das Vereinigte Königreich erreicht eine stolze Schuldenstandsquote von 500 Prozent, wenn man die explizite und implizite Staatsschuld zusammenrechnet. Bei anderen Staaten sieht es teilweise etwas moderater aus: Frankreich bringt es ebenso wie die Vereinigten Staaten auf 230 Prozent, ähnlich wie Österreich.

Diese Zahlen beruhen allerdings noch auf den Daten des Jahres 2005; mittlerweile hat sich die Lage durch die Finanzkrise verschlimmert: Für Deutschland kommt man auf Basis der Daten von 2008 auf eine Schuldenstandsquote von 315 Prozent. Zusätzlich zu den normalen Steuern und Sozialabgaben müsste jeder Bürger bis zu seinem Lebensende einen zusätzlichen Betrag von 355 Euro pro Monat an den Staat abführen, um diesen Schulden-Eisberg abzutragen.

Natürlich hat diese Methode, die implizite Staatsschuld zu berechnen, ihre Tücken: Zum einen beruhen alle Zahlen auf dem Szenario der aktuellen Finanzpolitik des Staates – anders lässt sich nicht berechnen, welche Belastungen und Zahlungen ein Jahrgang für den Rest seines Lebens empfängt. Insofern sind diese Zahlen eine Art Brandmelder; sie beschreiben, was passiert, wenn der Staat seinen aktuellen Kurs beibehält. Darüber hinaus gibt es noch einige weitere technische Probleme bei der Ermittlung. Doch trotz aller Kritik zeichnen diese Zahlen ein ehrlicheres Bild vom Zustand der Staatsfinanzen als die harmlose Schuldenstandsquote, die in den politischen Debatten kursiert.

Bei solchen Schuldenständen kann einem schon angst und bange werden, sodass sich unwillkürlich die Frage aufdrängt, weshalb sich der Staat überhaupt verschulden muss. Das ist eine grundsätzliche Frage, die im Licht der Tatsache, dass mehr oder weniger alle Staaten der Welt verschuldet sind, eher akademisch wirkt – nichtsdestotrotz wollen wir sie stellen. Welche Begründung hat der Staat, dass er nicht wie jeder Haushalt darauf achtet, dass sich die Einnahmen mit den Ausgaben decken? Warum darf er sich bis über beide Ohren verschulden? Oder soll er das sogar? Eine Antwort auf diese Fragen gibt uns eine Festung im Herzen von Berlin.

3 SPENDIERHOSEN RUNTER!

„Staatsverschuldung ist eine der schrecklichsten Geißeln, die je zur Plage einer Nation erfunden worden ist."

David Ricardo, Ökonom (1772–1823)

Geld für die Freiheit

Die Zitadelle Spandau ist eine der bedeutendsten und besterhaltenen Renaissancefestungen Europas. Neue Angriffswaffen hatten im 16. Jahrhundert die alten Burganlagen wirkungslos gemacht, also ließ Kurfürst Joachim II. eine Festung nach „neu-italienischer Manier" errichten. Die Zitadelle war militärische Bastion, Kerker und Staatstresor zugleich. Vor allem letztere Funktion ist es, die uns interessiert: Im sogenannten Juliusturm, der Bestandteil der Zitadelle ist, wurde der kurfürstliche Silberschatz aufbewahrt, und nach 1870 lagerten hier 120 Millionen Goldmark französischer Reparationen aus dem Deutsch-Französischen Krieg. Im Jahr 1871 hatte ein Bund aus Preußen, norddeutschen und süddeutschen Staaten Frankreich besiegt. Das Ergebnis war die Gründung des Deutschen Reiches, die Proklamation Wilhelms I. zum Kaiser im Spiegelsaal von Versailles und die Zahlung von Reparationen Frankreichs an Deutschland, welche im Juliusturm gelagert wurden. Heute, fast 100 Jahre später, steht die Zitadelle noch, vor ihren Türen ein Museum, ein Kinocenter, ein PC-Spezialist und eine Filiale des amerikanischen Spielzeugkonzerns Toys"R"Us – die französischen Reparationen und der Staatsschatz des Kurfürsten haben sich längt in Luft aufgelöst. Wer heute als Finanzminister vom Juliusturm spricht, denkt weniger an die Zitadelle, sondern an Überschüsse in der Staatskasse, wie sie der deutsche Finanzminister Fritz Schäffer in den 50er-Jahren anhäufte. Der Juliusturm ist heute ein Synonym für eine fast surreal anmutende Veranstaltung: staatliche Haushaltsüberschüsse.

Früher, als die Zeiten noch rauer waren, war es für einen Staat gar nicht so schwer, Überschüsse anzuhäufen: Man zieht in den Krieg, erobert ein paar Kolonien, und aus diesen Kolonien presst man genügend Mittel, um die Kosten des Feldzugs zu begleichen – gerne auch ein wenig mehr. Schlug der Feldzug hingegen fehl, so waren alle Mittel, die man zur Finanzierung des Krieges aufgebracht hatte, im wahrsten Sinne des Wortes verpulvert. Und damit wären wir bei einer der wohl ältesten, wenn auch nicht vornehmsten Begründung für Staatsverschuldung: Krieg. Das lässt sich bereits bei Adam Smith nachlesen: „Nun muss aber von dem Augenblicke an, wo der Krieg beginnt ... das Heer vermehrt, die Flotte ausgerüstet, die Festungen in Verteidigungszustand gesetzt, und es müssen diese Armee, diese Flotte, diese Festungen mit Waffen, Munition und Lebensmitteln versehen werden. Es muss ein unmittelbarer und großer Aufwand gerade in dem Augenblicke der unmittelbaren Gefahr gemacht werden, da diese nicht auf das langsame Eingehen der neuen Steuern warten kann. In dieser Not hat die Regierung kein anderes Hilfsmittel als das Borgen."

Die Sprache ist alt, das Argument zeitlos: Wenn Krieg heraufzieht, muss die Mobilmachung bezahlt werden, und angesichts der drohenden Gefahr kann der Finanzminister nicht darauf warten, dass neue Steuergesetze beschlossen werden und die Steuerzahler sich irgendwann bequemen, zu zahlen – es muss gehandelt werden, und zwar schnell. Also werden neue Schulden in Form von Kriegsanleihen gemacht: Man appelliert an den Patriotismus der Bürger, die ihr Geld in nationaler Begeisterung dem Staat gegen ein Stück Papier überlassen (im Fachjargon nennt man das „eine Anleihe zeichnen"), auf dem in mehr oder weniger goldgetränkten und wappenumrankten Buchstaben steht, dass der Staat dieses Geld zurückzahlen wird (natürlich inklusive Zinsen), und dieses Stück Papier nennt man Kriegsanleihe. Und dem Patrioten gibt das ein doppelt gutes Gefühl: Er stellt sein Geld in den Dienst des Vaterlandes, das damit den natürlich notwendigen Feldzug bestreitet, und obendrein bekommt er das verzinst.

Um dem Patriotismus der Bürger ein wenig auf die Sprünge zu helfen, war vielen Staaten kein Mittel zu schade: Die Käufer österreichischer Kriegsanleihen erhielten als Zugabe zur Kriegsanleihe, die sie kauften, einen Ring mit der Inschrift „Pro Patria 1914" (für das Vaterland) – ähnlich wie die Packungsbeigaben in den Cornflakes-Schachteln. Die Vereinigten Staaten verkauften ihre Kriegsanleihen als „Liberty Bonds", also Freiheitsanleihen – eine nette Marketing-Idee. Und wenn das die Brieftaschen der Bürger immer noch nicht öffnete, wurden die Wertpapierbörsen geschlossen, und die Ausgabe anderer Wertpapiere wurde verboten, damit der Patriot nicht auf die Idee kommen konnte, sein Geld jemand anderem zu leihen als dem Staat. Im Ernstfall wurde der Patriotismus zwangsverordnet, indem die Bürger gezwungen wurden, diese Anleihen zu kaufen. Auch Geschäftsbanken und Notenbanken wurden zum Ankauf von Kriegsanleihen verpflichtet.

Reduziert man dieses Geschäftsmodell auf seinen Kern, so sieht man, dass es einen Haken hat: Wie will der Staat diese Schulden zurückzahlen? Der einzige unmittelbare Ertrag eines Krieges sind Reparationen und Gelder, die man aus den eroberten Provinzen pressen kann – wenn man sie erobert. Verliert der Staat den Krieg, so gibt es keine Einnahmen aus den eroberten Provinzen, keine Reparationen – viel schlimmer noch, wenn man nun selbst Reparationen an den Sieger zahlen muss. Dass man angesichts solcher Belastungen seine Schulden nicht mehr zurückzahlen kann, ist klar – die Kriegsanleihen werden per Gesetz zu Altpapier erklärt, die Bürger sehen das Geld, das sie dem Staat geliehen haben, nicht wieder. Das Geld der Bürger hat sich in Pulverdampf aufgelöst. Aber mit ein wenig Glück bleibt wenigstens ein Ring mit der Inschrift „Pro Patria" übrig. Im Internet werden dafür heute bis zu 85 Euro geboten.

Diese Überlegungen zeigen, dass Krieg erstens teuer ist, zweitens eine der Hauptursachen für steigende Staatsschulden darstellt und drittens, dass Krieg die wohl schlechteste Verwendungsmöglichkeit für Geld ist, die man sich vorstellen kann. Krieg bedeutet die Zerstörung von Menschenleben, Städten, Fabriken, Straßen und Eisenbahnlinien – nichts davon macht eine Nation, macht ihre Menschen reicher. In früheren Zeiten war Krieg einfach eine Umverteilung von Vermögen vom Verlierer zum Sieger. Für die Neuzeit können wir festhalten, dass sich Kriege umso weniger rentieren, als die Idee, besiegte Staaten mittels Reparationen auszupressen, nicht mehr salonfähig ist. Was bleibt, ist die Zerstörung von Menschenleben und Wohlstand. Und die Kriegsschulden, auf denen am Ende zumeist der Bürger sitzen bleibt, sind der Preis der Freiheit, des Vaterlandes oder was auch immer man erfolgreich verteidigt hat.

Damit ist klar, dass Krieg eine Begründung für Staatsverschuldung ist, aber erstens keine wünschenswerte und zweitens keine, die rechtfertigt, dass wir in den Friedenszeiten der vergangenen Jahrzehnte einen immer größeren Berg an Schulden angehäuft haben. Der steile Anstieg der Schuldenberge in mehr oder weniger allen westlichen Industrienationen lässt sich nicht durch Kriege erklären. Warum haben sich diese Staaten dann verschuldet? Gibt es andere Argumente? Die gibt es in der Tat. Dazu werfen wir noch einmal einen Blick zurück – wie erging es dem Deutschen Reich nach seinem Sieg über Frankreich?

Der Goldstandard der Staatsverschuldung und Verfassungsbruch im Dutzend

Das Jahr 1871, das den Sieg der Deutschen über Frankreich sah, ist eines der Schlüsseljahre in der Geschichte der Deutschen – mit der Gründung des Deutschen Reiches endete eine jahrhundertealte Kleinstaaterei, im Herzen Europas entstand ein neues politisch-militärisches Kraftzentrum. Auch ökonomisch war das Jahr 1871 ein Startpunkt, hier beginnt die Gründerzeit. Technischer Fortschritt, Industrialisierung und moderne Erfindungen wie die Eisenbahn trieben die Wirtschaft des Deutschen Reiches an, finanziert von den französischen Reparationen. Das Geld der Franzosen war Starthilfe für die wirtschaftliche Entwicklung des Deutschen Reiches, auch deswegen, weil es in den Aufbau der Infrastruktur des Reiches floss.

Infrastruktur – das Zauberwort für alle Politiker, die von der Entwicklung ihres Landes oder strukturschwacher Regionen reden und träumen. Infrastruktur, das ist der technische, juristische und soziale Unterbau einer Gesellschaft, der Treibsatz für die wirtschaftliche Entwicklung eines Landes. Straßen, Eisenbahnlinien, Stromnetze, Gas, Flugverkehr, Müllentsorgung – das sind die Fundamente, auf denen man eine wohlhabende Industrienation errichtet. Und wie alle Bausteine müssen auch diese finanziert werden, womit wir bei der Staatsverschuldung wären. Das Problem ist ähnlich wie bei der Finanzierung eines Krieges: Ein Straßennetz, Stromnetze, Eisenbahnlinien – das alles ist teuer, aufwendig, kostspielig und will bezahlt werden. Natürlich kann der Staat Geld ansparen und aus dem Angesparten den Aufbau des Schienen- und Straßennetzes bezahlen, aber das würde ewig dauern. Also nimmt der Staat Schulden auf, um mit diesen Schulden die Infrastruktur aufzubauen. Genauso wie im Falle des Krieges will man nicht warten, bis man genügend Mittel zusammenhat, um loszulegen. Also holt sich der Staat bei seinen Bürgern einen Vorschuss auf die Leistungen, die er anschließend erbringen wird, und diesen Vorschuss nennen wir Staatsverschuldung.

Doch da ist ein gewaltiger Unterschied zwischen Kriegen und Infrastrukturinvestitionen: Kriege zerstören Werte, der Bau von Autobahnen schafft sie. Der Aufbau von Infrastruktur ist eine Investition: Man nimmt heute Geld in die Hand, steckt es in Beton, Stahl oder Glas, und hofft, dass man ein paar Jahre später mithilfe dieses Betons mehr Geld zurückerhält, als man hineingesteckt hat. Geht die Rechnung auf, kann man sich leichten Herzens verschulden, denn die Erträge des Betons sollten ausreichen, um die anfangs gemachten Schulden zu begleichen. Das ist aber eine ganz andere Rechtfertigung für Staatsverschuldung: Nicht die Dringlichkeit der

Angelegenheit rechtfertigt den staatlichen Schuldenturm, sondern die Rentabilität der damit getätigten Ausgaben.

So betrachtet wird der Staat zu einem Unternehmer, der kühl kalkuliert, ob sich der Bau einer Autobahn, einer Bahnlinie oder eines Stromnetzes langfristig lohnt. Kommt er zu dem Ergebnis, dass eines dieser Vorhaben lohnend ist, so leiht er sich Geld, investiert es in Stahl, Beton und Glas, und aus den späteren Erträgen dieser Bauten kann er die dafür aufgenommenen Schulden zurückzahlen. Funktioniert das, sind die Schulden des Staates kein Problem, sie finanzieren sich ja von selbst aus der Investition, dem Beton, dem Stahl, dem Glas.

Allerdings gibt es einen wichtigen Unterschied zwischen dem Staat als Unternehmer und einer Privatperson: Während ein privater Investor darauf achtet, dass das Geld aus den Investitionen direkt an ihn zurückfließt, kommen die Erträge aus den Investitionen des Staates allen Bürgern zugute. Die Autobahn, die Eisenbahn, das Stromnetz – der Aufbau der Infrastruktur ermöglicht den Bürgern bessere Geschäfte, mehr Reisen, Kommunikation, Investitionssicherheit – rechnet sich das für den Staat?

Das tut es, aber anders als bei privaten Geschäftsleuten. Während der private Investor seinen Gewinn unmittelbar aus der Investition zieht, geht der Staat einen Umweg – er zieht seinen Gewinn aus dem Wachstum, das seine Infrastrukturinvestitionen erzeugen. Das Kalkül: Der Staat baut Autobahnen, Stromnetze und was sonst der heimischen Wirtschaft zu mehr Wachstum verhilft. Dadurch steigt das Sozialprodukt, was dem Staat zu steigenden Steuereinnahmen verhilft.

Damit haben wir eine zweite Begründung dafür, dass sich der Staat verschuldet: Er nimmt Schulden auf, investiert diese in seine Volkswirtschaft, was zu mehr Wachstum und damit mehr Steuereinnahmen führt, und aus diesen Mehreinnahmen zahlt er die zuvor angehäuften Schulden zurück. Funktioniert das alles reibungslos, so ist Staatsverschuldung kein Problem. Verschuldet sich der Staat für Investitionen, so ist das unproblematisch.

Aus diesem Gedanken heraus hat sich eine finanzpolitische Faustregel entwickelt, die als „goldene Regel der Finanzpolitik" bezeichnet wird und sogar Eingang ins Grundgesetz gefunden hatte. Die Idee der goldenen Regel: Öffentliche Investitionen dürfen per Staatsverschuldung finanziert werden, weil das unbedenklich ist. Ins Grundgesetz gegossen wurde diese Regel im legendären Artikel 115 GG alter Fassung, der besagte, dass die staatliche Neuverschuldung nicht die Ausgaben für Investitionen überschreiten dürfe. Das entspricht eins zu eins dem obigen Gedankengang. So plausibel diese Idee ist, so lobend es ist, dass die Hüter des Grundgesetzes versuchten, ihr Verfassungsrang zu verleihen – in der Praxis ist sie kläglich gescheitert. Es gibt wohl kaum einen Artikel des Grundgesetzes, der von den jeweiligen Regierungen häufiger und rabiater mit den Füßen getreten wurde als der Artikel 115 in seiner alten Fassung. Verfassungsbruch im Dutzend.

Die Kernidee des Artikels 115 war einfach: Solange der Staat sich nur für Investitionen verschuldet, also die Ausgaben von heute zu mehr Einnahmen morgen führen, ist Staatsverschuldung ungefährlich, ja selbstfinanzierend. Aber was so einfach klingt, wurde in der gesetzgeberischen Praxis zu einem juristischen Albtraum. In der bundesrepublikanischen Realität sah das so aus, dass die jeweilige Regierung die Bestimmungen des Artikels 115 mehr als großzügig respektive kreativ und eigenwillig interpretierte und die Neuverschuldung deutlich über den staatlichen Investitionsausgaben lag. Der Präsident des Rechnungshofs, Dieter Engels, hat das nachgezählt: In elf von 25 Haushaltsjahren sei die Regelkreditgrenze zum Teil erheblich überschritten worden, vor allem in den Haushaltsjahren 2002 bis 2006. Im September 2005 sprach der damalige Bundesfinanzminister Hans Eichel (SPD) von elf verfassungswidrigen Länderhaushalten (in den Länderverfassungen gab es dem Artikel 115 vergleichbare Regelungen). Die jeweils zuständige Opposition reichte zumeist angesichts des offensichtlichen Verfassungsbruches Klage beim Verfassungsgericht ein, das Jahre später, wenn der jeweilige Haushalt ebenso wie die damals amtierende Regierung längst Geschichte waren, ein Urteil fällte, das niemanden mehr interessierte – am allerwenigsten die damalige Opposition, die nun selbst Regierungsverantwortung trug und ihrerseits den Artikel 115 bis zum Verfassungsbruch quälte. „Wenn dabei die Rechtswidrigkeit festgestellt wird, sind damit keine unmittelbaren Konsequenzen verbunden", resignierte im Jahr 2005 die Deutsche Bundesbank. Die Folge: Zwischen 1991 und 2005 zählen Ökonomen 68 Verstöße gegen Artikel 115 GG (alter Fassung) respektive die betreffenden Ländervorschriften. 68-mal Verfassungsbruch, ohne dabei rot zu werden.

Gescheitert ist die goldene Regel des Artikels 115 an der praktischen Umsetzung, genau genommen am Begriff „Investition". Indem die jeweilige Regierung die Interpretation dessen, was Investition ist, recht großzügig auslegte, konnte sie die Verschuldung hochfahren, und das – zumindest in ihren Augen – völlig grundgesetzkonform (das Verfassungsgericht sah dies recht häufig anders, was aber – wie erwähnt – für die jeweilige Regierung unbedeutend war). Wer Subventionen als Investition deklariert, kann das dazu notwendige Geld grundgesetzkonform und entspannt per Kredit aufnehmen – wobei die Frage, ob es sich dabei wirklich um eine Investition handelt, auslegungsfähig und -bedürftig ist. Eine weitere Ursache für das Scheitern von Artikel 115 war eine harmlos klingende Ausnahmeklausel, auf die wir später zurückkommen.

Damit ist das Kernproblem der goldenen Regel benannt: Zwar ist es grundsätzlich richtig und einleuchtend, dass man nur Investitionen per Kredit finanziert, doch die Umsetzung dieser Regel scheitert daran, dass sich schwer ausmachen lässt, was Investitionen sind. Dabei hängt von der Beantwortung dieser Frage viel ab, und zwar auch für Menschen, die noch gar nicht auf der Welt sind, an denen uns aber etwas liegen sollte: unsere Kinder. Und manchmal lieben wir sie so sehr, dass sich gleich mehrere Väter für ein Kind finden, so wie im Fall von Dannielynn Smith.

Die Millionen-Tochter

Gleich drei Männer stritten sich um die Vaterschaft für Dannielynn Smith: ein Anwalt, ein Fotograf und der Ehemann von Zsa Zsa Gabor, Prinz Frederic von Anhalt – sie alle wollten der Vater von Dannielynn sein, dem Kind des Ex-Models, Busenwunders und der Ex-Milliardärsgattin Anna Nicole Smith. Vermutlich war es nicht nur Vaterstolz, der die drei Herren zu diesem Wettstreit trieb, schließlich vermutete man, dass Dannielynn Alleinerbin eines Millionen-Vermögens sein könnte, um das ihre verstorbene Mutter gekämpft hatte. Anna Nicole Smith stritt jahrelang vor Gericht um die Milliarden ihres verstorbenen Ehemanns J. Howard Marshall, der nach nur 14 Monaten Ehe mit Smith im Alter von 90 Jahren das Zeitliche gesegnet und rund 1,6 Milliarden Dollar seinem Sohn Pierce Marshall hinterlassen hatte. Dagegen klagte die blonde trauernde Witwe. Sollte sie post mortem recht bekommen, so wäre ihre Tochter die Erbin dieses Vermögens – was die Vaterschaftswünsche der drei genannten Herren erklärt. Allerdings vermuten Experten, dass das Töchterchen des Ex-Models leer ausgehen wird – dann würden auch die stolzen Väter leer ausgehen (na ja, nicht ganz, da ist ja noch die Tochter).

Das wäre allerdings immer noch besser als das, was vielen Deutschen jedes Jahr passiert: Sie erben statt Bargeld und Häusern Schulden. Was viele Erben nicht wissen: Wer eine Erbschaft nicht antreten will, muss innerhalb von sechs Wochen ausdrücklich gegenüber einem Notar oder dem Nachlassgericht erklären, dass er dieses ausschlägt. Ist diese Frist verstrichen, nimmt der Erbe automatisch die Rechtsstellung des Verstorbenen ein – und muss für dessen Verpflichtungen einstehen. Das kann gefährlich werden: Wenn die Schulden des Verstorbenen den Nachlass übersteigen und der Erbe kein Nachlassinsolvenzverfahren beantragt, kann es ihm passieren, dass er mit seinem gesamten Vermögen für die Schulden des Verblichenen haften muss.

Schulden sind im Privatleben bisweilen vererbbar, in der Politik immer. Das bringt uns zu einem heiklen Punkt: Wer Schulden macht, muss diese zurückzahlen. Was aber, wenn derjenige, der die Schulden macht, ein anderer ist als derjenige, der sie zurückzahlen muss? Das klingt merkwürdig, aber genau das passiert, wenn sich der Staat langfristig verschuldet: Die heutige Generation nimmt Schulden auf, finanziert davon Autobahnen, Stromnetze, Sozialleistungen, Beamtenpensionen – und überlässt der Generation der Kinder das zweifelhafte Vergnügen, diese Schulden zu begleichen. Anders als im Fall Smith würden die deutschen Kinder gerne das Erbe ihrer Väter ausschlagen, doch im Unterschied zum deutschen Erbrecht können sie das nicht. Die Schulden ihrer Väter werden sie verfolgen, ob sie wollen oder nicht. Kann das fair sein? Unter Umständen schon, und die Antwort auf diese Frage bringt uns zu einer weiteren Begründung für Staatsverschuldung: die Generationengerechtigkeit.

Diese Idee lässt sich anhand des Baus einer Autobahn illustrieren. Nehmen wir an, der Staat baut heute eine Autobahn. Der Nutzen dieser Autobahn fällt an, sobald der Regierungschef das rote Einweihungsband durchschnitten hat und die ersten Kleinwagen, Sportflitzer, Busse und Lastwagen den frisch getrockneten Beton prüfen. Aber da die Autobahn auch am Tag nach der Einweihung steht, stiftet sie auch an diesem Tag Nutzen – und an all den Tagen danach, und das ist der Clou. Bei guter Pflege kann eine Autobahn die eine oder andere Generation überdauern, was bedeutet, dass unsere Kinder morgen von der Autobahn profitieren, die wir heute gebaut haben. Ist dieser Gedanke richtig, dann ist es richtig, unsere Kinder an den Kosten für den Bau der Autobahn zu beteiligen – und zwar über Staatsverschuldung.

Das ist die Idee der Generationengerechtigkeit: Wenn wir heute Gebäude, Autobahnen, Flugplätze bauen, von denen nicht nur wir, sondern auch die nachfolgenden Generationen profitieren, dann ist es richtig, dass wir den nachfolgenden Generationen einen Teil der damit verbundenen Kosten aufbrummen, indem wir uns für den Bau dieser langlebigen Vermögensgüter verschulden und die nachfolgenden Generationen über die Zins- und Rückzahlung der Schulden an den Kosten beteiligen. Im Idealfall bedeutet das, dass jede Generation über Zinszahlungen und den Schuldendienst die Nutzung des schuldenfinanzierten Objekts bezahlt. Das ist Generationengerechtigkeit – jede Generation zahlt für das, was sie nutzt.

Im Fachjargon nennt man dieses Prinzip „pay-as-you-use", was man mit „zahle, wie du nutzt" übersetzen könnte. Hält man dieses Prinzip ein, ist Staatsverschuldung gerecht, da jede Generation nur das bezahlt, was sie selbst nutzt. Was sagt dieses Prinzip zu besonderen Ereignissen wie Naturkatastrophen, Kriegen oder historisch einmaligen Ereignissen wie der deutsch-deutschen Wiedervereinigung?

Eine Antwort auf diese Frage ist schwer: Wenn der heutigen Generation ein Missgeschick widerfährt – eine Seuche, Überschwemmung oder ein Krieg –, kann man sich auf den Standpunkt stellen, dass hier die Solidarität der zukünftigen Generationen gefragt ist, denen es vermutlich besser gehen wird als der heutigen Generation, die vom Pech verfolgt wurde. Ist es dann nicht fair, wenn wir die Folgekosten solcher historischer Ereignisse mit unseren Kindern teilen? Für Naturkatastrophen ist das akzeptabel; auch für die deutsch-deutsche Wiedervereinigung kann man dieses Argument strapazieren, zumal wir ja hoffen, dass die zukünftigen Generationen von der Tatsache profitieren, dass zusammenwächst, was zusammengehört. Das spricht für eine Belastung der zukünftigen Generationen mittels Staatsverschuldung.

Schwieriger wird das, wenn wir über Staatsverschuldung sprechen, die dazu genutzt wird, Sozialleistungen auszuzahlen. Hier wird nicht gezahlt, wie genutzt wird – der Staat macht heute Schulden, um einigen Bürgern ein besseres Leben zu ermöglichen, doch die Rechnung für das bessere Leben heute wird der Generation von morgen präsentiert, die von diesen Leistungen nichts hat. Und selbstfinanzierend ist das auch nicht. Warum sollte also die morgige Generation für die Ausgabeneskapaden der heutigen Generation aufkommen? Wie wäre es mit Generationensolidarität: Wenn es der morgigen Generation besser gehen wird als der heutigen, warum soll sie davon nicht etwas an ihre Vorväter abgeben? Man kann dieses Argument teilen, muss aber nicht, vor allem nicht, wenn man nicht weiß, ob es der zukünftigen Generation wirklich besser gehen wird als der heutigen. Es gibt kein Naturgesetz, das uns das erwarten lässt.

Unter dem Strich gibt es also vier veritable Argumente für Staatsverschuldung: Der Staat kann sich verschulden, wenn der Mittelbedarf groß, drängend und unaufschiebbar ist (so wie bei Naturkatastrophen), wenn die aufgenommenen Kredite so investiert werden, dass die Schulden aus den Erträgen dieser Investitionen wieder beglichen werden können (wie bei Infrastruktur), wenn die zukünftigen Generationen von den Ausgaben der heutigen Generationen ebenfalls profitieren (wie bei der Autobahn), oder aber wenn man eine generationenübergreifende Solidarität bei den zukünftigen Generationen einfordert.

Mit diesen Argumenten in der Hand kann man nun eine Liste von Ausgabenposten erstellen, für die sich ein Staat verschulden darf: Da wären vor allem die Naturkatastrophen, Kriege sowie die wachstumsfördernden Infrastrukturinvestitionen – für diese Ausgaben treffen eines oder gar mehrere der oben genannten Argumente zu. Lässt man die Kriege außen vor, so spricht der Fachmann von staatlichen Investitionen – also alle Staatsausgaben, die erwarten lassen, dass sie das Wachstum einer Volkswirtschaft erhöhen, und alle Ausgaben, von denen man annehmen kann, dass sie auch noch zukünftigen Generationen nutzen werden. Das Gegenstück zu den Investitionsausgaben sind Ausgaben für den Konsum, also Ausgaben, die weder mehr Wachstum erwarten lassen noch zukünftigen Generationen nutzen werden. Das ist wie bei einem Privathaushalt: Einen Kredit nimmt man auf für eine Ausbildung, aber nicht für den Urlaub auf Mallorca. Die Ausbildung, das sind die staatlichen Investitionen, der Urlaub, das ist der Konsum. Mit diesen Überlegungen wollen wir uns anschauen, wofür sich der deutsche Staat verschuldet – investieren wir unsere Schulden oder nehmen wir Schulden auf, um in Urlaub zu fahren? Eine Antwort auf diese Frage findet sich dort, wo der Deutschen stählernes, rollendes Herz schlägt: auf der deutschen Autobahn. Beispielsweise der A 1.

Willkommen auf der A 1

Die A 1 zwischen Hamburg und Bremen war im Jahr 2010 die wohl längste Baustelle Europas: Auf rund 70 Kilometern reihte sich Baustelle an Baustelle. Und es wurden nicht weniger: Als das Teilstück zwischen dem Bremer Kreuz und der Ab-

fahrt Oyten nach umfangreichen Baumaßnahmen freigege-
ben wurde, musste es nur zweieinhalb Monate nach der Frei-
gabe saniert werden. Grund seien die vielen Schlaglöcher,
die während der Frostperiode im neuen Asphalt entstanden
seien, hieß es. Sowohl der ADAC als auch die Landesver-
kehrsbehörde vermuten, dass eine Grundsanierung nötig ist.
Keine schöne, aber fast alltägliche Geschichte auf deutschen
Autobahnen.

Das deutsche Autobahnnetz ist in den vergangenen Jahren
stetig gewachsen: Waren es 1950 noch 2.100 Kilometer, auf
denen sich der Verkehr stauen durfte, zogen sich im Jahr
2010 ganze 12.800 Kilometer Asphalt durch die Republik –
mit fast 1.400 Baustellenkilometern. Doch diese Baustellenki-
lometer könnten in den kommenden Jahren weniger werden
– nicht weil Reparaturen überflüssig wären, sondern weil der
Staat seine Investitionstätigkeit zurückfährt. Ein Teil dieser
Investitionstätigkeit sind die deutschen Autobahnen, mit deren Hilfe sich erklären lässt, was es bedeutet, wenn der Staat
seine Investitionstätigkeit reduziert. Und genau das tut er
schon seit den 1970er-Jahren mehr oder weniger kontinuierlich.

In Zahlen liest sich das dann folgendermaßen: Zu Beginn
der 70er-Jahre beliefen sich die staatlichen Bruttoinvestitionen noch auf rund viereinhalb Prozent des Sozialprodukts;
seitdem ist dieser Wert kontinuierlich gesunken, zuletzt auf
anderthalb Prozent im Jahr 2008 – nur die Österreicher in-
vestierten innerhalb der Europäischen Union noch weniger.
Mit Blick auf die Rechtfertigungen der Staatsverschuldung,
die wir bisher kennengelernt haben, ist das ein beunruhigen-
der Befund: Investitionen, so haben wir gesehen, rechtfertigen eine Verschuldung des Staates, doch diese sind seit den
70er-Jahren beständig gesunken, während die Staatsverschuldung gestiegen ist – nach der goldenen Regel müsste
genau das Gegenteil der Fall sein. Und es kommt noch dicker:
Nicht nur die staatlichen Bruttoinvestitionen sind gesunken,
sondern auch die Nettoinvestitionen – die waren in den Jahren 2003 bis 2009 sogar negativ. Das ist erläuterungsbedürf-
tig. Können Investitionen negativ sein? Und was bedeutet
das?

Nehmen wir dazu als Beispiel die Autobahn: Baut der Staat eine neue Autobahn, so ist das eine staatliche Investition. Hat der Bau der Autobahn zehn Millionen gekostet, so steht ein Vermögenswert von zehn Millionen in den Büchern des Staates. Der Staat hat zwar zehn Millionen für den Bau ausgegeben, hat aber im Gegenzug dafür Vermögenswerte von zehn Millionen Euro geschaffen – insgesamt ist er also weder ärmer noch reicher geworden, er hat lediglich Geld in Asphalt umgeformt. Allerdings zeigt das Beispiel der A 1, dass der Wert dieser Investition, dieses Vermögenswertes, mit zunehmender Nutzung beständig sinkt. Jeder Gebrauchsgegenstand – um nichts anderes handelt es sich bei Investitionen – verliert an Wert, sobald man ihn nutzt. Dieser Wertverlust wird in sogenannten Abschreibungen erfasst. Nehmen wir an, dass die Autobahn ein Jahr lang genutzt wird und dadurch Schäden (Kosten der Reparatur) in Höhe von zwei Millionen Euro entstanden sind. Der Wert der Autobahn muss daher um Abschreibungen in dieser Höhe korrigiert werden. Unternimmt der Staat nichts, sondern belässt es bei diesen Schäden, dann sinkt der Wert der Autobahn von zehn auf acht Millionen Euro. Beseitigt er hingegen die Schäden, so steigt der Wert der Autobahn wieder auf zehn Millionen Euro; allerdings musste der Staat dafür zwei Millionen Euro investieren.

Dieses Beispiel zeigt, wie das funktioniert: Der Staat muss jedes Jahr viel Geld dafür ausgeben, um seine bereits getätigten Investitionen, sein Anlagevermögen, zu erhalten. Er investiert nicht nur in neue Autobahnen, sondern er steckt auch viel Geld in die Erhaltung bestehender Autobahnen (beispielsweise der A 1). Auch das sind staatliche Investitionen, die Ausgaben zum Erhalt bestehender Investitionen. Bringt er das Geld für diese Erhaltung nicht auf, so sinkt der Wert seiner Vermögensgegenstände, seiner Autobahnen oder Stromnetze, weil die Gebrauchsspuren nicht beseitigt werden. Im Extremfall, wenn der Staat gar nichts zur Erhaltung der Autobahn tut – also die Abschreibungen nicht durch Reinvestitionen wieder wettmacht – verfällt sie und wird irgendwann wertlos. Jedes Schlagloch auf den deutschen Straßen und Autobahnen erinnert Sie daran, dass genau das derzeit bereits passiert: Der Staat investiert nicht genügend zum

Erhalt seines Vermögens, weswegen die deutschen Straßen zunehmend verrotten.

Das ist der Unterschied zwischen Brutto- und Nettoinvestitionen: Die Bruttoinvestitionen umfassen alle Investitionen des Staates inklusive der Ausgaben zum Erhalt von bestehenden Vermögensobjekten. Die Nettoinvestitionen sind die Investitionen abzüglich dieser Kosten, der Abschreibungen. Damit zeigen die Nettoinvestitionen, wie viel Geld der Staat in wirklich neue Projekte investiert. Damit ist auch klar, dass nur die Nettoinvestitionen Staatsverschuldung rechtfertigen, denn nur mit ihnen schafft der Staat neue Vermögenswerte – in den Bruttoinvestitionen sind die Reinvestitionen enthalten, und die stellen ja nur die Reparatur des staatlichen Kapitals dar, und diese sollte nicht durch Staatsverschuldung finanziert werden, da sie Kosten der laufenden Nutzung sind. Und wenn die Nettoinvestitionen sogar negativ werden, ist das bestimmt kein Argument für Staatsverschuldung.

Wie aber können die Nettoinvestitionen negativ werden? Ganz einfach: Dann hat der Staat so wenig investiert, dass damit nicht einmal der Wert des vorhandenen staatlichen Infrastrukturvermögens erhalten bleibt. In Deutschland waren die Nettoinvestitionen des Staates von 2003 bis 2009 negativ, das bedeutet, dass der Staat nicht einmal genügend Geld investiert hat, um die Abnutzung des bestehenden Vermögens – die Abschreibungen – zu bezahlen, das öffentliche Sachvermögen ist in diesen Jahren also gesunken. Neuaufbau von Vermögen – Fehlanzeige. Je länger die Nettoinvestitionen negativ sind und je größer dieser negative Betrag ist, umso mehr verrottet das Vermögen des Staates, umso mehr Schlaglöcher auf der A 1 werden nicht beseitigt, weil der Staat nicht das Geld zur Erhaltung investiert. Ein Staat mit negativen Nettoinvestitionen lebt von seiner Substanz.

Das bestätigen die offiziellen Zahlen: Das staatliche Nettoanlagevermögen zu Wiederbeschaffungspreisen ist von 61 Prozent des Sozialprodukts zu Beginn der 1980er-Jahre auf 44 Prozent im Jahr 2007 gesunken. Das staatliche Anlagevermögen fällt im Verhältnis zum Sozialprodukt seit fast 30 Jahren kontinuierlich. Salopper formuliert: Wir verfrühstücken unser Staatsvermögen.

Es kommt noch schlimmer, bisher haben wir nur vom Sachvermögen gesprochen, also dem Wert aller Autobahnen, Gebäude und Schienen. Daneben hat der Staat ja (wie jeder private Haushalt) ein Geldvermögen – das ist der Wert aller Kassen- und Kontenbestände. Wie sieht es damit aus? Bescheiden wäre geprahlt: Das Nettogeldvermögen, also das Geldvermögen des Staates abzüglich seiner Schulden, ist bereits seit Mitte der 70er-Jahre negativ. Vereinfacht gesagt steckt der Staat knietief im Dispo. Stellt man dem Wert des staatlichen Anlagevermögens – also dem Wert aller Gebäude, Autobahnen und sonstiger Vermögensgegenstände, die dem Staat gehören – sein Nettogeldvermögen gegenüber, so landet man auf der Nulllinie: Würde der Staat sein gesamtes Sachvermögen heute verkaufen, so würde das gerade reichen, um seine Schulden zu decken, es würde mehr oder weniger nichts übrig bleiben. Will heißen: Per saldo betrachtet ist der Staat vermögenslos. Berücksichtigt man noch die impliziten Schulden aus den Sozialversicherungssystemen, die wir bereits kennengelernt haben, erkennen wir, dass die impliziten Schulden durch keinerlei staatliches Vermögen gedeckt sind. Die Verbindlichkeiten des Staates sind viel größer als sein Vermögen. Wäre der Staat ein Unternehmer, müsste er Insolvenz anmelden.

Unser Besuch auf der A 1 ergibt einen ernüchternden Befund: Der Staat verschuldet sich immer mehr, aber nutzt die damit aufgenommenen Mittel immer weniger für Investitionen, die diese Staatsverschuldung rechtfertigen würden. Setzt sich diese Tendenz fort, so leben wir immer mehr von der Substanz, verbrauchen immer mehr unseres Staatsvermögens, ohne es zu ersetzen – mit der Folge, dass die Schlaglöcher auf der A 1 und allen anderen Autobahnen noch größer werden und nicht mehr beseitigt werden, mit der Folge, dass unsere Kinder in Schulen lernen, in denen der Putz von den Wänden bröckelt, mit der Folge, dass unsere Schulden den Wert unseres staatlichen Anlagevermögens übersteigen, mit der Folge, dass wir immer weniger wachsen. Aber wenn wir immer weniger Geld für Investitionen ausgeben, aber immer mehr Schulden haben – wohin fließt das Geld dann? Zeit für einen Ausflug nach Florida.

Florida-Rolf, Mallorca-Karin und Viagra-Kalle

Eigentlich heißt er Rolf J., bekannt gemacht hat ihn ein Bou-
levardblatt unter dem Namen „Florida-Rolf". Begonnen hatte
die Geschichte von Florida-Rolf mit einer Pressemitteilung
des Verwaltungsgerichts Hannover unter der Überschrift
„Wohnung in Miami Beach – Sozialamt muss zahlen". Dieser
Schlagzeile kann ein Journalist nicht widerstehen, also fand
sich der Sozialhilfeempfänger, der in Miami Beach lebte und
die Rückkehr nach Deutschland mit dem Hinweis auf eine
„Deutschland-Allergie" verweigerte, wie es die Medien verkürzt wiedergaben, auf den Titelseiten der Boulevardpresse.
„Traumwohnung am Strand", „Sozial-Schmarotzer" hieß es
da, der Sozialstaat werde „ad absurdum" geführt. Dem guten
Rolf folgten rasch „Viagra-Kalle", der Viagra auf Staatskosten
beantragte, „Jacht-Hans", der dem Sozialamt seine Eigen-
tumswohnung, sein Auto und seine Segeljacht verschwiegen
hatte und „Mallorca-Karin", die auf Mallorca als Maklerin arbeitete, nebenher aber Arbeitslosengeld II erhielt. Willkommen in der bunten Welt der deutschen Sozialleistungen.

In der weniger bunten Welt der Zahlenfetischisten und
Buchhalter liest sich das so: Im Jahr 2009 beliefen sich die
Ausgaben für Sozialleistungen auf rund 750 Milliarden Euro
– das ist fast ein Drittel des Bruttoinlandsprodukts. Nahezu
jeder dritte Euro, den wir erwirtschaften, wird für soziale
Zwecke ausgegeben. Die Vorstellung, dass dies alles Geld ist,
das an Leute wie Florida-Rolf oder Mallorca-Karin geht, ist
allerdings hochgradig falsch. Den größten Batzen dieser Leistungen machen die Ausgaben für Alter und Hinterbliebene
aus (287 Milliarden), gefolgt vom Gesundheitssystem (264
Milliarden), danach kommen Kinder, Ehegatten und Mutter-
schaft (100 Milliarden), Arbeitslosigkeit (50 Milliarden) und
Sonstige (23 Milliarden). Der Anteil der Sozialleistungen am
Sozialprodukt ist dabei mehr oder weniger kontinuierlich
von 21 Prozent im Jahr 1960 auf 31 Prozent im Jahr 2009 gestiegen.

Wir wollen keine Debatte darüber führen, welches die
„richtige" Höhe für die Sozialausgaben ist – objektiv ist dieser Wert nicht bestimmbar, je nach politischer Couleur, Ein-

kommen, persönlicher Gelassenheit oder was auch immer wird jeder Mensch eine eigene Meinung dazu haben, wie sozial der Staat sein sollte. Uns interessiert im Zusammenhang mit der Staatsverschuldung ein anderer Punkt, nämlich der ökonomische Charakter der Sozialausgaben. Vergleicht man die Ausgaben für eine Autobahn mit Sozialausgaben, so gibt es einen wichtigen Punkt: Sozialausgaben sind keine Investitionen. Baut der Staat für zehn Millionen eine Autobahn, so schafft er damit einen Vermögenswert, der auch im kommenden Jahr und in den Jahren danach vorhanden ist. Eine Autobahn ist wenn schon nicht für die Ewigkeit, so doch für Jahrzehnte gebaut. Bei den Sozialausgaben ist das anders: Gibt der Staat zehn Millionen für soziale Zwecke aus, beispielsweise für Renten, Sozialhilfe oder Arbeitslosengeld, so schafft er damit keine Vermögenswerte – das Geld ist weg. Verstehen Sie das nicht falsch: Wir glauben nicht, dass diese Ausgaben unnötig, sinnlos oder unwirtschaftlich sind, aber sie erhöhen im Gegensatz zur Autobahn nicht den Vermögensbestand des Staates, und sie schaffen keine unmittelbaren Erträge in Form eines steigenden Sozialprodukts. Das Geld wird nicht investiert, sondern konsumiert.

Staatliche Investitionen schaffen Vermögenswerte, indem der Staat Geld mittels Sachanlagen in Vermögen umwandelt – wenn Sie so wollen, wird das Geld in einen anderen Vermögensgegenstand umgewandelt, der für Erträge in der Zukunft sorgt. Bei Ausgaben für Sozialpolitik ist das leider nicht so: Der Staat gibt das Geld aus – fertig. Keine Schaffung von Vermögenswerten, keine zukünftigen Erträge. Das ist wie bei einem Privathaushalt: Kauft man ein Auto, so ist das eine Investition, man tauscht Bargeld in ein Auto. Wird das Geld knapp, kann man das Auto verkaufen und erhält sein Geld (abzüglich des nutzungsbedingten Wertverlustes) zurück. Gibt man sein Geld hingegen für einen Urlaub aus, so ist es weg, und wenn der Urlaub vorbei ist, existiert kein Vermögensgegenwert, den man bei Bedarf verkaufen könnte. Das ist der Unterschied zwischen Investitionen und Konsum: Investitionen schaffen Werte, Konsum verzehrt diese Werte. Und Sozialausgaben sind de facto Konsum, nämlich der Konsum jener Bürger, die das Geld vom Staat bekommen. Wenn

Sozialpolitik auf Pump betrieben wird, wenn sich der Staat verschuldet, um Geld zwischen den Bürgern (auch aus noch so guten Gründen) umzuverteilen, dann ist das Konsum.

Aber Vorsicht: Wir wollen damit nicht sagen, dass Sozialausgaben oder staatliche Umverteilung sinnlos oder verschwenderisch sind. Sie werfen natürlich einen Ertrag ab, allerdings einen immateriellen: abgesicherte, zufriedene Bürger und sozialen Frieden. Daher kann man durchaus argumentieren, dass Sozialausgaben zum Wachstum beitragen, nämlich dadurch, dass die Vorbedingungen dafür hergestellt werden. Es ist aber fraglich, ob dies wirklich für alle Sozialausgaben gilt oder ob ab einer bestimmten Höhe sogar ein gegenteiliger Effekt eintritt. Man kann auch die Gegenhypothese aufstellen, dass zu hohe Sozialausgaben dazu führen, dass erstens die Anreize sinken, zu arbeiten und damit auch das Wachstum zu erhöhen, und dass das Wachstum zweitens sinkt, weil die zur Finanzierung notwendigen Steuern zu weniger Produktion und Beschäftigung führen.

Für die Debatte um die Staatsverschuldung muss man konstatieren, dass das Argument, Sozialpolitik auf Pump zu finanzieren, auf unsicheren Beinen steht: Zukünftige Generationen haben wenig von den heutigen Sozialausgaben, was die Frage nach der Generationengerechtigkeit aufwirft; darüber hinaus ist fraglich, ob sich soziale Konsumausgaben in Form eines höheren Wachstums später selbst finanzieren, wie das bei Investitionen der Fall ist.

Und wie sieht das für Deutschland aus? Ernüchternd: Während die staatlichen Bruttoinvestitionen seit den 70er-Jahren mehr oder weniger kontinuierlich sinken, sind im gleichen Zeitraum die Sozialausgaben des Staates mehr oder weniger kontinuierlich gestiegen – ebenso der Schuldenstand. Dem steht ein trendmäßig rückläufiges Wirtschaftswachstum gegenüber. Nimmt man diese Befunde zusammen, ergibt sich ein bedrohliches Bild: Die staatlichen Investitionen, die aus der Perspektive der Staatsverschuldung unproblematisch sind, sinken, während die Ausgaben für Soziales und Umverteilung, die sich weniger zur Finanzierung über Schulden eignen, steigen – und die Schulden mit ihnen, bei rückläufigem Wirtschaftswachstum. Überspitzt gesagt bedeutet das, dass wir derzeit auf Kredit Dinge finanzieren, die später unsere Kinder zurückzahlen müssen, ohne dass sie etwas von diesen Ausgaben haben und ohne dass diese Ausgaben viel dazu beitragen können, diesen Schuldenberg abzutragen. Wer seinen Urlaub auf Kredit finanziert, bringt aus dem Urlaub kaum etwas zurück, womit er diesen Spaß bezahlen könnte – und Deutschland fährt sozusagen seit fast 30 Jahren auf Pump in den Urlaub.

Das könnte uns dereinst gegenüber unseren Kindern in Argumentationsnöte bringen – es sei denn, wir haben noch eine andere Begründung dafür, warum sich der Staat verschulden darf. Haben wir? Haben wir. Diese Begründung ist so mächtig, dass wir ihr ein eigenes Kapitel widmen müssen, ein Kapitel aus einer Zeit, in der wir uns nach Frieden, Freiheit und freier Liebe sehnten, die Mode bunt und die Politiker spendierfreudig waren.

4 GUTE SCHULDEN, SCHLECHTE SCHULDEN

> *„Eher legt sich ein Hund einen Wurstvorrat an, als dass Politiker Geld zurücklegen.“*
>
> Franz Josef Strauß, Bundesminister der Finanzen von 1966 bis 1969

Plisch und Plum retten die Welt

Die 60er-Jahre waren eines der buntesten Jahrzehnte des vergangenen Jahrtausends: Sie sahen die erste Mondlandung, die Friedensbewegung, die Studentenbewegung, die außerparlamentarische Opposition, Kommunen, freie Liebe und Drogenexzesse, sie sahen herausragende Persönlichkeiten wie Martin Luther King oder John F. Kennedy; Gruppen wie die Beatles, die Rolling Stones oder die Doors prägten die Musik dieser Zeit; die Kuba-Krise, der Vietnam-Krieg und der Sechs-Tage-Krieg veränderten die Welt. Aber nur die wenigsten wissen, dass in den 60er-Jahren auch die Wirtschaftspolitik in ihren Grundfesten erschüttert wurde – was 1967 in der deutschen Wirtschaftspolitik passierte, war ebenso revolutionär wie der Siegeszug der Schlaghosen und die Zulassung der Antibabypille.

Das Ganze begann im Jahr 1966, als die erste große Nachkriegsrezession die westdeutsche Republik erschütterte. Das reale Inlandsprodukt schrumpfte von 1966 auf 1967 – wenn auch kaum merklich, die Arbeitslosenquote explodierte von paradiesischen 0,7 Prozent auf 2,1 Prozent. Nach heutigen Maßstäben würden wir von Voll- oder sogar Überbeschäftigung sprechen, aber das war mehr als eine Verdoppelung der Arbeitslosenquote innerhalb eines Jahres – und schreckte die Politik auf. „Derartig scharf und umfassend wie in der Bundesrepublik zwischen Herbst 1966 und Frühjahr 1967 ist nach dem Zweiten Weltkrieg die Nachfrage in noch keinem der großen westeuropäischen Industrieländer zurückgegangen", konstatierte damals der Sachverständigenrat für die Begutachtung der gesamtwirtschaftlichen Entwicklung, der aus den umgangssprachlich als „Fünf Weisen" bezeichneten Wirtschaftsprofessoren besteht und der erst wenige Jahre zuvor als Gremium zur wissenschaftlichen Politikberatung eingesetzt worden war.

Für das wirtschaftswunderverwöhnte Deutschland war das ein Wirtschaftsdrama, das entschlossenes Handeln nötig machte. Die erste große Nachkriegsrezession trug zum Sturz von Bundeskanzler Ludwig Erhard bei, dem Vater des Wirtschaftswunders; Union und Sozialdemokraten formten die erste Große Koalition. Zu den Superstars dieser Koalition entwickelten sich zwei Minister, die der Volksmund spöttisch „Plisch und Plum" nannte, nach zwei Hunden aus den Werken des Humoristen Wilhelm Busch: Wirtschaftsminister Karl Schiller von der SPD und Finanzminister Franz Josef Strauß von der CSU. Plisch und Plum vollzogen eine spektakuläre wirtschaftspolitische Kehrtwende: Sie verabschiedeten sich von der Grundidee der sozialen Marktwirtschaft, dass man die Märkte so weit wie möglich sich selbst überlassen sollte, und wandten sich den Ideen des wohl einflussreichsten Ökonomen des 20. Jahrhunderts zu, John Maynard Keynes. Schiller und Strauß machten den Keynesianismus in der Bundesrepublik salonfähig und setzten ihn in Realpolitik um.

Die Grundidee dieser Politik, die versuchte, die Lehren aus der Weltwirtschaftskrise der 30er-Jahre zu ziehen, kennt mittlerweile jeder Nachwuchspolitiker: Wenn in Krisenzeiten die Nachfrage ausfällt, die Beschäftigung sinkt und das Wachstum erlahmt, soll der Staat mit kreditfinanzierten Ausgaben in die Bresche respektive Lücke springen und zusätzliche Nachfrage entzünden. Das ist – extrem verkürzt – die Idee des Keynesianismus: Der Staat rettet die krisengeplagte Wirtschaft mittels kreditfinanzierter Ausgaben. Diesem Credo folgten Schiller und Strauß: Im Februar 1967 startete das erste Konjunkturprogramm; 2,5 Milliarden Mark sollten in Bahn, Post, Straßen und Wissenschaft investiert werden. Im September folgte mit 5,3 Milliarden Mark Paket Nummer zwei. Insgesamt brachten Plisch und Plum Mittel in Höhe von zehn Prozent des Haushalts unter das Volk. Doch nicht nur das: Im Mai 1967 wurden die Ideen des Keynesianismus in Gesetzestext gegossen: Der Bundestag verabschiedete – ohne Gegenstimme – das „Gesetz zur Förderung der Stabilität und des Wachstums in der Wirtschaft", das in jedem Paragrafen die Ideen von Keynes atmete, die auch unter der Bezeichnung „Globalsteuerung" firmieren.

Das Minister-Tandem hatte Erfolg: Die Wirtschaft wuchs bereits 1968 wieder kräftig, und die Arbeitslosenquote sank binnen zwei Jahren wieder auf 0,8 Prozent. Aber so einfach das klingt, so kompliziert ist es in Wirklichkeit: Bis heute ist unter Experten umstritten, ob diese Ausgabenprogramme der Grund dafür waren, dass die deutsche Wirtschaft so rasch aus dem Tal herausfand. Viele andere Faktoren haben eine Rolle gespielt, vor allem die deutschen Exporte hatten die Konjunktur gestützt, zugleich hatte die Bundesbank die Zinsen gesenkt, und die Gewerkschaften hatten sich bei den Lohnabschlüssen zurückgehalten. Schaut man sich zudem die Zahlen zu Arbeitslosigkeit und Wachstum an, so zeigt sich, dass der Tiefpunkt der deutschen Rezession bereits erreicht war, als die Konjunkturprogramme verabschiedet wurden. Böse Zungen behaupten, dass der Aufschwung nicht wegen, sondern trotz der Konjunkturpakete zustande gekommen sei.

Vermutlich sehen Politiker solche Debatten eher als akademische Veranstaltung – wenn die Not groß ist, fragt man nicht kreidestaubbeschmierte Professoren, die dicke Bücher wälzen, sondern krempelt die Ärmel hoch und handelt. So hat die Bundesregierung angesichts des Einbruchs der Weltwirtschaft auch im Jahr 2009 gehandelt und zwei Konjunkturpakete auf den Weg gebracht. Insgesamt 100 Milliarden Euro hat sie ausgegeben, um der Konjunktur Beine zu machen – das sind für 2009 und 2010 jahresdurchschnittlich zwei Prozent der volkswirtschaftlichen Gesamtleistung Deutschlands. Steuerliche Entlastungen für private Haushalte, staatliche Investitionen und kommunale Investitionsprogramme, Senkung der Krankenversicherungsbeiträge, ein Kinderbonus und die zum politischen Star mutierte Abwrackprämie – das staatliche Füllhorn hatte für jedermann etwas parat. Und: Alles auf Pump finanziert.

Und die Deutschen waren beileibe nicht die Einzigen: In ganz Europa wurden kreditfinanzierte Ausgabenprogramme über die Parlamentsrampe geschoben, die sich für 2009 und 2010 auf zwei Prozent des Sozialprodukts addierten. Auch die Amerikaner, nicht gerade bekannt für ihre Vorliebe für einen starken Staat, schickten 789 Milliarden Dollar auf den Weg zum amerikanischen Konsumenten. Die Welt hatte die Spendierhosen angezogen und warf das Geld mit beiden Händen unters Volk. Noch nie in der Wirtschaftsgeschichte haben Regierungen weltweit so viel Geld für Konjunkturprogramme ausgegeben, ohne dass wir eine Ahnung von den Folgen haben. Wir alle sind Zeugen eines Experimentes von historischen Dimensionen – mit ungewissem Ausgang. Wie könnte dieser aussehen?

Strohfeuer auf Pump

John Maynard Keynes, von dem die Ideen zur Globalsteuerung stammen, war ein origineller Mann mit Sinn für Pragmatismus und Glauben an die Macht der Idee: „Praktiker, die sich ganz frei von intellektuellen Einflüssen glauben, sind gewöhnlich Sklaven irgendeines verblichenen Ökonomen. Verrückte in höherer Stellung, die Stimmen in der Luft hören, zapfen ihren wilden Irrsinn aus dem, was irgendein akademischer Schreiberling ein paar Jahre vorher verfasste", lästerte er in seiner *Allgemeinen Theorie*, seinem mit Abstand wichtigsten Werk. Damit sollte er recht behalten, vor allem, was sein eigenes Werk angeht: Kein Politiker heutzutage, der nicht von keynesianischen Ausgabenprogrammen spricht, von Globalsteuerung oder Konjunkturpaketen, und nicht jeder Politiker hat wirklich verstanden, was hinter diesen Ideen steckt. Vielleicht macht es das so gefährlich, zumindest hat Keynes das geglaubt: Zeitgenossen zufolge soll er prophezeit haben, dass eines Tages die ganze Welt seinen Ideen Folge leisten werde, doch das zu einem Zeitpunkt, an dem sich das als sehr gefährlich erweisen werde. Was den ersten Teil seiner Prophezeiung angeht, so kann man angesichts der oben beschriebenen Konjunkturpakete zu dem Schluss kommen, dass er recht behalten hat – aber was ist mit dem zweiten Teil seiner Prognose? Welche Folgen kann das für uns haben, wenn sich Regierungen weltweit in kreditfinanzierte Ausgabenabenteuer stürzen?

Die kurzfristigen Folgen beruhen auf dem sogenannten Multiplikator-Effekt, eines der Kernstücke des keynesianischen Ideengebäudes. Man muss sich keynesianische Politik in etwa so vorstellen, als würde man ein Auto anschieben, bei dem die Batterie leer ist: Zweiten Gang einlegen, Kupplung kommen lassen, anschieben und hoffen, dass der Wagen wieder anspringt und fährt. Und dieses Anschieben, das sollen die staatlichen Ausgaben übernehmen. Dabei hilft der Multiplikator-Effekt: In einfachen ökonomischen Modellen zeigen Ökonomen, dass jeder Euro, den der Staat zur Unterstützung der Konjunktur ausgibt, die Wirtschaftsleistung um mehr als einen Euro steigern kann. Gibt beispielsweise der Staat einen Euro zur Unterstützung der Konjunktur aus, dann steigt in keynesianischen Modellen das Sozialprodukt zum Beispiel um 1,50 Euro, also um das 1,5-Fache. Und das ist dann der keynesianische Multiplikator, der in diesem Fall den Wert 1,5 hat.

In der Praxis hängt die Höhe des Multiplikators von sehr vielen Einflussfaktoren und Details ab: Für die Vereinigten Staaten beispielsweise schätzte Christina Romer, die wohl wichtigste Wirtschaftsberaterin von Präsident Barack Obama, den Multiplikator auf einen Wert von genau jenen 1,5. Nicht alle Experten teilten diese Meinung – der renommierte Ökonom Robert Barro von der Harvard University behauptet sogar, der Multiplikator liege unter eins. Das würde bedeuten, dass jeder Dollar, den der Staat zur Stützung der Konjunktur ausgibt, das Sozialprodukt um weniger als einen Dollar steigert – das muss man als Verschwendung bezeichnen. Für die Euro-Zone kommt die Europäische Zentralbank zu ähnlich unterschiedlichen Ergebnissen: Je nachdem, welche Annahmen man zugrunde lege, liege der Multiplikator für die Euro-Zone zwischen 0,7 und 1,7.

Doch nicht nur die Höhe des Multiplikators ist umstritten, auch seine langfristige Wirkung: Viele Studien gehen davon aus, dass der belebende Effekt solcher Ausgabenprogramme nur kurzfristig wirkt und allenfalls ein bis zwei Jahre vorhält. Wenn danach die Wirtschaft nicht wieder auf die Beine gekommen ist, werden die Probleme eher noch größer. Das ist wie bei der Starthilfe für den Wagen: Der Staat kann die Wirtschaft anschieben, aber wenn der Schwung, den der staatliche Anschieber gegeben hat, ausläuft, muss der Wagen angesprungen sein, andernfalls bleibt er wieder stehen. Staatliche Ausgabenprogramme entzünden vermutlich also nur ein Strohfeuer, das kurz und hell auflodert, aber keine nachhaltige Flamme entfacht. Dies ist allerdings nicht einmal der Grund, warum sich viele Professoren so handfest um die Folgen keynesianischer Politik streiten.

Ein wichtiger Kritikpunkt ist rasch benannt, wenn man sich die legendäre Abwrackprämie in Erinnerung ruft, mit deren Hilfe die Bundesregierung im Jahr 2009 die Wirtschaft antreiben wollte. Jeder Bundesbürger, der ein mindestens neun Jahre altes Auto verschrotten ließ und sich dafür ein neues Auto kaufte, erhielt vom Staat 2.500 Euro Zuschuss auf den Neuwagen – geschenktes Geld. Man hat die Bürger dafür bezahlt, dass sie funktionierende Autos zerstören – das kann nicht sinnvoll sein. Wenn ein Staat seine Bürger dafür bezahlt, dass sie Werte zerstören, dann macht das ein Volk ärmer, und nicht reicher.

Genau das ist eines der Probleme der keynesianischen Politik: Entscheidend ist bei dieser Politik, wofür der Staat das Geld ausgibt. Gibt er es aus für die Zerstörung von Vermögenswerten oder für unnütze Ausgaben, so reduziert das langfristig die Wohlfahrt eines Landes. Kritiker spotten, dass Keynesianismus rechtfertige, morgens Löcher zu graben und diese abends wieder zuschütten zu lassen. Vielleicht verhindert man den Absturz der Wirtschaft, aber insgesamt wird man ärmer. Also auch hier gilt: Es kommt immer darauf an, wofür der Staat das Geld ausgibt.

Der wichtigste Kritikpunkt an der keynesianischen Politik ist der Umstand, dass sie mit Schulden finanziert wird. Für die Euro-Zone beispielsweise sieht das so aus: Im Jahr 2007 waren die Staatshaushalte der Euro-Zone insgesamt nahezu ausgeglichen – Ausgaben und Einnahmen hielten sich in der Summe die Waage. Für 2011 erwartet die Europäische Zentralbank, dass diese Haushalte ein Defizit von rund sechs Prozent des Bruttoinlandsprodukts aufweisen werden; die Staatsschuldenquote für die Zone dürfte dann auf fast 89 Prozent des Bruttoinlandsprodukts steigen. Ein Tiefschlag für das Vertrauen der Bürger in die Tragfähigkeit der öffentlichen Haushalte, konstatiert die Notenbank.

Es ist eben jene Defizitfinanzierung, die Kritikern der keynesianischen Politik schwer im Magen liegt. In Amerika fanden sich 200 Wirtschaftsprofessoren, darunter drei Nobelpreisträger, die in ganzseitigen Zeitungsanzeigen gegen höhere Staatsausgaben protestierten. Sie führen Japan als abschreckendes Beispiel an: Japans Wirtschaft war in den 90er-Jahren in ein tiefes Loch gefallen, und fast ein Dutzend Konjunkturprogramme konnten das nicht verhindern. Dafür ist die japanische Staatsschuld mit mehr als 200 Prozent des Bruttoinlandsprodukts so hoch, dass der Fuji nicht der höchste, sondern nur noch der zweithöchste Berg Japans ist.

Allerdings tut man der keynesianischen Theorie Unrecht, wenn man sie als reine Schuldentheorie darstellt. Dieses Bild entsteht aufgrund der politischen Debatte und ihrer Wiedergabe in den Medien. Wann immer Politiker vor Kameras treten oder in Mikrofone sprechen und von Konjunkturpolitik reden, geht es darum, mehr Geld auszugeben – doch das ist nur die Hälfte der keynesianischen Idee. Die eigentliche Idee bezeichnen Lehrbücher ja auch als „antizyklische Fiskalpolitik" – nur dass Politiker keine Lehrbücher lesen.

Die Grundidee des Keynesianismus ist nicht nur, sich in Krisenzeiten zu verschulden und Geld auszugeben, sondern auch, in guten Zeiten die in der Krise aufgenommenen Kredite wieder zurückzuzahlen. Dieser zweite Teil der keynesianischen Idee ist untrennbar mit dem ersten verbunden, erst zusammen machen sie das Ideengebäude von Keynes aus. Eigentlich ist das logisch: Eine Konzeption, die nur vorsieht, dass man in schlechten Zeiten Schulden macht, ohne ein Wort darüber zu verlieren, wann und wie diese Schulden wieder abgetragen werden sollen, ist unvollständig. Wer Konjunkturprogramme starten will, muss sagen, wann und wie er gedenkt, die Schulden, die er dafür gemacht hat, zurückzuzahlen.

Karl Schiller, der Plisch unseres illustren Politikergespannes, war sich dieser Tatsache bewusst; das von ihm geprägte und bereits erwähnte Gesetz zur Förderung der Stabilität und des Wachstums in der Wirtschaft enthielt explizite Ausführungen über eine Konjunkturausgleichsrücklage (was für ein Wort), in der in guten Zeiten Mittel für die schlechten Zeiten angesammelt werden sollten. Das ist die korrekte Version von Keynesianismus: Schulden machen in Krisenzeiten, Schulden abbauen und Überschüsse anhäufen in guten Zeiten. Erst so wird ein keynesianischer Schuh daraus.

Dieser Punkt ist entscheidend, will man die Folgen keynesianischer Politik für die Staatsverschuldung beurteilen: Solange das keynesianische Konzept strikt eingehalten wird, wäre eine solche Verschuldung für Konjunkturprogramme gerechtfertigt und unproblematisch. Wir rutschen in eine Wirtschaftskrise, und um das Schlimmste zu verhindern und der Wirtschaft einen Anschub zu geben, nimmt der Staat Schulden auf und legt ein kreditfinanziertes Konjunkturprogramm auf. Funktioniert das Programm, so springt die Wirtschaft wieder an, die Steuereinnahmen steigen und der Staat zahlt die Schulden aus dem Konjunkturprogramm zurück. In diesem Idealfall ist die Verschuldung nur vorübergehender Natur, sie kommt in der Krise und verschwindet, sobald diese Krise wieder vorbei ist.

Für die Bundesrepublik war das nicht der Fall, wie auch das Ende der Geschichte von Plisch und Plum zeigt: Karl Schiller, der intellektuelle Architekt der keynesianischen Politik, warf 1972 entnervt das Handtuch. Er sei nicht bereit, eine Politik zu unterstützen, die nach dem Motto „Nach uns die Sintflut"

funktioniere, schrieb er in seinem Rücktrittsbrief an Bundeskanzler Willy Brandt. Die Politik hatte die keynesianische Idee
adoptiert und pervertiert. Die Schulden, die nun anfielen, waren nicht konjunkturell bedingt, sondern strukturell. Womit
wir bei einer der wichtigsten Fragen zum Thema Staatsverschuldung wären: Struktur oder Konjunktur?

Gute Schulden, böse Schulden

Das Wörtchen „Struktur" ist eine rhetorische Allzweckwaffe:
Ob es um Umstrukturierung geht, ob Strukturwandel bewäl-
tigt werden muss oder strukturelle Probleme zu lösen sind,
ob Sozialstrukturen zu verbessern sind oder ob es gilt, die
idealistische Struktur des Kapitals zu erkennen – das Wörtchen Struktur passt immer und überall und klingt stets pas-
send. Vermutlich, weil es mehr verbirgt, als es mitteilt: Es ist
die Struktur, die geändert werden muss – was immer das
auch sein mag. Es ist die Struktur, die unliebsame Veränderungen mit sich bringt, es ist die Struktur, die uns Probleme
macht (und kein konkret zu benennender Schuldiger), es ist
die Struktur, die unser Sozialsystem malträtiert, und es ist
die Struktur des Kapitalismus, die es zu bekämpfen gilt. Wie
praktisch: keine Nennung von Namen, keine direkte Anspra-
che Schuldiger (die sich ja verteidigen könnten) und am besten keine konkreten Arbeitsaufträge. Wer das Wort Struktur
benutzt, tut niemandem weh, sagt niemandem, dass er
schuld ist, rät niemandem, sich Mühe und Arbeit zu machen,
macht keinen Ärger, hat aber doch irgendwie etwas Bedeu-
tendes und Wichtiges gesagt.

Was das Wörtchen Struktur zusätzlich so praktisch macht,
ist der Umstand, dass man es als semantisches Sammelbe-
cken benutzen kann – Struktur ist der Rest. In diesem Sinne
benutzen Finanzwissenschaftler das Wörtchen Struktur,
wenn es um die Staatsverschuldung geht: Strukturelle Verschuldung, das ist jener Teil der Verschuldung, der übrig
bleibt, wenn man von der Staatsverschuldung denjenigen
Teil abzieht, den man für gerechtfertigt hält. Wie geht das vor
sich?

Wir haben gesehen, dass es gute Argumente gibt, warum sich der Staat verschulden darf oder soll: Investitionen, pay-as-you-use, Generationengerechtigkeit und Konjunkturpolitik – das sind akzeptable Begründungen, warum sich der Staat verschulden darf. Wenn man von der gesamten Staatsverschuldung denjenigen Teil abzieht, der durch diese Argumente gerechtfertigt ist, und es bleibt etwas übrig – dann ist das strukturelle Staatsverschuldung. Im Grunde genommen ist dieser Gedanke einfach: Wir unterscheiden zwischen guter und schlechter Staatsverschuldung – gute Staatsverschuldung ist diejenige, die wir für gerechtfertigt und damit für unbedenklich halten, und der Restposten, die schlechte Staatsverschuldung, das ist die strukturelle Staatsverschuldung.

In der Praxis berechnet man die schlechte Staatsverschuldung in etwa so: Man knöpft sich die Einnahmen und Ausgaben des Staates vor und rechnet im ersten Schritt einmalige, vorübergehende Sondereffekte heraus. Der Grund dafür ist klar: Wenn die Ausgaben nur einmalig und vorübergehend sind, so ist das kein langfristiges Problem, wenn die Einnahmen (beispielsweise aus dem Verkauf der UMTS-Lizenzen) einmaliger Natur sind, so ist das kein langfristiger Beitrag zur Finanzierung des Staatshaushalts. Nun folgt Schritt zwei: Jetzt werden Einnahmen und Ausgaben um konjunkturelle Einflüsse bereinigt. Dieser Schritt ergibt sich zwingend aus den obigen Überlegungen zur Konjunkturpolitik: Wenn durch eine Rezession die Ausgaben steigen, so ist das ja nur vorübergehender Natur und zudem, wie wir gesehen haben, eine wirtschaftspolitische Notwendigkeit – also kein dauerhaftes Problem. Damit sind wir noch nicht fertig, wir hatten ja gesehen, dass es eine weitere Form der Staatsverschuldung gibt, die unbedenklich ist, nämlich jene Schulden, die man für Investitionen aufnimmt. Also müssen wir noch die Ausgaben für Nettoinvestitionen abziehen, um den Restposten an schlechten Schulden zu erhalten. Und das ist die strukturelle Staatsverschuldung. Und jetzt natürlich die Frage: Wie hoch ist sie?

Das hängt von den Schätzungen ab, die den Berechnungen zugrunde liegen. Wie wir bereits gesehen haben, lassen sich die Nettoinvestitionen und die konjunkturell bedingten Einnahmen und Ausgaben nur schätzen. Die Bundesregierung schätzt das strukturelle Budgetdefizit für 2009 auf 1,5 Prozent des Bruttoinlandsprodukts, für 2010 waren es 4,5 Prozent – dieser massive Anstieg ist der Finanzkrise und den Bankenrettungsmaßnahmen geschuldet. Die Europäische Kommission ist optimistischer; sie schätzt das strukturelle Defizit der Deutschen für 2010 auf 3,6 Prozent und erwartet 2011 einen Wert von 3,5 Prozent. Für die EU als Ganzes sieht das schlechter aus, hier sieht die Kommission für 2010 einen Wert von 5,6 Prozent des EU-Inlandsprodukts. Um es klar zu sagen: Durchschnittlich hatten die europäischen Staaten 2010 ein Defizit von rund sieben Prozent des Inlandsprodukts, und davon waren 5,6 Prozent struktureller Natur, also weder konjunkturell bedingt noch durch entsprechende staatliche Investitionen gerechtfertigt. Damit wären 80 Prozent der Staatsdefizite böse oder strukturelle Defizite.

Das wirft ein schlechtes Licht auf das Argument, staatliche Defizite seien aufgrund konjunktureller Schwankungen notwendig und gerechtfertigt: Sie mögen es zwar sein, aber sie sind nicht dafür verantwortlich, dass die Schulden der europäischen Staaten stetig wachsen und mit jedem Tag schwerer auf den Schultern ihrer Bürger lasten. Wenn Politiker die steigenden Staatsschulden mit Konjunkturkrisen begründen, so ist das theoretisch richtig, praktisch zu großen Teilen falsch: Die konjunkturelle Verschuldung, das, was Keynes als politisch notwendig vorgeschlagen hat, ist nicht unser Problem, und auch die staatlichen Investitionen, die grundsätzlich Staatsverschuldung rechtfertigen, sind nicht für unseren stetig steigenden Schuldenberg verantwortlich. In Deutschland wird das Budgetdefizit für 2010 rund fünf Prozent des BIP betragen, aber nur anderthalb Prozent (bezogen auf das BIP) oder 30 Prozent davon gehen auf das Konto der Konjunktur und der Investitionen – der Rest ist strukturell bedingt.

Aber woher kommt diese böse Verschuldung eigentlich? Lassen Sie uns einen kurzen Trip durch die bundesrepublikanische Schuldengeschichte machen – wir werden sehen, dass die deutsche Staatsverschuldung in den vergangenen 40 Jahren in drei Wellen gestiegen ist – und Welle Nummer eins bringt uns dahin, wo wir schon einmal waren: auf die Autobahn.

Mit einem PS auf die Autobahn

Der 25. November 1973 war eine merkwürdige Mischung aus Volksvergnügen, Wirtschaftskrise und experimenteller Wirtschaftspolitik – dieser Tag sah das erste von vier Sonntagsfahrverboten in der Bonner Republik. Rund 13 Millionen Autobesitzer wurden genötigt, ihr Auto zu Hause stehen zu lassen, Ausnahmen gab es nur für Busse, Taxis, Ärzte, die Polizei, die Feuerwehr und Rettungsfahrzeuge. Bei intensiven Fahrzeugkontrollen wurden 1.300 Sünder ertappt, daraufhin erhöhte man das Bußgeld auf 500 Mark, sodass beim zweiten autofreien Sonntag am 2. Dezember 1973 nur noch etwas mehr als 200 Personen erwischt wurden. Für Bürger mit Humor oder ohne Notwendigkeit, sich am Sonntag ins Auto zu setzen, war das ein Riesenspektakel: Allerorten spannten findige Autobesitzer Pferde vor ihren Wagen und fuhren mit einem statt mit 100 PS. In Nürnberg griff zur Freude aller Zuschauer ein Ölscheich zum Pferd. Auf den Autobahnen spielten Kinder, ja sie liefen Ski oder Schlittschuh.

Der Hintergrund dieses Volksspektakels war ernst: Im Zeichen des Jom-Kippur-Krieges im Oktober 1973 drosselte die Organisation der Erdöl exportierenden Länder (OPEC) ihre Fördermengen drastisch. Von 1973 bis 1974 vervierfachte sich der Preis für Erdöl, den wichtigsten Roh- und Treibstoff vieler westlicher Volkswirtschaften. Um den Ölpreisanstieg im Zaum zu halten, erließ die Regierung Tempolimits, forderte die Bürger auf, die Temperatur im heimischen Zimmer um zwei Grad Celsius zu drosseln, und führte die Sonntagsfahrverbote ein. Die Maßnahmen zeigten wenig Wirkung: Die deutsche Konjunktur wurde abrupt abgewürgt; die Zahl der Arbeitslosen stieg über die Marke von einer Million. Zugleich stiegen die Inflationsraten, eine neuartige Seuche breitete sich über die westlichen und auch die deutsche Volkswirtschaft aus: Stagflation – geringes Wirtschaftswachstum bei steigenden Inflationsraten. Dagegen halfen auch die Pferde auf der Autobahn nicht.

Die Tempolimits und Fahrverbote waren der eher neue, experimentelle Teil der Versuche der Politik, dieser Krise Herr zu werden. Zwar nicht traditionell, aber zumindest scheinbar erprobt waren die anderen Kräfte, welche die Bundesregierung unter Führung der Sozialdemokraten in die Schlacht schickte: Sie legte mehrere kreditfinanzierte Ausgabenprogramme auf, die bis 1975 die Staatsverschuldung von 17 auf 24 Prozent des Bruttoinlandsprodukts trieben. Aus den Lehren des Krisenjahres 1967 meinte man gelernt zu haben, dass dies der richtige Weg sei, um dem Konjunktureinbruch Paroli zu bieten. Die gleiche Reaktion zeigte die Politik im Jahr 1980, als die Revolution im Iran und der Iran-Irak-Krieg erneut zu einem massiven Anstieg des Ölpreises führten: Kreditfinanzierte Ausgabenprogramme sollten der Wirtschaft wieder auf die Beine helfen – der Schuldenberg stieg auf 36 Prozent des Inlandsprodukts.

Die 70er-Jahre waren ein Schicksalsjahrzehnt für die Weltwirtschaft und für die Bundesrepublik: Die beiden Ölpreisschocks verteuerten die Produktion in allen Industriestaaten, die Arbeitslosigkeit stieg dramatisch, die Inflationsraten zogen an   und wir können bis zum heutigen Tag Bremsspuren sehen, die diese Krisen in den Wirtschaftsstatistiken der meisten europäischen Staaten hinterlassen haben. Nach deren Ende sank zwar die Arbeitslosigkeit wieder, aber nicht mehr auf das Niveau der Vorkrisenzeiten. Eine neue volkswirtschaftliche Krankheit war geboren: die Sockelarbeitslosigkeit. Damit bezeichnet man das Phänomen, dass die Arbeitslosigkeit, die im Zuge einer Krise entsteht, nach dem Ende der Krise nicht vollständig abgebaut wird.

Die kreditfinanzierten Konjunkturprogramme, die ja dazu gedacht waren, genau das zu verhindern, versagten auf der ganzen Linie. Sie konnten nicht funktionieren. Keynesianismus ist eine Medizin, die nur bei einem Ausfall von Nachfrage hilft. Fällt die Nachfrage aus, dann springt der Staat in die Bresche und verhindert eine Rezession. Die Ölpreiskrisen allerdings waren kein Ausfall von Nachfrage, sondern ein sogenannter Angebotsschock   die Preise für den wichtigsten Produktionsfaktor verteuerten sich, woraufhin die Güterpreise anzogen, die Nachfrage nach diesen Gütern und damit die Beschäftigung zurückging. Auch wenn sich das recht ähnlich anhört – ein Nachfrageschock wie 1929 oder 1967 und ein Angebotsschock wie die Ölpreiskrisen sind wirtschaftspolitisch gesehen zwei völlig verschiedene Krankheiten, die unterschiedliche Therapien erfordern. Die Ölpreiskrisen hätten Schmerztabletten erfordert, doch die Wirtschaftspolitik verabreichte stattdessen Schnaps.

Die Folgen liegen auf der Hand: Die aus den Ölpreiserhöhungen resultierende Wirtschaftskrise wurde nicht gelindert, Kritiker der keynesianischen Politik behaupten, dass diese Politik die Krise sogar verschärfte. Die zweite, schmerzende Folge aus der Ölpreiskrise war der deutliche Anstieg der Staatsverschuldung. Was als konjunkturelle, also vorübergehende Verschuldung gedacht war, wurde zu einem strukturellen Problem. Die Ölpreiskrisen waren der erste wichtige Meilenstein auf dem Weg zu dem gigantischen Schuldenberg, den wir heute vor uns herschieben. Auf dem zweiten Meilenstein steht ein Datum: der 9. November 1989.

Der Schicksalstag der Deutschen

Der 9. November ist so etwas wie der Schicksalstag der Deutschen: Am 9. November 1918 verkündet Reichskanzler Maximilian von Baden die Abdankung von Kaiser Wilhelm II., der Sozialdemokrat Philipp Scheidemann ruft vom Reichstagsgebäude die „deutsche Republik" aus, zwei Stunden später folgt der Spartakist Karl Liebknecht, der vom Berliner Stadtschloss die deutsche Räterepublik verkündet. Am 9. November 1938 finden in der Reichspogromnacht Übergriffe gegen Juden und jüdische Einrichtungen statt, und am 9. November 1998 fällt die Berliner Mauer, nachdem SED-Politbüromitglied Günter Schabowski auf einer Pressekonferenz die Gewährung von Reisefreiheit bekannt gibt.

Was danach passierte, ist Weltgeschichte, und vieles, was Weltgeschichte ist, ist schon längst vergessen – die Trabis auf westdeutschen Straßen, das Begrüßungsgeld und die Mauerspechte, die Souvenirs von der Grenzmauer klopften. Weniger vergessen sind andere Überbleibsel dieses historischen Tages, beispielsweise der Solidaritätszuschlag, verniedlichend „Soli" genannt, und – ein Batzen Schulden. Keine Frage, die Finanzierung der deutschen Einheit war nicht das Unternehmen Portokasse, als das es Politiker verkaufen wollten.

Was genau die deutsche Einheit den Bürger kostete und noch kosten wird, bleibt wohl im Dunkeln: Da waren beispielsweise Schulden-Erblasten der DDR und ihrer Unternehmen, rund 340 Milliarden Mark, der Fonds „Deutsche Einheit" sowie das ERP-Sondervermögen, die rund 235 Milliarden Mark an Schulden aufgenommen hatten. Das IWH in Halle, ein Forschungsinstitut, schockierte die Republik zum 20-jährigen Jubiläum des Mauerfalls mit der Zahl von 1,3 Billionen, die das Unternehmen Einheit gekostet hat. Zeitungsberichten zufolge war diese Studie vom Bundesfinanzministerium in Auftrag gegeben worden, wurde aber nie veröffentlicht, da das Ministerium die Zahlen für unkorrekt befand – für politisch unkorrekt, nicht ökonomisch. Die Bundesregierung selbst vermied es, eine Kostenbilanz der deutschen Einheit zu ziehen – der Bundeshaushalt sei nach Sachgesichtspunkten, nicht regional gegliedert, weswegen eine solche Rechnung nicht möglich sei. Die Debatte um die Kosten der Wiedervereinigung, so die Bundesregierung, sei müßig, da niemand mehr so genau wisse, wo der Westen aufhört und der Osten anfängt.

Klaus Schroeder, Leiter des Forschungsverbunds SED-Staat an der Freien Universität Berlin, schätzt, dass von 1990 bis 2010 zwei Billionen Euro brutto in die neuen Länder geflossen sind. Abzüglich der Rückflüsse in Form von transferbedingten Steuereinnahmen und Sozialbeiträgen blieben dann immer noch 1,6 Billionen Euro. Damit wären die Nettokosten der Einheit fast so hoch wie der Schuldenberg von Bund, Ländern und Gemeinden zusammen.

Kosten hin oder her – unzweifelhaft hat die deutsche Einheit die Staatsverschuldung in die Höhe getrieben: Belief sich die Schuldenstandsquote 1989 noch auf 41 Prozent, so lag sie 1996 schon bei 61 Prozent – die Deutschen haben ihre Einheit auf Pump finanziert. Als 1996 der Wiedervereinigungsboom auslief, der so manchen Riss im wirtschaftlichen Fundament der ehemaligen DDR zugekleistert hatte, brach die deutsche Wirtschaft umso heftiger ein – mit entsprechenden Folgen für die Schuldenstandsquote.

War es richtig, die deutsche Einheit auf Kredit zu finanzieren? Wenn Sie an die Rechtfertigungen für die Staatsverschuldung im vorherigen Kapitel denken, kommen wir rasch zu einem Ja. Die deutsche Einheit war ein unvorhersehbares, historisch einmaliges Ereignis, dessen Folgen auch noch unsere Kinder beschäftigen – und hoffentlich erfreuen – werden. So hätte man die Kosten dieser Herkules-Aufgabe, die bei Weitem noch nicht abgeschlossen ist, kaum aus eigener Steuerkraft stemmen können – was eine Kreditfinanzierung unausweichlich macht. Darüber hinaus kann man zu Recht argumentieren, dass diese historische Aufgabe nicht nur eine Aufgabe der heutigen Generation ist, sondern auch der zukünftigen deutschen Generationen, weswegen man spätere Generationen an den Kosten dieser Sternstunde der deutschen Geschichte beteiligen sollte.

Also alles in (Wiedervereinigungs-)Butter? Keineswegs, denn es geht nicht nur darum, ob man die folgenden Generationen an den Kosten der Wiedervereinigung beteiligen soll, sondern auch darum, welche Leistungen wir per Kredit finanzieren, und hier wird es zappenduster. Als zehn Jahre nach der Wiedervereinigung die erste Bestandsaufnahme gemacht wurde, rechneten Experten vor, dass mehr als die Hälfte des Geldes, das der Staat in Form von Transfers nach Ostdeutschland gepumpt hatte, Mittel für das Sozialversicherungssystem waren; nur rund zwölf Prozent wurden für Infrastruktur ausgegeben. Gut 15 Jahre später, 2005, rechneten Ökonomen vor, dass rund 67 Prozent der in den Osten transferierten Gelder Sozialleistungen waren, nur rund zehn Prozent gingen in wachstumsfördernde Maßnahmen wie Investitionen und Infrastruktur. Heute liegt die Sozialleistungsquote, der Anteil der Sozialleistungen am Bruttosozialprodukt, in Ostdeutschland bei etwa 50 Prozent.

Es geht uns nicht darum, darüber zu urteilen, ob das Geld den Ostdeutschen zusteht oder nicht, ob die Sozialpolitik zu großzügig war – das ist nicht der Punkt. Der Punkt ist, dass ein großer Anteil der Ausgaben der deutschen Wiedervereinigung für das verwendet wurde, was wir bereits als Konsum kennengelernt haben – und finanziert wurde das zu großen Teilen per Kredit. Wie wir bereits gesehen haben, ist Staats-

verschuldung unbedenklich, wenn sie für Investitionen verwendet wird, für Autobahnen, Infrastruktur – dann finanzieren sich die Schulden später von selbst, dann ist es auch fair,
die zukünftigen Generationen daran zu beteiligen. Im Fall
der deutschen Einheit allerdings haben wir die Schulden
weitgehend nicht aufgenommen, um zu investieren, sondern
um zu konsumieren – mit entsprechend negativen Folgen für
die Fähigkeit, diese Schulden zurückzuzahlen.

Hätte man also diese Transfers nicht zahlen dürfen? Mit
Blick auf die Fähigkeit, diese Gelder zurückzahlen zu müssen, wäre es sicher besser gewesen, mehr auf Investitionen
statt auf Konsum zu setzen. Mit Blick auf die Generationengerechtigkeit allerdings kann man argumentieren, dass diese
einmalige historische Veranstaltung der deutschen Wiedervereinigung nicht von einer Generation zu stemmen ist und
auch den nachfolgenden Generationen Nutzen bescheren
wird. Teilt man diese Ansicht, so kann man den folgenden
Generationen einen Teil der Kosten der Einheit vererben,
auch wenn sie in Sozialkonsum bestehen, der den ostdeutschen Lebensstandard in die Nähe des westdeutschen brachte und bringt, was man von der ostdeutschen Produktivität
noch nicht sagen kann.

Das Ergebnis war ein rapides Wachstum des deutschen
Schuldenbergs – nach der Wiedervereinigung 1990 wuchs
die Schuldenquote bis 1996 von 40 auf satte 58 Prozent des
BIP. In den Folgejahren mäßigte sich der Staat ein wenig,
doch der als Rezession getarnte Wiedervereinigungskater
führte zu einem weiteren Schuldenanstieg. Und gerade als
sich die Lage an der Schuldenfront ein wenig zu entspannen
schien, kam der nächste Schock. Wieder einmal griff der Arm
der Geschichte nach dem Staatssäckel der Deutschen – es
folgte Welle Nummer drei.

Der Gorilla muss arbeiten

Eine menschliche Schwäche ist es, Ereignisse und Vorgänge
auf wenige Personen oder einzelne Tage zu verdichten. Ein
solcher Tag ist der 15. September 2008, eine solche Person ist

Richard Fuld, genannt Dick. Fuld, der an der Wall Street, dem Herzen der amerikanischen Finanzindustrie, „The Gorilla" genannt wurde, beantragte an diesem Tag die Insolvenz für die Investmentbank Lehman Brothers, deren Vorstandschef er war. Fuld führte sein Haus in den Sumpf des amerikanischen Immobilienmarktes, schlug Warnungen, dass dieser Markt aufgepumpt sei wie ein Sportler auf Steroiden, in den Wind – und landete vor dem Konkursrichter. Die amerikanische Regierung verweigerte der Bank die rettende Hand – eine Entscheidung, von der Kritiker sagen, dass sie der Startschuss zur größten Finanz- und Wirtschaftskrise der Nachkriegszeit war.

Wenn es darum ging, eine traditionsreiche Bank in den Sand zu setzen, war Fuld in bester Gesellschaft: Sein Kollege Stanley O'Neal wurde von den Medien als „schlimmster Vorstand aller Zeiten" vorgeschlagen, hatte er doch die Investmentbank Merrill Lynch, eine Institution im weltweiten Geldgeschäft, zielsicher in die Subprime-Krise gesteuert – 8,4 Milliarden Dollar hat das das Haus gekostet. O'Neal und Fuld sind nicht die Einzigen, die ihre Unternehmen in den Abgrund gestürzt haben, doch sie sind gut davongekommen. Der als unangenehm geltende O'Neal lässt heute seine Aggressionen auf dem Squash-Court aus; Fuld traf es etwas härter, er hat eine Beratungsfirma gegründet. Es wird gemunkelt, dass er „für seinen Lebensunterhalt nun tatsächlich arbeiten müsse". Schlimme Zeiten.

Was genau passiert ist, lässt sich kaum auf wenigen Seiten schildern, Ökonomen werden vermutlich Jahrzehnte brauchen, um die Ereignisse, die sich rund um die Lehman-Pleite ranken, aufzuarbeiten und zu analysieren. Am Anfang der Krise stand – wie fast immer in der Neuzeit – eine Notenbank, die zu viel Geld in Umlauf brachte; in diesem Fall war es die amerikanische Notenbank Fed. Nahm die Krise also ihren Anfang in den Korridoren der Zentralbanken, so sorgten ihre kommerziellen Gegenstücke, die Geschäftsbanken, dafür, dass sie sich ausbreitete: Die Geschäftsbanken vergaben – dank des billigen Geldes, das sie von den Zentralbanken bekamen – munter Kredite, vor allem zum Bau von Eigenheimen, was wiederum die Regierungen weltweit gerne sahen – Bürger mit Eigenheim sind zufriedene Wähler.

Damit noch nicht genug: Dank der Erfindung cleverer Finanzprodukte begannen die Banken die Kredite, die sie vergeben hatten, an Dritte zu verkaufen – Versicherungen, Pensionskassen und andere Investoren, die für ihre Klienten Geld anlegen. Das hatte vier Folgen: Erstens erhielten die Banken durch den Verkauf der alten Kredite neue Mittel, mit denen sie weitere Kredite vergeben konnten. Zweitens verdienten sie mit der Verpackung der Kredite und dem Weiterverkauf. Drittens wurden die Kredite nun von Institutionen gehalten, die keine Banken sind und nicht der staatlichen Bankenaufsicht und -regulierung unterlagen. Viertens regte die rasche Weitergabe des Kreditrisikos eine zunehmend sorglosere Kreditgewährung an – wenn eine Bank weiß, dass der Kredit, den sie vergibt, anschließend von jemand anderem gekauft wird, warum soll sie sich dann Mühe bei der Kreditvergabe geben? Damit war der Cocktail gemixt: billiges Geld, leichtsinnige Banken und Investoren, glückliche Häuslebauer und -käufer, die sich eigentlich kein Haus leisten können, Politiker, die damit ebenfalls glücklich sind, und Wähler, die bezahlen, wenn es knallt.

Der Pulverdampf der Finanzkrise hat sich verzogen, viele der Protagonisten dieser Krise haben die Bühne verlassen, doch die Folgekosten ihrer Darbietung werden uns noch lange beschäftigen: In Deutschland alleine stellte die Bundesregierung 480 Milliarden Euro bereit. Nur Großbritannien musste unter den EU-Staaten noch mehr Geld für die Bankenrettung bereithalten. Die Schätzungen für die Kosten dieser Krise sind eher provisorisch, die Commerzbank rechnet damit, dass die Krise weltweit mehr als sieben Billionen Euro verschlingen wird.

Für Deutschland rechnet das Finanzinstitut mit Gesamtkosten von 237 Milliarden Dollar – etwa 104 Milliarden davon kosten die Abschreibungen deutscher Banken auf ihre vernichteten Vermögenswerte, noch einmal 133 Milliarden kommen hinzu, weil die deutsche Wirtschaft in den Jahren 2008 und 2009 unter ihren Wachstumsmöglichkeiten geblieben ist. Das ist das Tückische an Finanzkrisen: Die Wachstumsverluste sind zumeist deutlich größer als bei normalen Rezessionen. Das bedeutet aber auch, dass die Verluste aus der Krise in den kommenden Jahren noch zunehmen dürften. Und damit auch die Schulden.

Die Folgen dieses Desasters liegen auf der Hand: Aufgrund der schieren Wucht, mit der die Krise die Welt überrollte, blieb den Regierungen nichts anderes übrig, als Schulden zu machen. Zu Recht? Auch das ist wieder Ansichtssache. Unstrittig ist der Punkt, dass aufgrund der Höhe der Kosten den Regierungen nichts anderes übrig geblieben ist – ähnlich wie bei Kriegen und Naturkatastrophen wäre es ihnen gar nicht möglich gewesen, diese Lasten ohne Schulden zu stemmen. Mit Blick auf die Generationengerechtigkeit kann man allerdings fragen, ob unsere Kinder zahlen sollen für die Fehler, die unsere Generation begangen hat. Leider ist diese Frage insofern müßig, als es politisch wie ökonomisch keine Alternative gab.

Das Ergebnis in nüchternen Zahlen: Mit der Finanz- und Wirtschaftskrise ist die deutsche Schuldenquote auf mehr als 73 Prozent gestiegen. Im Stabilitätsprogramm von Anfang 2010 wird von der Bundesregierung eine Zunahme bis auf 82 Prozent im Jahr 2013 erwartet. Der Schuldensumpf wird immer tiefer. Und zusätzliche Belastungen könnten drohen, nämlich aus einem Ausläufer der Finanzkrise, der Griechenland-Krise. Dieser Block ist so gewaltig, dass wir ihm ein eigenes Kapitel widmen werden.

Ziehen wir einen Strich: Die Staatsverschuldung ist in Deutschland in drei Wellen gewachsen: Von 1950 bis 1974 blieb die Schuldenquote mehr oder weniger konstant bei 20 Prozent des Inlandsprodukts, dann kamen die beiden Ölkrisen. Als die Sonntagsfahrverbote vorbei und die fälschlicherweise praktizierten Konjunkturprogramme mehr oder weniger wirkungslos verpufft waren, war die Schuldenquote Ende 1989 auf rund 40 Prozent des BIP gestiegen. Dann kam mit der Wiedervereinigung der nächste Schuldenschub, Ende 1996 standen 60 Prozent als Schuldenstandsquote zu Buche. Der vorläufig letzte Akt wurde 2008 mit der Finanzkrise eingeleitet, jetzt sind wir bei mehr als 70 Prozent des BIP – Ausgang ungewiss.

Der Befund ist niederschmetternd: Der Schuldenberg der Deutschen wächst, und es gibt wenig Hinweise darauf, dass sich dies in den kommenden Jahren ändert – auf jeden Fall nicht zum Besseren. Welche Folgen rollen da auf uns zu? Was macht Staatsverschuldung so problematisch? Fragen wir doch einen Mann, der immer kluge Antworten auf schwierige Fragen weiß; einen Mann, der 25 Jahre in einem Bauwagen gelebt hat.

5 WIR BESTELLEN, IHR BEZAHLT

„Kasse macht sinnlich."
Günter Schmölders, deutscher Finanzwissenschaftler (Finanzpolitik, S. 102)

„Hey Boss, ich hab kein Geld"

Na ja, ganz stimmt das nicht: Im Bauwagen hat Peter Lustig nur gelebt, wenn er in der Sendung „Löwenzahn" Kindern die Welt erklärte. Privat lebte er zuletzt – so versichert es die Klatschpresse – in einem reetgedeckten Bauernhaus, 200 Jahre alt, Wohnzimmer mit Kamin, Klavier, Flipper, Billardzimmer, Sauna, ein kleines Tonstudio und eine Werkstatt. Hinter dem Haus ein Garten mit Lavendel, Kirschbäumen, einem Teich, vor dem Haus ein Mercedes, ein Smart und eine 125er-Honda. Kindersendungen sind lukrativ. Leider hat Peter Lustig, wie er selbst einräumt, Schwächen, beispielsweise für teure Reisen und Motorräder. „Ich habe immer mit vollen Händen ausgegeben", lässt er sich vom Boulevard zitieren. Nach unzähligen „Löwenzahn"-Sendungen musste der nette Bauwagen-Moderator deswegen sein schönes Eigenheim für mehr als 800.000 Euro zum Verkauf anbieten – ihm fehlte das Geld für den Unterhalt.

Peter Lustig ist in bester Gesellschaft: Da wäre beispielsweise der Country-Sänger Gunter Gabriel („Hey Boss, ich brauch mehr Geld"), der Ende der 70er-Jahre Ruhm, Millionen, Autos, Frauen und Kinder sein Eigen nennt. Er lässt sich

Bauherrenmodelle aufschwatzen, verpulvert sein Geld in Schrottimmobilien – mindestens sechs Millionen Mark verliert er, erzählt er der Presse. Auch die Schlagerprinzessin Michelle („Wer Liebe lebt") muss zwei Wohnungen zwangsversteigern, für eine findet sich nicht mal ein Abnehmer. Von 989 Euro im Monat plus Kindergeld für drei Töchter müsse sie leben, rechnet eine Zeitung vor. Weitere Beispiele gefällig? Der Schauspieler Horst Janson, der sich mit Wohnungen verspekuliert hatte („Allein kommt man aus der Schuldenfalle kaum raus"), der Schlagersänger Michael Wendler („Sie liebt den DJ") oder die TV-Moderatorin Ramona Leiß – sie alle standen eines Tages vor einem Schuldentrümmerberg.

So unterschiedlich die Protagonisten sind – ihre prominenten Einzelschicksale haben Gemeinsamkeiten. Zumeist entstehen die Schuldenberge, die das mehr oder weniger prominente Leben überschatten, entweder durch exzessives Ausgabenverhalten („Ich habe immer mit vollen Händen ausgegeben") oder durch Fehlinvestitionen, vorzugsweise in Immobilien (ein solider Kracher waren die legendären Bauherrenmodelle). Damit sind wir nahe bei den Ursachen für eine Überschuldung eines Staates: exzessives Ausgabenverhalten oder Fehlinvestitionen, in tote Autobahnen, in sinnlose Brücken oder andere Bauwerke, die sich als Fehlschlag erweisen und keine Erträge bringen – die staatliche Version der Bauherrenmodelle. Und am Ende dieser Fehler steht der Verkauf des reetgedeckten Eigenheims und des staatlichen Tafelsilbers.

Das ist die offensichtlichste, direkteste und schlimmste Folge von zu hohen Schulden: der Insolvenzverwalter, der Ausverkauf der letzten Habseligkeiten und die Unfähigkeit, seinen Lebensunterhalt zu bestreiten. Wie wir sehen werden, gibt es hier einen wichtigen Unterschied zwischen einem souveränen Staat, der in den Staatsbankrott schliddert, und einem Country-Sänger, der zu viel Geld ausgibt – dieser Unterschied ist so wichtig, dass er ein eigenes Kapitel verdient. Aber die drohende Perspektive eines Staatsbankrotts macht deutlich, warum es schlechte Staatsverschuldung gibt und was sie ist: Jede Verschuldung, die nur den Schuldenberg erhöht, aber keine Perspektive auf spätere Rückzahlung eröffnet, führt uns geradewegs dorthin, wo Michelle, Gunter Gabriel und andere Promis auf uns warten.

Damit kennen wir die erste Gefahr der Staatsverschuldung, der bösen Staatsverschuldung: Irgendwann ist das Füllhorn der Kreditgeber leer, und wenn man die Kredite nicht dazu genutzt hat, Werte zu schaffen, die eine Rückzahlung der Schulden ermöglichen, geht man den Weg des Peter Lustig, des Gunter Gabriel, der Michelle. Eine triviale Erkenntnis, die Frage ist nur, ab wann es gefährlich wird – gibt es einen Moment, ab dem der Gang zum Insolvenzverwalter unabwendbar ist? Den gibt es, und schon wieder verrät uns der Vater des Pyramidenbetrugs etwas darüber.

Die Pyramidenschemata, wie man die Ponzi-Betrügereien nennt, leben ja davon, dass man aus den Einzahlungen, die man bekommt, heute die Ansprüche derjenigen bezahlt, die gestern eingezahlt haben. Das funktioniert leidlich, solange die aktuellen Einzahlungen ausreichen, um die aktuellen Verpflichtungen zu decken. Das gilt auch für die Schulden, die Gunter Gabriel, Michelle oder die Bundesrepublik Deutschland aufnehmen: Solange man mehr einnimmt, einnehmen kann, als man den Gläubigern zurückzahlen muss, brennt nichts an. Gefährlich wird es erst, wenn man mehr zurückzahlen muss, als man einnimmt.

Die Gefahr geht vor allem von den Zinszahlungen aus: Je mehr Schulden man hat, umso mehr Zinsen muss man zahlen, umso weniger Ausgabenluft bleibt für die Rückzahlung von Krediten – was sich nur vermeiden lässt, indem man neue Kredite aufnimmt. Und sobald man anfängt, die Zinsen auf alte Kredite mit neuen Krediten zu finanzieren, ist das Ende absehbar. Dann kommt der Moment, in dem das Schuldengebäude zusammenbricht – das könnte man als Ponzi-Moment bezeichnen. Bleibt nur die Frage: Wie weit sind wir davon entfernt?

Damit sind wir wieder beim Primärsaldo, also dem Geld, das dem Staat übrig bleibt, wenn er alle seine Verpflichtungen außer den Zinsen auf die Staatsschuld bereits gezahlt hat. Ist der Primärsaldo null, dann hat der Staat alle Ausgaben, mit Ausnahme der Zinsen, ohne weitere Verschuldung finanziert; lediglich die Zinszahlungen werden mittels Kreditaufnahme bezahlt. Doch je stärker der Primärsaldo negativ wird, je stärker also die Kernaufgaben des Staates nicht mehr vollständig mit den regulären Einnahmen (also vor allem Steuern) finanziert sind, desto kritischer wird die Lage. Ist dann auch noch die in der Vergangenheit angesammelte Staatsverschuldung im Verhältnis zum Bruttoinlandsprodukt hoch und sind die Wachstumsaussichten gering, wird es finster.

Nervosität kann sich aber schon früher ausbreiten, wenn die Kreditgeber befürchten, dass der Ponzi-Moment naht. Wenn man bemerkt, dass der Schuldner, dem man Geld geliehen hat, zunehmend unfähig wird, seine Kredite zurückzuzahlen und seinen Zinszahlungen nachzukommen, tut man gut daran, sein Geld rechtzeitig zurückzufordern. Schafft man es, als Erster seine Forderungen einzutreiben, entgeht man dem Zusammenbruch. Das ist wie bei einem Brand in einem voll besetzten Theater: Wer es schafft, vor den anderen den Ausgang zu erreichen, bleibt am Leben. Wer von einem unsicheren Schuldner sein Geld eintreibt – noch vor den anderen Gläubigern –, der hat seine Schäfchen im Trockenen, während die anderen im schlimmsten Falle leer ausgehen. Das Problem an diesem Kalkül besteht darin, dass auch die anderen Gläubiger diesen Mechanismus kennen und wissen, dass sie vor den anderen Gläubigern ihr Geld zurückfordern müssen.

Sie ahnen, was passiert: Hat man erkannt, dass ein Schuldner seiner Schulden nicht mehr Herr wird, so werden alle Gläubiger zugleich auf diesen einstürmen, um ihre Gelder zurückzufordern – mit dem Resultat, dass der Zusammenbruch noch rascher erfolgen wird. Im schlimmsten Fall läuft der Prozess nach den Regeln sich selbst erfüllender Prophezeiungen ab: Sobald genügend Gläubiger glauben, dass ein Schuldner nicht mehr zahlungsfähig ist, erhält dieser keine neuen Kredite mehr und kann die alten Kredite nicht mehr zurückzahlen. Wie beim Brand im Theater: Die meisten Opfer fordert nicht das Feuer, sondern die aufgeregte Menge, die panisch zu den Ausgängen stürmt.

Damit ist klar: Der Ponzi-Moment, ab dem ein Staat unter der Last seiner Schulden zusammenbrechen wird, kann früher eintreten, als man vermutet – es ist eine verhängnisvolle, kaum zu berechnende Dynamik, die sich entfaltet, wenn man am Abgrund der Schuldenklippen steht. Und er wird nicht alleine von den nackten Schuldenzahlen bestimmt, sondern auch von den Ängsten und Befürchtungen der Gläubiger. Damit wird der Ponzi-Moment sehr schwer kalkulierbar. Man kann nur eines sagen: Je schneller der Schuldenberg im Verhältnis zur wirtschaftlichen Leistungsfähigkeit eines Staates wächst, umso größer wird auch das Risiko des Ponzi-Moments. Wie viel Luft bleibt uns noch bis zu der Schwelle, ab der die Ereignisse unkontrollierbar werden? Experten des Internationalen Währungsfonds haben versucht, sich diesem Moment zu nähern, indem sie eine Art Schwellenwert ermittelten, den man als fiskalischen Spielraum bezeichnen könnte. Das Ergebnis: Für einige europäische Staaten wird die Luft recht dünn.

Das Schuldenkleid wird enger

Die Grundidee der Währungsfonds-Experten beruht darauf, dass es einen Zusammenhang zwischen dem Schuldenstand eines Landes einerseits und seiner Finanzpolitik andererseits gibt, auch wenn diese Beziehung nicht geradlinig ist. Man kann durchaus davon ausgehen, dass die Staatenlenker bedingt verantwortungsbewusst mit ihrem Schuldenberg umgehen, also grundsätzlich eine Rückzahlung ihrer Schulden beabsichtigen. Diese Idee deckt sich mit empirischen Beobachtungen aus der Vergangenheit: Steigt der Schuldenstand eines Landes über die Marke von 40 Prozent des BIP, so steigert die jeweilige Regierung leicht zeitverzögert ihre Bemühungen, diesen Anstieg zu begrenzen und die Verschuldung nicht ausufern zu lassen. Sie greift zu Steuererhöhungen und Ausgabenkürzungen, um mit dem steigenden Schuldenstand und vor allem den steigenden Zinsbelastungen Schritt zu halten. Regierungen wissen um die Gefahr des Ponzi-Moments.

Doch ab einer gewissen Schuldenschwelle – sie liegt irgendwo zwischen 130 und 140 Prozent – werden diese Bemühungen zu schmerzhaft: Die Steuern lassen sich kaum noch erhöhen, Ausgabenkürzungen führen zu Unruhen in der Wählerschaft, das Ziel, mit der Schuldenexplosion Schritt zu halten, wird immer unrealistischer. Die Bemühungen der Regierenden um eine Begrenzung des Schuldenproblems lassen ab diesem Punkt deutlich nach. Das ist der Moment, in dem die Entwicklung der Schulden unberechenbar wird und schlimmstenfalls völlig aus dem Ruder läuft – die Experten des Währungsfonds nennen das den Punkt, ab dem die Schuldendynamik „explosiv" wird. Unternimmt die Regierung jetzt keine außergewöhnlichen Anstrengungen und fährt weiter auf Sicht, kracht es.

Noch unberechenbarer wird dieser Punkt, den man als Ponzi-Schwelle bezeichnen könnte, durch das Verhalten der Gläubiger, bei denen sich der Staat das Geld leiht: Sie wittern, dass die Schulden aus dem Ruder zu laufen drohen, verlangen höhere Zinsen für dieses Risiko oder ziehen ihre Gelder ab und beschleunigen damit den Weg in den Staatsbankrott. Das ist das oben beschriebene Rette-sich-wer-kann-Problem: Man will vor den anderen Gläubigern aus dieser Falle und beschleunigt mit diesem Bestreben den Untergang des Schuldners.

Mit etwas Arithmetik lässt sich die Ponzi-Schwelle bestimmen, wenn auch nicht ganz exakt. Zieht man von dieser Schwelle die tatsächliche Verschuldung eines Landes ab, so erhält man dessen fiskalischen Spielraum – das ist also die fiskalische Luft, die einer Regierung noch bleibt, bevor es knallt. Wie hoch ist dieser Spielraum?

Für Deutschland beispielsweise sehen die Experten des Währungsfonds noch einiges an Luft: Die Ponzi-Schwelle für die Deutschen schätzen sie auf rund 155 Prozent des Sozialprodukts. Sobald die deutsche Staatsverschuldung diesen Punkt erreicht, gibt es kein Halten mehr. Damit kann man sich als Deutscher etwas entspannen: Für 2015 erwarten die Währungsfonds-Experten für die Deutschen einen Schuldenstand von rund 81 Prozent des BIP – damit liegen noch 74 Prozentpunkte Staatsverschuldung zwischen der tatsächlichen Verschuldung der Deutschen und dem Schwellenwert, ab dem es unberechenbar wird –, das ist der fiskalische

Spielraum. Theoretisch könnten die Deutschen also auf ihre Schuldenstandsquote von 81 Prozent maximal noch weitere 74 Prozentpunkte an Schuldenquote draufpacken, bevor ihr Schuldenproblem sich in eine unkontrollierbare Lawine verwandelt.

Doch nicht alle Staaten leben so weit entfernt von der Schwelle zum großen Krach. Für Italien und Japan sehen die Währungsfonds-Ökonomen den fiskalischen Spielraum bei null; eine falsche fiskalische Bewegung, eine zusätzliche, unerwartete Ausgabe, und diese Staaten werden unter einer Schuldenlawine begraben. Andere Länder stehen ein wenig besser da, wenngleich auch ihr Imperium auf Schuldentreibsand gebaut ist: Griechenland hat einen fiskalischen Spielraum von rund 38 Prozentpunkten, die Vereinigten Staaten haben 74 Prozentpunkte Luft, und bei den Briten sind es 91 Prozentpunkte.

Allerdings gestehen die Experten, dass diese Schätzwerte mit einigen Unsicherheiten behaftet sind – berücksichtige man diese, so bleibe als Fazit, dass für Griechenland, Italien, Japan und Portugal das Spiel vorbei sei; diese Staaten hätten de facto keinen Spielraum für weitere Schuldeneskapaden. Sollte hier irgendetwas Unvorhergesehenes passieren, das den Staat zu weiteren Ausgaben zwingt, müsste man damit rechnen, dass diese Staaten in eine Umschuldung gezwungen werden. Island, Irland und Spanien haben eine Chance von 50 bis 70 Prozent, dass sie noch weitere Schulden auftürmen können, ohne dass ihr Schuldenturm zum Einsturz kommt; für Amerika und Großbritannien seien es 70 bis 80 Prozent.

Diese Ergebnisse zeigen die Dynamik, die ein einmal eingeschlagener Schuldenpfad nehmen kann. Ab einem bestimmten Niveau wird der Regierung das Heft aus der Hand gerissen, dann bestimmen die Gesetze der Ponzi-Pyramide das Geschehen. Und wie wir gesehen haben, ist es nicht nur die reine Arithmetik, die bestimmt, wann ein Land in die Pleite schliddert, sondern auch das Verhalten der Gläubiger – je nervöser sie werden, umso rascher kommt die Wand näher, auf die dann der Staatsschuldenzug kracht.

Leider ist das nicht alles, es gibt noch ein weiteres Moment, das es uns erschwert, den Staatsschuldenzug aufzuhalten, und das sind schon wieder die Zinszahlungen. Um dieses Argument zu verstehen, werfen wir einen Blick auf den Haushalt des Bundes für das Jahr 2009: Im Jahr 2009 hat die Bundesregierung 38 Milliarden Euro an Zinsen gezahlt – für Verteidigung wurden im gleichen Jahr nur 31 Milliarden Euro ausgegeben. Was die wenigsten Bürger wissen: Nach dem Haushalt für Arbeit und Soziales (43 Prozent des Bundeshaushalts) sind die Verpflichtungen, die der Bundesrepublik aus ihren Zinslasten entstehen, der zweitgrößte Haushaltsposten (12,4 Prozent), noch vor der Verteidigung (10,3 Prozent). Wir geben mehr Geld aus, um die Zinsen auf unsere Schulden zu bezahlen, als für die Verteidigung unseres Landes.

Doch wann immer es darum geht, wo der Staat sparen kann, hört man von diesem Ausgabenposten nicht viel. Da geht es zumeist um Einsparungen bei der Bundeswehr (was man durchaus vertreten kann) oder beim Sozialen, aber niemand spricht darüber, dass man doch bitteschön bei den Zinsausgaben sparen möge. Das ist auch nicht möglich, es sei denn, der Staat verweigert sich den Forderungen seiner Gläubiger, oder aber er baut Schulden ab – was umso schwieriger ist, je mehr Geld er bereits für die Zinsen auf bestehende Schulden ausgeben muss.

Hier lauert das Dilemma: Je höher der Anteil der Zinszahlungen am Gesamthaushalt ist, umso weniger Spielraum hat der Staat bei der Gestaltung seiner Ausgaben. Wer zwölf Prozent seines Haushalts für Zinsen auf Staatsschulden zahlen muss, verkürzt seinen finanziellen Bewegungsspielraum um zwölf Prozent. Und je höher der Schuldenberg wird, umso höher wird die Zinslast, umso geringer der Spielraum des Finanzministers für alle anderen Ausgaben. Bedenkt man zudem, dass ein weiterer großer Teil der Staatsausgaben ebenfalls wenig Spielraum für Veränderungen bietet (die Gehälter für die Staatsdiener, ihre Pensionen, gesetzlich vorgeschriebene Leistungen), so hat der Staat nur noch sehr wenig Manövriermasse für Dinge, die außer der Reihe geschehen – es sei denn, man nimmt noch mehr Schulden auf.

Mangelnder Bewegungsspielraum bedeutet auch weniger Möglichkeiten für eine aktive Konjunkturpolitik, wie wir sie bereits kennengelernt haben. Wer stark verschuldet ist, viel Geld für Zinsen ausgeben muss und wenig finanzielle Beinfreiheit hat, kann nicht eben mal ein paar Milliarden für ein Konjunkturprogramm zur Verfügung stellen. Ein zu hoher Schuldenstand erschwert eine aktive Konjunkturpolitik, wenn er sie nicht sogar unmöglich macht. Je höher also der Schuldenstand des Staates, umso geringer der Spielraum für zusätzliche Ausgabenprogramme. Egal ob Rezession, Wiedervereinigung oder Oder-Flut – wem das Wasser schuldentechnisch betrachtet bis zum Hals steht, hat wenig Luft für finanzielle Not- und Sonderfälle.

Damit beeinträchtigt ein hoher Schuldenstand die Fähigkeit des Staates, in Krisenzeiten weitere Schulden aufzunehmen, und zerstört die Funktionsfähigkeit keynesianischer Konjunkturpolitik. Doch nicht nur das: Auch wenn wir uns noch ein gutes Stück vom Ponzi-Moment entfernt wähnen, kann es passieren, dass ein hoher Schuldenstand die Idee der Konjunktursteuerung durch den Staat zunichtemacht. Und wieder sind die Zinsen daran schuld. Als wäre deren Image nicht ohnehin schon schlecht genug.

„Wider die Zinsknechtschaft der Profithaie"

Eigentlich ist das nichts Besonderes: Auf dem Herbstkongress der linksgerichteten Anti-Globalisierungsbewegung Attac wedeln ein paar Teilnehmer mit einem Plakat, auf dem ein dicker Kapitalist zu sehen ist, Zigarre im Mund, Melone auf dem Kopf, auf einem Geldsack sitzend. Vor ihm ein Arbeiter im Blaumann und mit nacktem Oberkörper; Schaufel und Schweiß als Accessoires. Darunter prangert ein Slogan „Zinsknechtschaft der Lohnabhängigen" an. Niemand regte sich darüber auf, niemand stieß sich daran, dass der Arbeiter, der unter dem Zinsdiktat des Kapitals ächzt, blond war – nur der Berichterstatter der Wochenzeitung *Zeit*. „Wenn Globalisierungskritiker gegen Profithaie wettern, ist der Antisemitismus nicht weit", titelte die Zeitschrift.

Man muss dem *Zeit*-Autor attestieren, dass er seine Geschichtslektion gelernt hat: Die polemische Antikapitalismus-Kritik von der Brechung der Zinsknechtschaft geht zurück auf Gottfried Feder, seines Zeichens einer der ideologischen Wegbereiter Adolf Hitlers. Feder benutzte den Begriff „Zinsknechtschaft" für antisemitische Propaganda. Auch der Sozialreformer Silvio Gesell, eine ideologische Leitfigur für die sogenannten Freiwirtschaftler, wandte sich in seinen Schriften gegen das Instrument des Zinses, weswegen er bisweilen in die Nähe von Feder gerückt wurde – sehr zum Ärger der Freiwirtschaftler, die diese ideologische Nähe strikt von sich weisen.

Ein bemerkenswerter Befund: In manchen Gesellschaftstheorien – egal ob rechts oder links – und auch in manchen Religionen hat der Zins keinen Platz. Er gilt als arbeitsloses Einkommen, was ihn moralisch suspekt macht, er gilt als Hemmnis für eine gesunde Entwicklung der Wirtschaft, als Instrument der Ausbeutung und Machtausübung oder als religiös unakzeptabel. Möglicherweise beruht diese Ablehnung ja auf Missverständnissen über die Funktionsweise eines Zinses. Die müssen wir uns anschauen, wenn wir verstehen wollen, welche Rolle dem Zins im Staatsschuldenschauspiel zukommt.

Lässt man die moralischen, ethischen und weltanschaulichen Widerstände beiseite, so ist der Zins das Entgelt für eine Dienstleistung: Man bezahlt den Gläubiger dafür, dass er zeitweise auf sein Geld verzichtet (respektive auf die Dinge, die er damit kaufen könnte) und es jemand anderem zur Verfügung stellt. Der Kreditgeber verzichtet für einen bestimmten Zeitraum darauf, sein Geld für Konsumzwecke auszugeben, und nimmt dazu noch das Risiko in Kauf, dass der Gläubiger das Geld nicht zurückzahlt. Dafür will er angemessen entschädigt werden; diese Entschädigung nennt man Zins.

Man darf sich da keine Illusionen machen: Ohne Zinsen würde niemand Geld verleihen, womit niemand mehr fremdes Geld investieren könnte – für einen Industriestandort ein Todesurteil. Darüber hinaus würde die Altersvorsorge recht ungemütlich werden – wie will man für das Alter vorsorgen, wenn man sein Geld nicht gegen Zinsen anlegen kann? Es bliebe nur noch eine direkte Beteiligung an Unternehmen, die deutlich riskanter ist, oder der Eigenanbau von Kartoffeln. Kurzum: Ohne Zinsen keine arbeitsteilige Wirtschaft mit Sparen und Investieren, mit Altersvorsorge und Unternehmen.

Akzeptiert ein Investor, dass er seinen Gläubigern Zinsen dafür zahlen muss, dass sie ihr Geld verleihen, so stellt sich für ihn die entscheidende Frage: Kann ich das geliehene Geld so einsetzen, dass ich damit genügend verdiene, um den Kredit inklusive der Zinsen wieder zurückzuzahlen? Wir kennen dieses Kalkül bereits aus den Überlegungen zur guten Staatsverschuldung: Solange ich das geliehene Geld produktiv genug einsetzen kann und damit Überschüsse erwirtschafte, sind Schulden eine gute Sache.

Wer sich also Geld leiht, um zu investieren, muss dafür sorgen, dass dieses Investment so viel Ertrag abwirft, dass man davon den Kreditbetrag zurückerstatten kann zuzüglich der Zinsen. Damit werden die Zinsen zu einem Schlüsselfaktor beim Investitionskalkül eines Unternehmens: Je höher diese sind, umso teurer wird es für das Unternehmen, sich Geld zu leihen, umso mehr muss die Investition abwerfen, die es mit dem geliehenen Geld wagen will. Hier kommt die Staatsverschuldung ins Spiel.

Der Punkt ist nämlich der: Je höher die Zinsen sind, umso schwerer wird es für die Unternehmen, Investitionsvorhaben zu finden, die ihnen versprechen, diese hohen Zinsen erwirtschaften zu können. Geschäftsmöglichkeiten, die einen Zins von einem Prozent einspielen, gibt es reichlich, aber wie viele Unternehmungen kennen Sie, die Ihnen zehn oder 20 Prozent versprechen? Mit anderen Worten: Je höher die Zinsen sind, umso weniger werden die Unternehmen investieren; zu teuer ist es, sich Geld für ihre Investitionen zu leihen, zu wenige Investitionen gibt es, die diese Kosten des Kredites einspielen. Muss ein Unternehmer auf seinen Kredit zwei Prozent Zinsen zahlen, so lohnt sich eine Investition, die drei Prozent abwirft; steigt der Zins für den Kredit auf vier Prozent, ist die gleiche Investition nicht mehr rentabel und unterbleibt. Steigen die Zinsen, so sinkt die Zahl der lukrativen Investitionsmöglichkeiten und damit Investitionen der privaten Unternehmen.

Und jetzt die entscheidende Frage: Wer oder was treibt die Zinsen in die Höhe? Einen Verantwortlichen kennen wir: den

Staat. Je mehr Geld sich der Staat an den Kapitalmärkten leiht, umso schwieriger wird es für private Unternehmen, sich ebenfalls Geld zu leihen, weil der Staat ihnen die Kredite vor der Nase wegschnappt. Also müssen die Unternehmen mehr Zinsen zahlen, um an das knapper gewordene Gut „Kredit" zu kommen. Will heißen: Je mehr Geld sich der Staat auf den Kapitalmärkten besorgt, umso schwieriger und teurer wird es für die Unternehmen, sich Geld zu leihen; umso mehr steigen die Zinsen und umso stärker sinken die Investitionen.

Und jetzt schnappt die Falle zu: Der Staat treibt seine Verschuldung nach oben, wodurch die Zinsen steigen, und die steigenden Zinsen führen dazu, dass die private Investitionstätigkeit zurückgeht. Als Folge der sinkenden privaten Investitionstätigkeit sinkt das Wirtschaftswachstum. Um das Wachstum wieder anzukurbeln, gibt der Staat mehr Geld aus, wofür er sich stärker verschuldet, woraufhin die Zinsen weiter steigen, die Investitionen weiter sinken und mit ihnen das Wirtschaftswachstum. Das klingt nicht gut.

„Zins-Crowding-out" nennt der Fachmann dieses Phänomen: Die steigende Staatsverschuldung führt dazu, dass private Investitionen von staatlichen Ausgaben verdrängt werden. Im ungünstigsten Fall bleibt die Summe aller Ausgaben einer Wirtschaft unverändert, es ändert sich lediglich ihre Zusammensetzung – private Investitionen sinken, staatliche Ausgaben steigen. Damit droht ein schleichender Austausch von privaten Investitionen gegen staatliche Ausgabenprogramme.

Nun darf man ja mal nachfragen, ob das ein Problem ist – wenn die Privaten weniger investieren und der Staat dafür mehr, dann stimmt die Rechnung ja unter dem Strich wieder, oder? Ist Crowding-out kein Problem? Eine Antwort auf diese Frage erhalten wir, wenn wir über ein paar Brücken gehen – genau genommen 17 an der Zahl.

Über 17 Brücken musst du geh'n

Es muss ein unwegsames Gelände gewesen sein: Auf der Eisenbahnstrecke von 18 Kilometern fanden sich 17 Brücken.

Das war den Prüfern des Bundesrechnungshofs zu viel, mindestens drei dieser Brücken, so mäkelten sie, seien überflüssig gewesen, sie hätten dazu gedient, unbefestigte Feldwege zu kreuzen. Die Mehrkosten von sieben Millionen Euro habe der Bund tragen müssen.

Ähnlich bunt hat man es in den Augen des Rechnungshofs bei der Deutschen Rentenversicherung getrieben: In ganz Deutschland gibt es eine Vielzahl von Beratungsstellen, das Personal wurde aufgestockt, obwohl man keinen entsprechenden Bedarf nach Beratung nachweisen konnte – die Besucherzahlen waren rückläufig. Und das, obwohl sich die Beratungsstellen oft in besten Innenstadtlagen befinden, obwohl die Rentenversicherungsträger auch hier nicht verdeutlichen konnten, warum das nötig und wirtschaftlich sei. Ebenfalls nachlässig – und damit teuer – war in den Augen der Rechnungsprüfer der Umgang des Finanzministeriums mit dem Rotlichtmilieu: „Erhebliche Mängel bei der Besteuerung" gebe es hier, das verursache jährlich Steuerausfälle von schätzungsweise mehr als zwei Milliarden Euro.

Der Bundesrechnungshof, dessen Mitglieder richterliche Unabhängigkeit besitzen, ist der Aufseher über das Finanzgebaren des Bundes. Er prüft die Rechnung sowie die Wirtschaftlichkeit und Ordnungsmäßigkeit der Haushalts- und Wirtschaftsführung des Bundes. Seine Bemerkungen lesen sich wie Berichte aus der Folterkammer des Steuerzahlers. Ein paar Beispiele gefällig? Wie geht der Staat mit dem Geld anderer Leute um? Beispielsweise so: Mit dem EU-Beitritt Polens und Tschechiens sind zahlreiche Zollaufgaben weggefallen – fast 900 Beschäftigte in der Zollverwaltung sind damit überflüssig geworden. Nichtsdestoweniger hat der Bund sie weiter beschäftigt. Jährliche Kosten laut Rechnungshof: 45 Millionen Euro. Zu mosern findet sich fast überall etwas, beispielsweise bei der Deutschen Rentenversicherung Bund: Diese betreibe 22 eigene Rehabilitationszentren – die Hälfte dieser Zentren erwirtschafte aber seit Jahren Millionenverluste. Die Liste aus der Folterkammer des Staatszirkus ließe sich beliebig fortsetzen: hier eine entbehrliche wehrtechnische Studiensammlung, da Überkapazitäten an der Sanitätsakademie der Bundeswehr, dort unnötige Ausgaben von 168

Millionen Euro beim Abbruch eines Vorhabens zur Entwicklung von Kampfdrohnen. Unzureichende Kontrolle der Vergabe und Verwendung von Fördermitteln, doppelte Kindergeldauszahlungen, Verstöße gegen haushaltsrechtliche Vorschriften – die Bemerkungen des Bundesrechnungshofes sind eine nette Bettlektüre für den gepeinigten Steuerzahler.

Wer es gruseliger mag, greift zum „Schwarzbuch Steuerzahler" vom Bund der Steuerzahler – Auszüge gefällig? Da wär beispielsweise der kurze Ausflug des Fußballklubs Holstein Kiel in die dritte Bundesliga, der ein Jahr dauerte und den Steuerzahler zwei Millionen Euro kostete. Oder die Reise des Ausschusses für Verfassung, Recht, Parlamentsfragen und Verbraucherschutz des Bayerischen Landtags, der einen Fernosttrip nach Vietnam unternahm, um die Rahmenbedingungen für bayerische Unternehmen in Vietnam zu erkunden – ein lobenswertes, aber teures Ziel. Dann wäre da die 38-Seiten-Broschüre „Investitionsprogramm ‚Zukunft Bildung und Betreuung'" des Berliner Senats, Druckkosten zwischen 70 und 100 Euro – pro Stück, versteht sich. Ausgestellt werden die Schecks mit den Schreibgeräten der Nobelmarke Montblanc; 396 davon haben sich Bundestagsabgeordnete für 68.800 Euro auf Steuerzahlerkosten gegönnt.

Leere Klimatherapiezentren, ungenutzte Ganzkörpernacktscanner, Meerwasserfischzuchtanlagen, überteuerte Draisinenbahnen und Skateranlagen, Krötentunnel, Musicals, WM-Tippspiel mit Steuergeldern und Subventionen an Vier-Sterne-Hotels – muss das wirklich sein? Warum müssen wir immer wieder Berichte lesen von Brücken über Feldwege, von teuren Beschaffungen, die sich als nutzlos erweisen, und zu spendierfreudigen Behörden? Es kann ja mit Sicherheit nicht daran liegen, dass der Staat zu viel Geld hat.

Hat er nicht, er hat eher zu wenig Geld. Und es fehlt ihm noch etwas Entscheidendes: Es fehlt ihm an Anreizen zum sparsamen und wirtschaftlichen Umgang mit Geld. Vergleichen wir einmal eine Behörde mit einem privaten Unternehmen. Ist das private Unternehmen zu verschwenderisch, so laufen ihm die Kosten davon, es muss die Preise erhöhen, und wenn es das nicht kann, gerät es in Finanznöte und verschwindet vom Markt. Vergleichen wir das mit einer staatlichen Behörde: Wenn der Behörde die Kosten davonlaufen, dann erhöht man die Gebühren, Beiträge oder Steuern, und der Kunde, genannt Bürger oder Steuerzahler, zahlt zähneknirschend. Geldverschwendung ist für ein privates Unternehmen existenzbedrohend, aber nicht für staatliche Unternehmen oder Behörden. Das gleiche Argument gilt auf der Ebene der Mitarbeiter: Wenn ein Mitarbeiter eines privaten Unternehmens teure Fehlentscheidungen trifft, muss er sich neuen Herausforderungen stellen, wie das im Personaler-Deutsch heißt; wenn ein Staatsbediensteter ein wenig schräg rechnet, so hat das oft keine personellen Konsequenzen – allenfalls eine Beförderung an eine Stelle, wo er weniger Unheil anrichten kann.

Unter dem Strich sehen wir, dass staatliche Ausgabeneskapaden darunter leiden, dass es zu wenig Anreize gibt, mit dem Geld der Bürger verantwortungsvoll umzugehen. Wir wollen damit nicht sagen, dass alle Staatsbediensteten Verschwender und Geldverbrenner sind, man kommt dennoch nicht umhin, dem Staat eine strukturelle Schwäche zu attestieren, die darauf hindeutet, dass staatliche Programme und Taten oftmals nicht so effizient und sparsam über die Bühne gehen wie bei privaten Unternehmen.

Das wäre also eine erste Antwort auf die Frage, warum Crowding-out ein Problem sein kann: Wenn zunehmend private, effiziente Ausgaben verdrängt werden durch staatliche, weniger sorgfältig gemanagte Ausgaben, dann bleibt die Summe aller Ausgaben unserer Volkswirtschaft gleich, doch ihre Wirtschaftlichkeit sinkt, und die Berichte des Bundesrechnungshofs und des Bundes der Steuerzahler werden mit jedem Jahr dicker und dicker. Um es ein wenig polemisch zu sagen: Crowding-out bedeutet dann, dass wirtschaftliche private Investitionen von staatlichem Schlendrian verdrängt werden.

Man mag streiten, wie groß dieser Effekt ist – dass er vorhanden ist, dürfte unzweifelhaft sein. Vielleicht ist er nicht so groß, als dass er das Crowding-out zu einem großen Problem macht – wäre dies nur der einzige Punkt. Noch stärker dürfte dieser Effekt werden, wenn man wieder danach fragt, wofür der Staat das Geld ausgibt, das er anstelle der privaten Unter-

nehmen verwendet, deren Investitionen er verdrängt. Auch
wenn es Sie allmählich ermüden mag, die Antwort ist wieder
die gleiche: Je mehr der Staat dieses Geld für Konsumzwecke
ausgibt, umso weniger zukünftiges Wachstum stellt sich ein,
umso geringer wird unser Wohlstand respektive der Wohlstand unserer Kinder in den kommenden Jahren. Schlimmstenfalls bedeutet es, dass man produktive, wachstumsfreund-
liche Privatinvestitionen verdrängt mit Ausgaben für den
Griff in den staatlichen Kekstopf, die erstens weniger Anreize zum Arbeiten schaffen und zweitens wenig zukunftsträch-
tige Grundlagen für die nachkommende Generation legen.
Platt gesagt: Das Crowding-out wird umso gefährlicher für
das langfristige Wachstum einer Volkswirtschaft, je mehr
private Investitionen von staatlichen Ausgaben für Konsum
verdrängt werden.

Leider müssen wir es hier schon wieder sagen: Natürlich
betrifft das vor allem die Ausgaben für Soziales, denn das
sind Ausgaben, die wenig direkte Wirkungen auf das Wachstum einer Volkswirtschaft haben. Zudem muss man befürchten, dass steigende Sozialausgaben nicht gerade Anreize
schaffen, mehr zu arbeiten und zu investieren, was dem
Wachstum einer Volkswirtschaft ebenfalls nicht zuträglich
ist. Wir betonen es hier gerne noch einmal: Nichts liegt uns
ferner, als die Nützlichkeit, Sinnhaftigkeit und Notwendigkeit staatlicher Sozialpolitik zu bestreiten, doch deswegen
dürfen wir unsere Augen nicht vor der Frage verschließen,
wie wir diese Ausgaben finanzieren. Und es zeigt sich immer
wieder recht klar: Schulden sind kein Königsweg zur Finanzierung dieser Ausgaben.

Mit Blick auf den Haushalt der Bundesrepublik muss dieser Befund nervös machen: Wie wir gesehen hatten, sind die
Nettoinvestitionen des Bundes seit Jahren rückläufig; das
Gros der deutschen Staatsausgaben geht auf das Konto von
Konsum und Sozialleistungen. Noch einmal: Das muss nicht
problematisch sein, problematisch wird es erst, wenn wir
diese Ausgaben über steigende Schulden finanzieren – was
wir tun. Dann passiert genau das, was wir vermeiden sollten:
Schuldenfinanzierte, staatliche Ausgaben, die wenig wachs-
tumsfreundlich sind, verdrängen private Investitionen, und

das könnte zu Wachstumseinbußen führen. Tut es das? Zeit für ein Wiedersehen mit dem teuersten Satz der Finanzgeschichte.

„Revolver, Zug oder Strick"

Diesmal ist alles anders – wie wir gesehen haben, ist es das meistens nicht, die Geschichte neigt, zumindest was Staatspleiten angeht, zu Wiederholungen. Carmen Reinhart und Kenneth Rogoff, deren Arbeit wir bereits im ersten Kapitel kennenlernten, haben sich 200 Jahre Staatsverschuldungsgeschichte in 44 Ländern angesehen und festgestellt, dass meistens nicht alles anders ist – es ist wie gehabt. Dabei haben die beiden Ökonomen natürlich auch die Folgen der Staatsverschuldung für das Wirtschaftswachstum analysiert. Sie kommen zu einem zweigeteilten Ergebnis: Solange die Schuldenquote die Marke von 90 Prozent des BIP nicht übersteigt, richtet Staatsverschuldung keine schweren Schäden an; das Wachstum eines Landes wird von einer Staatsverschuldung in dieser Höhe nicht beeinträchtigt. Sobald aber die Marke von 90 Prozent überschritten wird, sinkt das Wachstum des betreffenden Staates um mehr als ein Prozent. Allerdings muss man aufpassen, was die Richtung der Kausalität angeht: Es dürfte vermutlich nicht nur so sein, dass steigende Staatsschulden zu sinkendem Wachstum führen, wahrscheinlich bekommen auch Länder mit niedrigem Wachstum zunehmend Probleme mit ihrer Staatsverschuldung.

Andere Studien kommen zu ähnlichen Ergebnissen: Experten des Internationalen Währungsfonds haben ausgerechnet, dass ein Anstieg der Schuldenstandsquote um zehn Prozentpunkte das jährliche reale Pro-Kopf-Wachstum eines Landes um 0,2 Prozentpunkte reduziert. Und sie bestätigen die Marke von 90 Prozent: Oberhalb dieser Marke passiert etwas, was Ökonomen als „Nichtlinearität" bezeichnen; vereinfacht gesagt kann ab dieser Schwelle alles geschehen, wobei dieses „alles" negativ zu interpretieren ist.

Auch andere Studien kommen zu diesem Ergebnis: Steigende Staatsverschuldung drückt auf das Wachstum einer

Volkswirtschaft. Und wir wissen jetzt auch, warum: Effizien-
tere, wachstumsfreundlichere private Investitionen werden
verdrängt, und die Art und Weise sowie die Zwecke, für die
der Staat das geliehene Geld ausgibt, eignen sich nicht immer dazu, das Wachstum einer Volkswirtschaft zu fördern.
Das Ergebnis: die schlechteste aller Welten, sinkendes Wachstum bei steigender Staatsverschuldung.

Nun gut, mag man sagen, dann haben wir eben weniger
Wachstum – ist das schlimm? Wir wollen an dieser Stelle keine
Debatte darüber führen, ob Wirtschaftswachstum gut oder
schlecht ist, wir haben aber bereits gesehen, dass Wachstum
und Staatsverschuldung sehr eng miteinander zusammenhän-
gen. Wie die Empirie gezeigt hat: Steigende Staatsverschuldung führt ab einem bestimmten Niveau zu sinkendem Wachstum. Und bei sinkendem Wachstum steigt mehr oder weniger
automatisch die Schuldenstandsquote und die Fähigkeit des
Staates, seine Schulden zurückzahlen zu können, geht zurück.

Es spricht also vieles dafür, die Ärmel hochzukrempeln
und sich an den Abstieg vom Schuldenberg zu wagen. Vielleicht könnte ja Gunter Gabriel ein Vorbild sein, jener Gunter
Gabriel, der seine Millionen und Häuser verloren hatte. Aber
hören wir ihn selbst:

> *„Damals gab es Momente, in denen ich dachte: Revolver,
> Zug oder Strick sind die einzige Möglichkeit, aus der finan-
> ziellen Krise zu fliehen. Aber jammern ist scheiße. Zuerst
> habe ich gesagt: Mein Finanzberater ist schuld, mein Mana-
> ger ist schuld, mein Anwalt ist schuld. Aber letztlich habe
> ich meine Unterschrift unter alles gesetzt. Ich habe Privat-
> auftritte für jeweils 1.000 Euro angeboten, hatte bis zu vier
> Termine pro Tag gemacht und in eineinhalb Jahren einen
> Großteil meiner Schulden abgearbeitet. Ich habe dabei so
> viele Menschen kennengelernt, dass ich sagen kann: Das
> Abarbeiten meiner Schulden hat mich reich gemacht."*

Das klingt einfach, anständig und ehrlich. Aber warum ist die
Idee, seine Schulden durch Arbeit und Verzicht loszuwerden,
bei Politikern nicht sonderlich beliebt? Fragen wir doch den
Staatsfeind Nummer eins.

„Wir bringen Kapitalismus und Demokratie näher zueinander"

Hans Bernhard, den Chef einer Wiener Agentur, ließ es kalt, dass er in den Vereinigten Staaten zum Staatsfeind Nummer eins erklärt wurde – er sah nur eine gute Geschäftsidee. Bernhard hatte von einem amerikanischen Studenten die Internetseite Voteauction (Motto: „Wir bringen Kapitalismus und Demokratie näher zueinander") gekauft, auf der Amerikaner ihre Wahlstimme zum Verkauf anbieten können. Das Interesse einiger wenig demokratisch gesinnten Wähler war hoch: Um das Jahr 2000 herum wurden auf der Plattform mehr als 5.000 Stimmen zu einem Gegenwert von etwa 75.000 Dollar zum Verkauf angeboten. Kein Wunder, dass die amerikanischen Medien diesem Spektakel reichlich Sendezeit und Druckseiten widmeten.

Die Idee, dass man seine Wahlstimme verkaufen kann, klingt absurd in den Ohren eines demokratisch geschulten und gesinnten Bürgers; in Deutschland wäre eine solche Veranstaltung wohl undenkbar. Und in der Tat war die Wahlstimmenauktion eine Aktion zweier Medienkünstler, die gerne provozieren und auch schon mal ein Asylabwehramt in Österreich kreierten, um damit für Unruhe zu sorgen. Und doch gibt es Theorien, die behaupten, dass Stimmentausch und Stimmenkauf in jeder Demokratie vorkommen und dazu führen, dass die Staatsverschuldung permanent steigt. Dazu muss man eine zugegebenermaßen zynische Annahme machen und Politikern unterstellen, dass das oberste Ziel ihrer Arbeit nicht darin besteht, ihrem Land Reichtum und Wohlstand zu bescheren, sondern wiedergewählt zu werden.

Man kann sich streiten und je nach Menschenbild darüber aufregen, dass man den Politikern so etwas unterstellt, oder aber beifällig mit dem Kopf nicken – lassen Sie uns diese Annahme so hinnehmen; die Ergebnisse, die sich daraus entwickeln lassen, sind interessant genug, um dem einen oder anderen Politiker ein wenig unrecht zu tun, verraten sie uns doch einiges darüber, wie es zu einer so hohen Staatsverschuldung kommen kann und warum die Gunter-Gabriel-Lösung des Schuldenproblems nicht so realistisch ist, wie man es sich wünscht.

Versetzen Sie sich für fünf Minuten in die Lage eines Politikers, der wiedergewählt werden möchte, und denken Sie noch mal über das Schuldenproblem nach – wie gehen Sie damit um? Wenn Sie die obigen Ideen teilen und befürworten, sollten Sie sich als Politiker sofort daranmachen, die Schulden abzubauen. Sie beschließen also, die Schuldendynamik in den Griff zu bekommen, und beginnen, das Budget zu konsolidieren. Wenn die klugen Überlegungen und empirischen Studien stimmen, dann steigt das Wachstum Ihrer Volkswirtschaft, den Menschen geht es besser – und Sie werden wiedergewählt, weil es den Menschen besser geht. Nun sind Sie sicherlich realistisch genug, zu wissen, dass dies so nicht passieren wird – aber warum? Die ökonomischen Ideen und empirischen Studien stimmen schon, also woran liegt das?

Der Grund sind die Ausgabenkürzungen: Wer den Schuldenberg abtragen will, muss sein Ausgabenverhalten ändern, muss die laufenden Ausgaben kürzen oder einer anderen Verwendung zuführen und damit so manch lieb gewonnene Gewohnheit ablegen. In Bezug auf die staatlichen Ausgaben bedeutet das, dass Sie als Politiker irgendeiner Bevölkerungsgruppe auf die Füße treten müssen, weil Sie ihr erklären, dass das staatliche Füllhorn nun für sie austrocknen wird. Ob Seidenraupenzüchtersubventionen, Produktionsbeihilfen für die Filmindustrie, Zuschüsse für die Landwirte, Sozialtransfers, kostenlose Mahlzeiten in Kindergärten, Schulen oder Amtskantinen, Elterngeld, Lohnzuzahlungen, Zuschüsse zu Kuren, Medikamenten und anderen Leistungen – einige dieser tausend Tode muss der konsolidierungswillige Politiker sterben.

So macht man sich bei potenziellen Wählern unbeliebt: Streicht man die Seidenraupenzüchtersubventionen, so sind die Seidenraupenfreunde sauer, kürzt man die Zuschüsse für die Landwirte, droht ein Bauernaufstand, fallen Sozialtransfers dem Konsolidierungswillen zum Opfer, protestieren die Sozialverbände. So sehr Sie sich auch bemühen: Sie werden keine Ausgabenkürzung finden, die ohne Proteste und damit Wahlstimmenverluste über die Bühne gehen wird. Und die Opposition reibt sich die Hände und ruft lautstark nach Neuwahlen.

Schlimmer wird das Ganze dadurch, dass die Streichung der Seidenraupenzüchtersubventionen keinen sonderlich großen Beitrag leistet, um das Budgetloch zu stopfen und den Schuldenberg zu reduzieren. Wer einen Berg abtragen will, darf nicht mit dem Sandschäufelchen kommen, sondern muss große Brocken stemmen, also dort kürzen, wo viel zu kürzen ist. Das Problem folgt auf dem Fuß: Wer viel kürzt, nimmt vielen Menschen etwas weg, erntet entsprechend viel Gegenwind und verliert viele Wählerstimmen. Ein unlösbares Dilemma: Will man die Schulden abbauen, muss man dort kürzen, wo es viel zu kürzen gibt, und gibt damit vielen Menschen Anlass zum Protest. Keine gute Vorstellung für einen Politiker, der wiedergewählt werden will.

Nun gut, mögen Sie jetzt sagen, als konsolidierungswilliger Politiker muss man mit diesen Widrigkeiten leben. Schließlich gibt es ja auch die positiven Effekte der Konsolidierung – wenn wir die Schulden reduzieren, steigt unser Wachstum, was ja allen Bürgern zugutekommt. Rechtfertigt das die Kürzungen? Unbedingt, und theoretisch geht das auch auf: Wir kürzen ein paar Staatsausgaben, was zwar einzelnen Bevölkerungsgruppen wehtut, doch unter dem Strich profitieren wir alle von dem gestiegenen Wachstum. Das ist richtig, hat aber einen kleinen Schönheitsfehler – Wachstum ist nicht demokratiekompatibel.

Der Punkt ist rasch geklärt: Die Kürzung der Seidenraupenzüchtersubventionen macht sich unmittelbar und direkt im Geldbeutel der Betroffenen Seidenraupenfreunde bemerkbar, was diese zu einem entsprechenden Wahlverhalten veranlasst (befeuert von den Kommentaren der Opposition, die vor einem Niedergang des Seidenraupenzüchterstandortes Deutschland warnt). Aber mal ganz ehrlich: Wann haben Sie sich das letzte Mal richtig bewusst gemacht, dass Ihre Heimatwirtschaft gewachsen ist, wodurch Ihr Einkommen gestiegen ist, und wann haben Sie sich das letzte Mal bewusst gemacht, dass dieser Einkommensanstieg der Kürzung der Seidenraupenzüchtersubventionen zu verdanken ist? Und selbst wenn Ihnen dieser Zusammenhang klar ist: Warum muss ausgerechnet der arme Seidenraupenzüchter auf den staatlichen Zuschuss verzichten, damit andere von den Folgen dieses Verzichtes profitieren?

Politisch betrachtet ist das ein Problem: Während die Nachteile der Ausgabenkürzungen sich unmittelbar bei den Betroffenen bemerkbar machen, gehen ihre Vorteile – das höhere Wirtschaftswachstum – in einem Gewirr und Gemisch von persönlichen Befindlichkeiten, Wirtschaftsdaten und Aufmerksamkeitsdefiziten unter. Deswegen darf man als Politiker nicht allzu viel Dank für Budgetkürzungen erwarten, da die Nachteile direkt fühlbar sind, die Vorteile aber erstens nicht bewusst wahrgenommen und zweitens nicht als Konsequenz der Budgetkürzungen gesehen werden.

Unter dem Strich erklärt das, warum Politiker wenig Interesse an einem Abbau der Staatsverschuldung verspüren. Noch schlimmer wird es für sie dadurch, dass die unangenehmen Folgen der Ausgabenkürzungen unmittelbar eintreten und spürbar sind, ihre positiven Folgen hingegen stellen sich erst längerfristig ein. Im schlimmsten Fall kommt es zum politischen Albtraum schlechthin: Man kürzt die Ausgaben, wird daraufhin von erbosten Wählern abgestraft, und wenn mit etwas Verzögerung nach den verlorenen Wahlen das Wachstum anspringt und die Beschäftigung steigt, profitiert davon die Nachfolgeregierung, die zuvor die Wahl gewonnen hat, weil sie die Sparbemühungen als falsch gebrandmarkt hat. Danke für nichts.

Klarer Fall – Ausgabenkürzungen sind politischer Selbstmord auf Raten. Im Gegensatz dazu sind Schulden vielleicht nicht ökonomisch, aber politisch attraktiv. Wie beim Kauf auf Pump: Man kann sofort mehr Geld ausgeben, die unangenehme Rechnung wird erst später serviert. Vor allem vor Wahlen ist die Versuchung groß: Man finanziert staatliche Wohltaten mittels Schulden, was sofort bei den Begünstigten zu entsprechender Begeisterung führt, die sich in den entsprechenden Wählerstimmen niederschlägt. Die Rechnung hingegen zahlen diejenigen, die diese Schulden zurückzahlen müssen – das muss nicht notwendigerweise die Regierung sein, die mithilfe dieser Schulden sich hat wiederwählen lassen. Das ist die beste aller Welten: Man gibt das Geld anderer Leute aus.

Damit haben wir eine Vorstellung davon entwickelt, warum die Staatsschulden steigen und steigen, obwohl alle Welt von Sparen und dem Schuldendesaster redet – wir verschulden uns, weil es einfach ist, und weil wir selbst mit unserem Stimmzettel dafür votieren, denn letztlich dürfen wir die Augen nicht vor der Tatsache verschließen, dass die Politiker ja nur das machen, von dem sie glauben, dass es uns glücklich macht. Leider ist das nicht die einzige politische Ursache für steigende Staatsverschuldung – Zeit für einen Besuch in der Provinz. Zeit, den Schulden-Terminator kennenzulernen.

Der Schulden-Terminator aus der Provinz

Die Stadt Langenfeld ist nicht gerade der Nabel der Republik: In der Nähe der Städte Solingen, Leverkusen und Düsseldorf gelegen, zählt der Ort im Kreis Mettmann knapp 59.000 Einwohner. Es ist weniger das Kulturzentrum, die Volkshochschule, das Kulturelle Forum, die Wasserskianlage oder das private Hobelmuseum, das diese Stadt prominent gemacht hat – es war ihr ehemaliger Bürgermeister Magnus Staehler, den eine deutsche Boulevardzeitung zum „Schulden-Terminator" gekürt hat.

Noch Mitte der 80er-Jahre schob Langenfeld einen Schuldenberg von rund 80 Millionen Mark vor sich her – wie so viele Gemeinden in der Bundesrepublik. Dann, 1986, zog Staehler die Notbremse: In der Verwaltung reduzierte er radikal die Anzahl der Verwaltungsebenen und der Stellen. Heute sind es 23 Hausmeister für die städtischen Immobilien – vorher waren es 45. Staehler kürzte Zuschüsse für Vereine, erhöhte die Steuern, überließ die Betreuung von Stadtmuseum und Sportanlagen ehrenamtlichen Helfern, nötigte seine Bürger dazu, selbst zum Besen zu greifen und vor ihren Haustüren zu kehren. Medienwirksam verteilte er auf dem Marktplatz Besen. Er ließ eine Schuldenuhr am Rathaus anbringen, die stetig gegen null lief. Als die Uhr im November 2006 eine Pro-Kopf-Verschuldung von unter 100 Euro anzeigte, feierte die Stadt eine U-100-Party, mehr als 500 Langenfelder zahlten dabei freiwillig 99,99 Euro zur Entschuldung in die Stadtkasse. Stolze 22 Jahre dauerte der Weg zur schuldenfreien Kommune, dann war es geschafft – Langenfeld war schuldenfrei. „Sparpolitik ist viel anstrengender als Füllhorn-Politik – aber Sparpolitik ist nicht unbedingt Abwahlpolitik", lautete Staehlers Fazit. Bei der Wahl 2004 erhielt er 70 Prozent der Stimmen.

Staehlers Geschichte, die Geschichte der Stadt Langenfeld, ist die Ausnahme in der deutschen Föderallandschaft, da stehen eher andere Geschichten auf dem Spielplan. Als die Finanzkrise 2009 so richtig durchschlug, bemerkten auch die Kommunen und Städte, dass ihr Finanzkleid immer enger wurde: Bochum legte den Neubau eines Konzerthauses auf Eis, Bonn dachte über mehr Gebühren für Kindergärten nach, Schwerte über eine 30 Prozent höhere Grundsteuer. Anderen Kommunen ging es schon vor der Finanzkrise nicht gut – alleine in Nordrhein-Westfalen haben 43 Städte und Gemeinden eine derart unsichere Finanzlage, dass sie sich ihre Haushaltspläne von der jeweiligen Bezirksregierung genehmigen lassen müssen.

Überhaupt bewegen sich die Kommunen in einem engen finanziellen Korsett: In den 70er-Jahren wurde das kommunale Haushaltsrecht geändert – seitdem müssen die Kommunen bei einer Kreditaufnahme zur Haushaltsfinanzierung nachweisen, dass sie über ausreichende Finanzkraft verfügen; die Kreditaufnahme muss zudem eng mit Investitionsausgaben verknüpft sein – ein Gedanke, der uns mittlerweile bestens vertraut ist. Aber dennoch ist auch bei den Gemeinden die Verschuldung weiter angestiegen.

Diese Bremse haben die Bundesländer nicht, hier sieht es mit der Verschuldung noch trister aus: Zwischen 1950 und 1970 verdoppelten sich die Schulden der Länder, zwischen 1970 und 1990 verzwölffachten sie sich. Während der Anteil der Kommunen am Gesamtschuldenpäckchen in Deutschland sechs Prozent beträgt, beläuft sich der Anteil der Länder auf 31 Prozent. Allerdings zeigen sich bei den Ländern – ähnlich wie bei den Kommunen – deutliche Unterschiede im Schuldengebaren: Ende 2008 beliefen sich die Kreditmarktschulden pro Kopf in Bayern und Sachsen auf 1.770 beziehungsweise 2.280 Euro. Im Saarland hingegen waren es 9.180 Euro, in Sachsen-Anhalt 8.260 Euro. Noch schlimmer war die

Lage in den Stadtstaaten, wobei Bremen mit 23.080 Euro Spitzenreiter war. Auch Berlin – die Stadt, deren Bürgermeister behauptete, sie sei „arm, aber sexy" – war und ist ein heißer Kandidat für den Titel eines Schuldenmeisters. Warum ist das ein besonderes Problem, und wieso steigt der Schuldenberg der Länder? Eine Vorstellung davon, warum das passiert, bekommen wir, wenn wir dem Kabarett „Pigor singt, Benedikt Eichhorn muss begleiten" unser Ohr leihen. Ihr Stück „Berlin ist pleite" bringt das Problem anschaulich auf den Punkt:

> *Berlin ist pleite – und jeder tut so, als ob det tragisch wär*
> *– na und?*
> *Unsre Schulden zahlt der Bund!*
> *Ein Glück, det die Bayern diesen Wahnsinn bezahlen*
> *Bei dem PDS-Anteil bei den letzten Wahlen*
> *Det is den'n ehrlich nich janz recht (nicht janz recht)*
> *Doch die zahlen trotzdem. Respekt, aber echt!*

Der Kabarettbesucher findet es lustig, vielleicht auch der Bürgermeister der besungenen Stadt, aber fragen wir doch mal die Bayern – finden die das lustig? Der Ministerpräsident des respektablen Freistaats kann darüber nicht lachen: „Einige Nehmerländer im Finanzausgleich leisten sich trotz klammer Kassen eine Reihe staatlicher Wohltaten, die es in Bayern, Hessen und Baden-Württemberg so nicht gibt – vom kostenfreien Kindergartenjahr bis zum Verzicht auf Studiengebühren", nörgelte er gegenüber einer deutschen Boulevardzeitung. Inhaltlich haben die Kabarettisten recht: Bayern zahlt für Berlin. Aber wieso?

Das, worüber sich Horst Seehofer von der CSU so aufregt, nennt man im Fachjargon „Länderfinanzausgleich", eine hochkomplexe, mit juristischen und ökonomischen Fallstricken versehene Veranstaltung, die in ihren Details außer den Experten kaum noch jemand versteht, und deren Ziel darin besteht, die Lebensverhältnisse in den einzelnen Bundesländern nicht zu weit auseinanderdriften zu lassen. Wie man das im Einzelnen macht, soll nicht unsere Sorge sein, vielmehr interessiert uns die Frage, warum man diesen Aufwand treibt – wieso sollen die sparsamen Bayern für die sexy Berliner zahlen?

Die erste Idee ist naheliegend: Solidarität. Wenn es den Berlinern schlecht geht, sollten die Bayern Solidarität für ihre deutschen Mitbürger zeigen und helfen. Diese Solidarität hat neben ihrem sittlichen Nährwert auch handfeste Ziele: Was passiert wohl, wenn Berlin immer ärmer wird, seinen Bürgern keine sicheren Straßen, keine ordentlichen Schulen, keine städtischen Grünanlagen und all die anderen Dinge mehr zur Verfügung stellen kann, die ein Bundesland seinen Bürgern normalerweise bereitstellt? Was, wenn einem Bundesland die Mittel ausgehen, um seinen Bürgern einen gewissen Komfort zu garantieren, während das andere Bundesland reich ist und seinen Bürgern alles bieten kann?

Man muss nicht lange überlegen, um zu wissen, wie dieser Konflikt ausgehen wird: Wenn einem Land die Pleite droht, und es deswegen seinen Bürgern weniger Leistungen bietet, aber mehr Steuern abverlangt, während das andere Land seinen Bürgern wenig Steuern, aber viel Leistungen bereitstellen kann, dann werden die Bürger dem armen Land den Rücken kehren und ins reiche Land flüchten – die Berliner werden nach Bayern auswandern (schwer vorstellbar, aber durchaus möglich). Wer einen innerdeutschen Wanderzirkus vermeiden will, muss dafür sorgen, dass die Lebensverhältnisse der deutschen Bundesländer nicht zu stark auseinanderdriften. Das erreicht man durch einen Finanzausgleich, der dafür sorgt, dass die einzelnen Länder sich nicht zu weit voneinander entfernen. Zudem sorgt dieser Finanzausgleich dafür, dass jedes Bundesland die Aufgaben, die ihm von der Verfassung übertragen wurden, angemessen erfüllen kann.

In einem föderalen Gemeinwesen müssen also die einzelnen Mitglieder füreinander einstehen. Exemplarisch dafür ein Urteil des Bundesverfassungsgerichts aus dem Jahr 1992, in dem es Bremen und dem Saarland zugestand, angesichts ihres hohen Schuldenberges unter einer „extremen Haushaltsnotlage" zu leiden, die den Bund und die anderen Länder zu Hilfeleistungen verpflichte. Das Gericht stellte fest, dass Bremen und das Saarland in einer solch brenzligen Situation sind, dass die Gemeinschaft ihnen beistehen muss. Wären die beiden Länder Unternehmen, hätten sie Insolvenz anmelden müssen. Als das Land Berlin allerdings im Jahr 2006 seinen Insolvenzantrag stellte – will heißen, ebenfalls auf eine extreme Haushaltsnotlage plädierte –, lehnte das Bundesverfassungsgericht dies ab; es sei lediglich eine „angespannte Haushaltslage" zu erkennen, die es mit großer Wahrscheinlichkeit aus eigener Kraft überwinden könne. Mit anderen Worten: Auch Solidarität hat – selbst auf Verfassungsebene – eine Grenze.

Trotz dieser Schlappe haben die Kabarettisten mit ihrem Slogan „Berlin ist pleite, Bayern zahlt" im Prinzip recht: In einer föderalen Staatengemeinschaft wie der Bundesrepublik gilt das Prinzip, dass Bund und Länder sowie Länder und Kommunen füreinander einstehen; gerät eines der Mitglieder in eine existenzbedrohende finanzielle Schieflage, muss die nächsthöhere Instanz einspringen. Das führt zu einem veritablen Problem: Was macht ein Bundesland oder eine Kommune, wenn feststeht, dass im Falle einer extremen Haushaltsnotlage, wenn die Überschuldung droht, die anderen Mitglieder des Verbundes einspringen müssen und werden? Genau: Man nimmt es mit den Schulden nicht mehr so genau; falls das Schuldenhaus abbrennt, stehen ja schon die Löschzüge der föderalen Schwestern und Brüder bereit.

Das ist eine Erkenntnis, die uns in den nächsten Kapiteln wiederholt beschäftigen wird: Wenn man weiß, dass im Notfall andere bereitstehen, um bei der Schuldenlast zu helfen, so trägt das – vorsichtig gesagt – nicht dazu bei, dass man sorgfältiger in seinem Verschuldungsverhalten wird. Das Prinzip, dass man bei Fehlverhalten von einer dritten Person oder Instanz gerettet wird, nennen Ökonomen auch „Bailout", was man mit „Rettungsaktion" übersetzen könnte. Und dieses Bail-out kann dazu führen, dass der Schuldenberg weiter wächst: Weiß das Bundesland, dass es im schlimmsten Fall eine „extreme Haushaltsnotlage" geltend machen kann und ihm dann geholfen wird, so steigert es seine Verschuldung. Das mag erklären, warum das krisengeschüttelte Berlin, wie Horst Seehofer klagt, staatliche Wohltaten verteilt, die sich die sparsamen Südländer versagen: unsere Ausgaben, eure Schulden. Wenn Ihnen dieser Mechanismus vertraut vorkommt und Sie nun an ein südliches Land mit Oli-venhainen und schweren Schuldenproblemen denken, liegen Sie richtig – dieses Dilemma wird uns wieder vor die Füße fallen, wenn wir die Schuldenkrise in der Europäischen Union besichtigen. Für den Moment können wir festhalten, dass die Konstruktion eines föderalen Bundesstaates oder Bündnisses, in dem die einzelnen Mitglieder füreinander einstehen, in sich den Keim zu höheren Schulden und schlechterem Finanzgebaren trägt – das ist der Preis des Föderalismus. Entweder man dämmt diese Gefahr durch entsprechende Regelungen ein, die wir uns später ansehen werden, oder man nimmt die wachsenden Schuldenberge schicksalsergeben hin.

Letztlich ist es immer der gleiche Mechanismus, der zu steigenden Schuldenbergen führt: Politiker versuchen, von den nicht finanzierten Mehrausgaben, die sie veranlassen, zu profitieren, aber die dadurch hervorgerufene Schuldenlast auf andere abzuschieben – entweder auf die Mitglieder des Staatenbundes oder auf zukünftige Generationen. Vor allem Letzteres macht Staatsverschuldung für Politiker so attraktiv: Man kann die Zeche später zahlen, aber gleich genießen. Das klingt zu schön, um wahr zu sein: Wir genießen, und jemand anderes zahlt die Zeche dafür. Kann das funktionieren? Es gibt Menschen, die davon nicht überzeugt sind, und ihr Lebenslauf und ihr Geschick im Umgang mit solchen Fragen legt es uns nahe, ihre Argumente nicht von der Hand zu weisen. Fragen wir einen sehr erfolgreichen Mann.

Die Steuern von morgen

David Ricardo wird am 17. April 1772 in London geboren, seine Eltern sind strenggläubige Juden sephardischer Herkunft, sein Vater ist ein erfolgreicher Börsenmakler. Bereits mit 14 Jahren tritt David in das Geschäft seines Vaters ein. Doch mit 21 kommt es zum Bruch mit der Familie, als der junge David eine Quäkerin heiratet. Auf sich alleine gestellt, ohne den Schutz der väterlichen Hand und des familiären Vermögens, besinnt er sich auf das, was er bei seinem Vater gelernt hat, und macht Karriere an der Londoner Börse. Er ist erfolgreich – man schätzt den Gegenwartswert seines Vermögens zum Zeitpunkt seines Todes auf etwa 60 Millionen Euro.

Ricardos Börsenspekulationen sind nicht das, wofür er heute noch bekannt ist – Ricardo ist einer der wichtigsten Gründungsväter der modernen Ökonomie, der auf vielen Forschungsfeldern wichtige Beiträge geleistet hat. Einer dieser Beiträge ist das nach ihm benannte ricardianische Äquivalenztheorem, das besagt, dass wir uns unsere Staatsverschuldung selbst schulden und es keine Verschiebung der Schuldenlast auf unsere Kinder und Enkel gibt.

Dieses Argument läuft der Alltagsintuition zuwider – was ist da dran? Bei längerem Nachdenken ergibt sich Folgendes: Wenn der Staat heute Schulden macht, so muss er diese eines Tages zurückzahlen. Und das kann er nur, wenn er entsprechend höhere Einnahmen hat, und die bekommt er nur über höhere Steuern. Also: Der Staat leiht sich heute Geld von seinen Bürgern, kann damit höhere Ausgaben tätigen, doch wenn der Tag der Rückzahlung naht, kann er dieses Geld nur zurückzahlen, wenn er höhere Steuern erhebt – und zwar bei den gleichen Bürgern, von denen er sich das Geld geliehen hat. Jede Kreditaufnahme des Staates zieht also unweigerlich eine spätere Steuererhöhung nach sich. Oder wie es der ehemalige Finanzminister Hans Eichel auf den Punkt gebracht hat: „Schulden von heute sind die Steuern von morgen."

Eine triviale Erkenntnis mit weitreichenden Konsequenzen. Da wäre zum einen die uns bereits bekannte Konjunkturpolitik: Der Staat nimmt zusätzliche Schulden auf, um damit die sieche Wirtschaft zu aktivieren, indem er das geliehene Geld ausgibt und damit die Nachfrage stimuliert. So weit, so gut; was aber, wenn die Bürger sich daran erinnern, dass sie die steigenden Staatsschulden in ein paar Jahren in Form höherer Steuern begleichen müssen? Trifft das zu, so werden sie schon heute ihre Ausgaben reduzieren und Geld für die höheren Steuerzahlungen zurücklegen, die sie in Zukunft erwarten. Das aber wiederum reduziert die gesamtwirtschaftliche Nachfrage, die der Staat ja gerade durch die höheren Schulden anschieben wollte. Damit könnte sich die ricardianische Äquivalenz als Totengräber der Konjunkturpolitik erweisen: Der Staat nimmt Schulden auf, um die Nachfrage zu erhöhen, und im selben Atemzug reduzieren die Bürger ihre Nachfrage, weil sie sparen, um für die zukünftigen Steuererhöhungen gewappnet zu sein, die sie aufgrund der steigenden Staatsschulden erwarten.

Nimmt man die ricardianische Äquivalenz ernst, so kommt man zu dem Ergebnis, dass Staatsverschuldung keine Wirkungen hat – ob der Staat sich über Steuern oder über Staatsverschuldung finanziert, ist in dieser Welt völlig gleichgültig, da er sich zum Schluss ja doch nur über Steuern finanzieren kann. Nun muss man das nicht ganz so eng sehen, doch der Kern der Botschaft Ricardos ist klar: Es gibt nichts geschenkt, und der Glaube, dass man über Staatsverschuldung mehr Geld ausgeben kann, als man verdient, ist für eine Volkswirtschaft als Ganzes eine Illusion.

Was aber, wenn wir die Schulden so weit vor uns herschieben, dass nicht wir, sondern unsere Kinder diese begleichen müssen? Das ist ein wichtiger Unterschied zwischen einem souveränen Staat als Schuldner und dem gewöhnlichen Schuldner: Der gemeine Bürger muss sich verpflichten, seine Schulden vor seinem Ableben zu begleichen; tut er dies nicht, so erben seine Kinder die Schulden – allerdings können diese das Erbe ausschlagen. Da aber ein Staat theoretisch eine unbegrenzte Lebensdauer hat, kann er seine Schulden Jahrzehnte, wenn nicht Jahrhunderte vor sich herschieben. Da ist es wieder, das Ponzi-Spiel.

Anscheinend kann der Staat auf diesem Weg der Ewigkeit ein Schnippchen schlagen: Er nimmt heute Schulden auf, verpulvert das Geld, das man von den Kreditgebern bekommen hat, und wenn die Welt untergeht, hat man auf Kosten der Kreditgeber gelebt, die der Welt in den Untergang folgen, ohne ihr Geld zurückzuerhalten. Klingt clever, ist es aber nicht, denn es muss ja doch einer bluten, und das sind die Gläubiger. Und wenn die Gläubiger die eigenen Bürger sind (was wir in diesem Kapitel unterstellen wollen), dann zeigt sich, dass es keine Schulden ohne Reue gibt: Der Staat hat zwar über seine Verhältnisse gelebt, die Bürger aber, von denen er sich das Geld geliehen hat, haben dafür auf Konsum verzichtet und den Gürtel enger geschnallt. Damit stellt die nicht zurückgezahlte Staatsschuld eine Form der Besteuerung dar, und zwar für die leer ausgehenden Gläubiger.

Nun könnte man auf eine bösartige Idee kommen: Zwar lebt der Staat vielleicht ewig (obwohl das auch nicht stimmt), aber die einzelnen Bürger unterliegen den Gesetzen der Zeitlichkeit – warum also nicht den Schuldenberg den kommenden Generationen hinterlassen? Ist das eine gute Idee?

Zunächst funktioniert das zumeist deswegen nicht, weil sich die heutige Generation durchaus Gedanken um ihre Nachkommen macht – man will seinen Kindern keine Schulden hinterlassen. Sobald die Eltern in dieser Weise an das künftige Wohl ihrer Kinder denken, funktioniert die ricardianische Äquivalenz wieder. Das Ganze läuft dann folgendermaßen ab: Der Staat verschuldet sich, und die Bürger erkennen messerscharf, dass in Zukunft die Steuern steigen werden; also sparen sie. Bemerken die Bürger, dass der Staat seine Schulden erst in der nächsten Generation zurückzahlen will und er erst für ihre Kinder die Steuern erhöhen wird, vererben sie ihren Kindern diese zusätzlichen Ersparnisse, damit ihre Kinder die höheren Steuern aus der Erbschaft bezahlen können. Solange die Eltern auch die Zukunft ihrer Kinder im Kopf haben, gilt die Idee der ricardianischen Äquivalenz nach wie vor.

Empirisch gesehen gibt es einige Hinweise darauf, dass die Idee der ricardianischen Äquivalenz durchaus relevant ist, wenngleich nicht alle Studien zu diesem Ergebnis kommen. Zumindest zeigen die Daten, dass man diese Idee nicht leichtfertig von der Hand weisen kann. Möglicherweise verhält es sich so: Wenn der Staat sich einmalig, außerordentlich verschuldet, reagieren die Bürger darauf gelassen und steigern ihre Sparanstrengungen nicht; bemerken sie allerdings, dass der Staat dauerhaft und nachhaltig die Verschuldung nach oben treibt, werden sie nervös und beginnen zu sparen. Nach dieser Sichtweise wäre ein einmaliger Anstieg der Staatsverschuldung – beispielsweise zur Finanzierung der deutschen Einheit – eher unproblematisch, während der langfristige Aufbau eines Schuldenbergs dazu führt, dass die Bürger mehr sparen und damit ihr Verhalten die Bedingungen der ricardianische Äquivalenz erfüllt.

Ist es also völlig egal, ob sich ein Staat über Steuern oder über Staatsverschuldung finanziert? Beides ist letztlich nur Ausdruck des gleichen Vorgangs: Der Staat entzieht seinen Bürgern Mittel, um damit Staatsausgaben zu finanzieren. Der Staat, das sind wir selbst, und deswegen kann der Staat nicht von irgendwo Mittel herbeizaubern, sondern er kann sie nur von seinen Bürgern nehmen – ob er dies über Steuern tut oder aber über Staatsverschuldung, die er später in Steuern umwandelt, ist ein technisches Detail.

Allerdings ein technisches Detail, das auf einer anderen Ebene Folgen hat: Ob der Staat sich über Steuern oder Schulden finanziert, spielt durchaus eine Rolle für seine Bürger, nämlich dann, wenn es um die Einkommens- und Vermögensverteilung geht. Damit wären wir bei einer weiteren heiklen Frage über die Wirkungen der Staatsverschuldung: Welche Folgen haben staatliche Schuldeneskapaden für das Einkommen und das Vermögen seiner Bürger, für die Einkommens- und Vermögensverteilung eines Landes?

Da wären zunächst die Zinsen: Wenn der Staat sich verschuldet, muss er für diese Schulden Zinsen zahlen, die bei den Empfängern zusätzliches Einkommen schaffen. Damit hätten wir eine erste Verteilungswirkung steigender Staatsverschuldung: Die Zinseinkommen steigen. Aber was bedeutet das? Das kommt darauf an, wer dem Staat das Geld leiht. Wer bekommt diese Zinsen? Unterstellt man, dass vor allem reiche Leute dem Staat Geld leihen, so könnte man zu dem Schluss kommen, dass Staatsverschuldung reiche Menschen reicher macht, weil der Staat ihnen auch noch Zinsen zahlt. Doch dieser Schluss ist voreilig. Erstens sind alle Besitzer von Lebensversicherungen, Fondssparplänen, Bundesschatzbriefen oder anderen Sparprodukten Empfänger von Zinseinkünften – der Schluss, dass Zinseinkommen nur reichen Menschen zukommen, ist so nicht zulässig. Zweitens muss man fragen, wie der Staat diese Zinsen finanziert – natürlich über Steuern. Und wenn er die Steuern anhebt, um die Zinsen auf seine Staatsverschuldung zu finanzieren, so muss er wohl oder übel in erster Linie die Steuern für Besserverdienende erhöhen – damit aber zahlen die reichen Bürger höhere Steuern, um die Zinszahlungen zu finanzieren, die ihnen vom

Staat dafür zufließen, dass sie ihm Geld leihen. Die Verteilungswirkungen der Staatsverschuldung hängen also davon ab, wie der Staat diese Zinszahlungen finanziert. Darüber hinaus hängen sie auch davon ab, was die Bürger mit ihrem Geld machen würden, wenn sie es nicht dem Staat leihen. Damit löst sich der vielfach postulierte Umverteilungseffekt staatlicher Schuldzinszahlungen zugunsten von Personen mit hohem Einkommen und Vermögen in Luft auf.

Aber neben dieser Seite der Verteilung gibt es noch eine andere, die sogenannte intergenerationelle Verteilung. Damit ist die Verteilung der Lasten zwischen den verschiedenen Generationen eines Landes gemeint. Umgangssprachlich sagt man dann, dass wir uns auf Kosten unserer Kinder verschulden. Stimmt das?

Schwierig. Wir wollen zunächst eine einfache Variante wagen, indem wir annehmen, dass der Staat sich nur im Inland, bei seinen eigenen Bürgern verschuldet. Wie wir im nächsten Kapitel sehen werden, ändert sich diese Analyse, wenn wir das Ausland hinzunehmen. Aber fangen wir klein an: Der Staat verschuldet sich nur im Inland, bei den eigenen Bürgern, in der Generation der Eltern. Die Rückzahlung der Schulden überlässt die Elterngeneration ihren Kindern. Hat sie damit auf Kosten ihrer Kinder gelebt? Das kommt darauf an, wir wollen uns dieser Frage in drei Etappen nähern.

Die erste Etappe ist die einfache Variante, im Grunde genommen kennen Sie diese schon. Also: Der Staat nimmt Schulden bei seinen Bürgern auf. Diese erkennen, dass ihnen dafür in Zukunft höhere Steuern drohen, und sparen dementsprechend mehr. Dafür bekommen sie vom Staat Zinsen. Auf den ersten Blick erhöht das ihr Vermögen, sie bekommen ja Zinsen, die ihr Einkommen erhöhen (wir unterschlagen ganz bewusst das Argument, dass diese Ersparnisse sich auch verzinsen würden, wenn sie nicht an den Staat, sondern an private Unternehmen gehen würden). Aber hier ist die Geschichte noch nicht zu Ende: Wenn der Staat die Schulden bei seinen Bürgern zurückzahlen muss, muss er das inklusive der Zinsen tun. Er erhebt also bei seinen Bürgern Steuern, die ausreichen, sowohl die geliehene Summe zurückzuzahlen als auch die dazugehörigen Zinsen. Damit wird das Ganze für den Bürger zum Nullsummenspiel: Er spart mehr, und bekommt dafür Zinsen, doch wenn es an das Rückzahlen der Schulden geht, erhebt der Staat bei ihm Steuern, die hoch genug sind, um die Schulden plus die Zinsen zurückzuzahlen. Unter dem Strich muss der Steuerzahler die gesamten Zinsen, die er vom Staat bekommt, später wieder in Form von Steuern an den Staat zurückzahlen. Sein Nettovermögenseffekt ist damit null.

Was hier passiert, ist lediglich eine Verschiebung der Steuerschulden: Statt heute mehr Steuern für den Staatsapparat zu zahlen, bekommt der Steuerzahler heute Zinsen gutgeschrieben, die er morgen wieder in Form höherer Steuern an den Staat zurückzahlen muss. Damit gibt es keinen Effekt auf die Vermögensverteilung.

Gut, aber was ist mit den Kindern? Auch hier gibt es überraschenderweise keinen Effekt. Warum? Ganz einfach: Wenn der Staat sich bei der Elterngeneration verschuldet, geht das ja nur, wenn die Eltern dafür auf Konsum verzichten – sie sparen mehr. Das ist eine einfache, aber wichtige Erkenntnis: Wenn eine Volkswirtschaft in einem Jahr nur Güter im Wert von 100 Euro herstellt, kann sie auch nur Güter im Wert von 100 Euro verbrauchen (denken Sie daran, das Ausland schließen wir hier zunächst von unseren Überlegungen aus). Wenn der Staat beschließt, 30 Euro für sagen wir die Armee auszugeben, dann muss er sich diese 30 Euro von seinem Volk leihen, das diese 30 Euro nur geben kann, wenn es dafür auf anderweitigen Konsum in Höhe von 30 Euro verzichtet. Das Ergebnis: Alles, was passiert, ist, dass sich privater Konsum in Sparen verwandelt und diese Ersparnisse vom Staat verausgabt werden. Wir schaffen es nicht, mehr auszugeben, als wir tatsächlich haben.

Jetzt kommt die nächste Generation, die Kindergeneration, jetzt geht es daran, die Schulden zurückzuzahlen. Die Kinder müssen die Schulden plus die Zinsen der Elterngeneration zurückzahlen. Hier gibt es genau die gleiche Restriktion wie bei der Elterngeneration: Wir können nur das umverteilen, was wir selbst erwirtschaftet haben. Also: Der Staat erhebt bei der Kindergeneration Steuern, mit denen er die Schulden plus die Zinsen zurückzahlt – und zwar an die Kindergeneration. Das Einzige, was in der nächsten Generation passiert, ist eine Umverteilung von Steuermitteln an die Kinder derjenigen Eltern, die in der Vorgeneration dem Staat Geld geliehen haben. Was nicht stattfindet, nicht stattfinden kann, ist ein Ressourcenentzug bei der Kindergeneration – das Sozialprodukt, das die Kinder erwirtschaften, wird durch die Staatsverschuldung nicht geschmälert, die Kinder erleiden keine Einbußen.

Es findet hier nur eine zeitliche Verschiebung der Steuerlast statt: In der Elterngeneration findet eine Umverteilung von Ressourcen zwischen den einzelnen Eltern statt – einige Eltern konsumieren weniger und leihen dem Staat das so gesparte Geld, das dieser zugunsten anderer Eltern ausgibt, die dann mehr konsumieren können. Es wird kein zusätzliches Sozialprodukt geschaffen, es wird nur umverteilt. In Generation zwei muss der Staat die Schulden zurückzahlen: Auch hier findet nur eine Umverteilung von Sozialprodukt innerhalb der Generation statt, es wird kein zusätzliches Sozialprodukt vernichtet oder geschaffen. Somit belasten die Schulden von heute unsere Kinder nicht. Finanzwissenschaftler sagen dazu: „We owe it to ourselves" – wir schulden es uns selbst. Es ist nicht möglich, heute etwas zu konsumieren, was unsere Kinder erst produzieren werden.

Sind wir damit aus dem Schneider? Können wir uns also fröhlich verschulden, ohne gegenüber unseren Kindern ein schlechtes Gewissen haben zu müssen? Nein, sicher nicht, denn jetzt kommt die zweite Etappe. Wir haben noch nicht darüber gesprochen, wie der Staat die Mittel verwendet, die er sich von seinen Bürgern borgt. Wir haben im obigen Beispiel angenommen, dass der Staat diese Mittel ebenso gut verwendet, wie es private Investoren machen würden. Aber wir haben ja bereits gesehen, dass staatliche Ausgaben möglicherweise nicht die gleichen Resultate bringen wie private Ausgaben. Wenn der Staat das geliehene Geld für Konsumausgaben verwendet und zugleich durch die Staatsverschuldung private Investitionen zurückdrängt, hat das Folgen für die nächste Generation.

Sie ahnen es: Wenn die Investitionen sinken, wird weniger Kapital in die Produktionsstätten einer Volkswirtschaft gesteckt, die wir zur Herstellung unseres Sozialprodukts benötigen. Die Konsequenz: Da weniger Kapital investiert wurde, steht unseren Kindern ein geringeres Sozialprodukt zur Verfügung. In diesem Fall verschulden wir uns in der Tat zulasten unserer Kinder. Die tiefere Ursache dafür ist allerdings nicht die Staatsverschuldung per se, sondern das, was der Staat mit dem geliehenen Geld macht. Da ist sie wieder, diese einfache Idee: Schulden sind nichts Schlimmes; es kommt nur darauf an, was der Staat damit macht. Verwendet der Staat sie ebenso produktiv wie die Privatwirtschaft, so gibt es keine Umverteilungseffekte zulasten unserer Kinder. Sobald aber der Staat mit seiner Verschuldung private Ausgaben verdrängt, die produktiver sind und mehr Wachstum erbracht hätten, sinkt unser zukünftiges Sozialprodukt, und unsere Kinder werden deswegen weniger Möglichkeiten haben, ihre Konsumwünsche zu befriedigen.

Einen Vorteil allerdings hat dieses Szenario – wir können auf diesem Weg mehr umverteilen. Der Staat kann die eingesammelten Schuldengelder für Sozialpolitik ausgeben und das Geld umverteilen. Die Reichen erhalten zwar Zinsen, aber die werden ja erst in der nächsten Generation zurückgezahlt. In der aktuellen Periode sparen die Wohlhabenden in Form von Staatsschuldtiteln, verzichten also auf Konsum, und dieser Konsumverzicht erfolgt zugunsten derjenigen, die das Geld aus der Sozialpolitik erhalten und dadurch mehr konsumieren können. Eine echte Umverteilung von Konsummöglichkeiten von denjenigen, die dem Staat Geld leihen, zu denjenigen, die vom Staat Geld bekommen.

In der nächsten Generation jedoch zahlen die Kinder über ihre Steuern und niedrigeres Wachstum den Preis der Umverteilungspolitik. Allerdings funktioniert das nur temporal, in der Generation der Kinder muss ja wieder zurückgezahlt werden; dann müssen höhere Steuern gezahlt werden, um die Staatsschulden zu begleichen. Damit fließt an die Kindergeneration der Staatsschuldtitelinhaber das geliehene Geld inklusive Zinsen zurück. Aber es gibt für die gesamte Kindergeneration eine zusätzliche Belastung, nämlich ein geringeres Sozialprodukt. Es ist uns damit also tatsächlich gelungen, in der Elterngeneration die Konsummöglichkeiten der Begünstigten der Sozialpolitik zu steigern, und zwar auf Kosten der gesamten nachfolgenden Kindergeneration.

Wer aber – so kann man fragen – trägt die Last einer schuldenfinanzierten Sozialpolitik, wenn der Staat in der Kindergeneration seine Schulden für null und nichtig erklärt, sich also weigert, sie (inklusive Zinsen) zurückzuzahlen? In diesem Fall werden die Kinder derjenigen Eltern zur Kasse gebeten, die Staatsschuldtitel gekauft hatten. Im Fall der Nichtrückzahlung werden diejenigen Kinder besteuert, deren Eltern in Staatsschuldtiteln gespart hatten. Allerdings ändert sich nichts daran, dass die gesamte Kindergeneration belastet wird, und zwar dadurch, dass die Schulden konsumtiv verwendet wurden und das Sozialprodukt dementsprechend niedriger ausfällt.

Dieses Szenario zeigt, wann Sozialpolitik einer Volkswirtschaft auf die Nieren schlägt: Wenn die Ausgaben, die man für soziale Zwecke benutzt, dazu führen, dass andere wachstumsträchtige Ausgaben unterbleiben, führt das langfristig zu Wohlfahrtseinbußen. Auch hier wieder eine Klarstellung: Wir haben nichts gegen Sozialpolitik und befürworten sie, aber entscheidend ist dabei, wie wir sie finanzieren (und gestalten).

Jetzt kommt die dritte Etappe. In Etappe Nummer eins haben wir festgestellt, dass wir uns nicht zulasten unserer Kinder verschulden können, solange der Staat das geliehene Geld ebenso produktiv verwendet, wie es die Privatwirtschaft tun würde. In Etappe Nummer zwei haben wir gelernt, dass die Art und Weise, wie der Staat das Geld ausgibt, wichtig ist: Gibt er es weniger produktiv aus, als es bei privaten Investitionen der Fall wäre, so hinterlassen wir unseren Kindern eine Welt, in der ihnen einige Mittel zur Befriedigung ihrer Bedürfnisse fehlen werden. Aber es kann noch schlimmer kommen. Jetzt wenden wir uns Etappe Nummer drei zu, die uns auf einen anderen Kontinent führt. In den 80er-Jahren war das der Kontinent der gebrochenen Versprechen, und für seine Bewohner waren die 80er-Jahre des vergangenen Jahrhunderts ein verlorenes Jahrzehnt. Das wollen wir uns näher ansehen. Unsere Besichtigung beginnt mit der Reise in ein Land, in dem einstmals Milch und Honig flossen und dessen Name sich von einem Edelmetall ableitet.

6 ZERBROCHENE TRÄUME

„Niemand wollte mehr Geld leihen; die Schuldner, die bis dahin ihre fälligen Schulden oder die Zinsen mittels Aufnahme neuer Schulden bezahlt hatten, fanden niemand mehr, der ihnen Darlehen gab."

Gugliolmo Ferrero, italienischer Historiker, über den Niedergang der römischen Republik

Ein verlorenes Jahrzehnt

Der Name „Argentinien" leitet sich vom lateinischen Wort „argentum", also Silber, ab – jenes Silber, das die spanischen Eroberer dort zu finden hofften. Bis zum Ersten Weltkrieg war Argentinien ein wohlhabendes Land und gehörte zu den zehn reichsten Nationen der Welt. In Frankreich gab es sogar das Sprichwort „riche comme un Argentin" – reich wie ein Argentinier. Mode und Baustile wurden von der reichen argentinischen Oberschicht aus Europa, vorzugsweise aus Paris, importiert; Argentinien hatte die Aura eines gelobten Landes. Wo man hinspucke, wachse eine Blume, verhieß eine Redensart vom Land mit dem Edelmetall im Namen

Das heutige Bild von Argentinien ist eher geprägt von einem genialen Fußballspieler mit göttlicher Hand und vom größten Staatsbankrott der Neuzeit, der nur einer war in einer ganzen Serie von Pleiten, Pech und Pannen. Wie kann ein Land so abstürzen? In der Literatur wird oft die Machtergreifung von Juan Domingo Perón im Jahr 1946 als zentrale Ursache des Niedergangs ausgemacht. Perón favorisierte den starken Staat, er unterwarf die Wirtschaft staatlicher Kontrolle, stellte monströse Fünf-Jahres-Pläne auf, ließ verstaatlichte, ineffiziente Betriebe auf die Wirtschaft los, schüttete ein Füllhorn sozialer Wohltaten an seine Bürger aus und kaufte den Engländern die maroden Eisenbahnen ab – Letzteres galt als wirtschaftlicher Irrsinn, der den Bürgern als nationaler Erfolg verkauft wurde. Die Folgen waren absehbar: Die staatlich kontrollierte Wirtschaft war ineffizient und verschwenderisch, die mangelnde Gegenfinanzierung der teuren Abenteuer des Staates führte das Land des Silbers an den Rand des Ruins.

Der nächste Schock für das ehemalige Paradies kam in den 80er-Jahren des 20. Jahrhunderts, ein ökonomisches Erdbeben, das fast ganz Südamerika erschütterte. Die Vorgeschichte dazu begann in den 60er- und 70er-Jahren: Viele lateinamerikanische Staaten, darunter Brasilien, Argentinien und Mexiko, hatten sich große Summen von internationalen Gläubigern geliehen, um ihre Staaten zu industrialisieren. Die Wachstumsperspektiven für diese Staaten waren gut, und die Banken der westlichen Welt wurden von den Geldern der Öl exportierenden Staaten überflutet, von denen sie nicht wussten, wo und wie sie diese Mittel sinnvoll investieren sollten. Es schien wie eine Fügung des Schicksals: hier aufstrebende lateinamerikanische Staaten, die Geld für Wachstum benötigten, dort westliche Banken und Finanzinstitute, die händeringend Anlagemöglichkeiten für die Geldlawine suchten, mit der sie die Ölscheichs überrollten.

Dieser Kreislauf kam in den 70er- und 80er-Jahren umso mehr in Schwung, je stärker die Rohstoffpreise, vor allem der Preis für Rohöl, stiegen: Den Öl exportierenden Ländern spülten die steigenden Ölpreise noch mehr Gelder in die Kassen, die sie anlegen wollten, während viele lateinamerikanischen Staaten unter der Last steigender Rohstoffpreise ächzten und sich nur mit neuen Krediten zu helfen wussten, welche sie von den westlichen Banken bekamen, denen die Ölscheichs ihr Geld anvertrauten. Ein perfekter Kreislauf.

Ganz so perfekt dann doch nicht. Die lateinamerikanischen Staaten verschuldeten sich immer mehr im Ausland

– jeder Petro-Dollar, der über die westlichen Bankschalter seinen Weg in die argentinischen Pampas oder an den Strand von Rio de Janeiro fand, musste ja zurückgezahlt werden, und je länger dieses Petro-Dollar-Recycling andauerte, umso größer wurde der Schuldenberg, auf dem Südamerika saß. In dem Moment, in dem klar wurde, dass dieser Berg zu groß geworden war, begann das, was in der Fachliteratur als „lateinamerikanische Schuldenkrise" bezeichnet wird.

Seinen Anfang nahm das Ende an jenem 12. August 1982, als Mexikos Finanzminister, Jesus Silva-Herzog, öffentlich bekannt gab, dass sein Land den Schuldendienst einstellen werde – ein Weckruf an die internationale Bankengemeinde, der ihr klarmachte, dass das Geld, das man unbeschwert über das Meer geschickt hatte, nicht die Heimreise antreten würde. Mit der Nachricht, dass Mexiko seine Zahlungen aufschiebe und teilweisen Staatsbankrott verkündete, reduzierten die meisten Banken ihr Kreditengagement in Lateinamerika schlagartig und stoppten die Vergabe neuer Kredite. Das verschärfte die Krise, da viele lateinamerikanische Staaten ihre Schulden kurzfristig finanziert hatten – statt sich das Geld über einen langen Zeitraum zu borgen, hatte man mit den Gläubigern kurze Rückzahlungsfristen vereinbart. In der Regel ist das unproblematisch, weil man neue Kredite aufnimmt, um die alten Kredite zurückzuzahlen, sobald letztere fällig werden. Das funktioniert allerdings nur, wenn man auch einen Anschlusskredit bekommt, und den bekommt man nur, wenn man kreditwürdig ist.

Damit war die Kredithölle vorgewärmt: Über Jahre hinweg hatten die Staaten Lateinamerikas Schulden angehäuft, die sie jedes Mal, wenn sie fällig wurden, mit neuen Krediten finanzierten (das ist das uns aus den Ponzi-Überlegungen bekannte Revolvieren). Doch je größer die Zweifel wurden, dass sie ihre Kredite nicht zurückzahlen könnten, umso schwieriger wurde es, die fälligen Kredite mit neuen Krediten zu refinanzieren, und je mehr das der Fall wurde, umso schwieriger wurde es, überhaupt noch neue Kredite zu bekommen. Zusätzlich befeuert wurde diese prekäre Lage durch einen weltweiten Anstieg der Zinsen Ende der 70er-Jahre. Dummerweise hatten viele Schuldenländer ihre Schulden zu variablen Zinssätzen aufgenommen – ein Fehler, der schon die Existenz vieler Eigenheimbesitzer ruiniert hat. Damit stieg die Zinslast auf die Schulden ohne das Zutun der Schuldnerländer, was deren Fähigkeit, die Schulden zurückzuzahlen, nicht gerade verbesserte. Das musste schiefgehen.

Ging es auch. Noch Ende 1970 beliefen sich die Schulden der lateinamerikanischen Staaten auf rund 30 Milliarden Dollar – Ende der 80er-Jahre waren es bereits 450 Milliarden. Den Anfang der Pleitegala machte 1982 Mexiko – ein Jahr später waren 27 Nationen dabei, mit ihren Gläubigern über eine Umstrukturierung ihrer Schulden zu sprechen, darunter Brasilien, Venezuela und Argentinien. Die Folgen waren die üblichen: Kapitalflucht, Abwertungen, Inflation, schrumpfende Importe, zurückgehende Investitionen und Sozialprodukte, gekrönt von Staatspleiten – ein verlorenes Jahrzehnt dämmerte hinter dem südamerikanischen Schuldenberg herauf. Ein Aspekt dieser Geschichte ist bemerkenswert: Was hatten diese ansonsten so unterschiedlichen Staaten Lateinamerikas gemeinsam?

Neben der Tatsache, dass sie hoch verschuldet waren, war es der Umstand, dass ihre Auslandsverschuldung höher war als ihre inländische Wirtschaftskraft – so abgedroschen das klingt: Sie lebten über ihre Verhältnisse. Schätzungen zufolge hatten viele lateinamerikanische Staaten bis zu 80 Prozent ihrer Schulden im Ausland aufgenommen. Es waren nicht die eigenen Bürger, bei denen die lateinamerikanischen Staaten in der Kreide standen, sondern Ausländer. Macht das einen Unterschied?

Den macht es – hier entscheidet sich, ob ein Staat wirklich pleite ist oder nicht. So merkwürdig es auch einem vorkommen mag: Ein Staat kann nicht pleitegehen, wenn er sich nur bei den eigenen Bürgern verschuldet. Um diese merkwürdige Sichtweise zu verstehen, müssen wir einen Mann besuchen, den viele Deutsche anrufen, wenn sie vor dem Aus stehen. Lassen Sie uns einen Moment den Fernseher anschalten.

Ein Foto mit Besserwisser und Peter Zwegat

Peter Zwegat ist eine Berühmtheit in Deutschland. Auf die Frage, ob er auf der Straße erkannt werde, antwortet er, dass dies oft der Fall sei, wenngleich das nicht immer angenehm sei. „Nach einem harten Arbeitstag von einem angetrunkenen Besserwisser um ein Foto gebeten zu werden ist nicht der krönende Tagesabschluss in einer fremden Stadt", lässt sich der Schuldenberater des Privatsenders RTL zitieren. Damit muss man wohl als Berühmtheit leben.

Peter Zwegats Ruhm rührt von seiner Fernsehsendung, „Raus aus den Schulden" heißt sie; dort berät der grau melierte Schuldenberater verzweifelte Schuldner, die davor stehen, Haus, Hof, Auto, Familie oder gar die Freiheit zu verlieren – weil sie überschuldet sind. Peter Zwegat kommt zu ihnen nach Hause, macht Kassensturz, stellt Finanzpläne auf, spricht mit Banken und Gläubigern, schwört die armen schuldengeplagten Sünder („im Gefängnis wären sie besser verpflegt") auf Verzicht, Arbeit und Enthaltsamkeit ein – der Königsweg aus dem Schuldensumpf.

Am Anfang von Peter Zwegats Arbeit steht die Bestandsaufnahme – ist der Haushalt überschuldet? Das ist einfacher gefragt als beantwortet – was bedeutet „überschuldet"? Zwegats Definition ist pragmatisch: Überschuldet ist man, wenn die Einnahmen nicht reichen, um für einen längeren Zeitraum oder dauerhaft die Ausgaben zu decken. Wer dieses Kriterium erfüllt, ist ein Fall für den Schuldenberater, für Peter Zwegat.

Bei einem Privathaushalt ist das eine einfache Übung: Man bestimmt die monatlichen Einnahmen, indem man auf den Gehaltszettel schaut, und zieht davon die monatlichen Ausgaben ab. Ist das Ergebnis auf Dauer negativ, so ist man pleite. Wendet man diese Methode auf einen souveränen Staat an, so kommt man ins Straucheln: Was sind die Einnahmen des Staates? Natürlich sind das die Steuereinnahmen, und hier liegt der Unterschied zwischen einem überschuldeten Staat und den Kunden von Peter Zwegat: Im Unterschied zu Peter Zwegats Kunden kann der Staat sein Einkommen erhöhen, indem er die Steuern erhöht. Einfach so. Während wir Normalsterblichen jeden Monat eine Überweisung vom Arbeitgeber oder irgendeinem Amt bekommen, dessen Höhe wir nur schwer und allenfalls mit mehr Anstrengung und Arbeit beeinflussen können, stellt sich der Staat seinen Gehaltsscheck selbst aus, indem er die Steuergesetze macht. Und wenn er mehr Geld braucht, stellt er den Scheck einfach höher aus.

Eine verblüffende Erkenntnis: Ein Staat kann nicht pleitegehen, weil er sich über seine Steuergesetze seine eigenen Einnahmen beschaffen kann. Der Finanzminister eines Landes braucht keine Hilfe von Peter Zwegat. Angesichts der bisherigen Geschichten über Staaten, die reihenweise, in Serie und wiederholt pleitegingen, wirkt diese Erkenntnis seltsam, doch diesen Widerspruch können wir rasch auflösen. Zuvor muss man sich die Bedeutung der obigen Erkenntnis klarmachen: Wenn der Staat sich von seinen eigenen Bürgern Geld leiht, so kann er dieses Geld stets zurückzahlen, indem er sich dank seines Gewaltmonopols Geld von seinen Bürgern zurückholt – über Steuern.

Damit wird klar, dass auch ein Staatsbankrott, solange er sich auf das Inland beschränkt, eine Art Steuer ist: Statt den Bürgern das Geld via Einkommens- oder Konsumsteuern zu entziehen, verfügt der Staat, dass er das Geld, das seine Bürger ihm geliehen haben, nicht zurückzahlt; er wandelt damit sozusagen das Darlehen der Bürger in eine Steuerzahlung um. So betrachtet ist jeder Staatsbankrott, bei dem der Staat die Rückzahlung seiner Schulden verweigert, für die Bürger eines Landes eine andere Form der Steuererhebung.

Doch das ist nur die halbe Wahrheit, denn diese Methode funktioniert nur, wenn sich der Staat gegenüber seinen eigenen Bürgern verschuldet. Leiht er sich – wie die Staaten Lateinamerikas – Geld im Ausland, so kann er nicht einfach die Ausländer besteuern. Die Idee, dass ein Staat nicht insolvent werden kann, trifft also nur für die sogenannte Innenverschuldung zu, die Verschuldung gegenüber den eigenen Bürgern. Bei der Außenverschuldung hingegen, der Schuldenaufnahme im Ausland, funktioniert das nicht – wie kann der Staat diese Schulden zurückzahlen?

Fragen wir dazu Stelios Fenekos. Fenekos, Vizeadmiral der griechischen Marine, erklärte im April 2010 nach drei Jahrzehnten Militärkarriere seinen Rücktritt – aus Protest. „Wie kann man den Bürgern erklären, dass wir U-Boote kaufen, wenn wir Ihnen gleichzeitig die Gehälter und Renten kürzen?", erklärte der Admiral den Reportern. In seinem Ministerium muss man dieses Interview überhört haben; dort verlautete, dass man seinen Rücktritt akzeptiere, der nichts mit den U-Boot-Käufen zu tun habe.

Was den Admiral erzürnte, war der Kauf zweier deutscher U-Boote für eine runde Milliarde Euro – während die griechische Schuldenlawine gerade die Europäische Währungsunion an den Abgrund einer Währungskrise drängte. Neben den beiden U-Booten standen sechs Fregatten und 15 Helikopter aus Frankreich auf der Einkaufsliste der griechischen Militärs, nachdem diese in den Jahren zuvor bereits zwei Dutzend F-16-Jäger für mehr als 1,5 Milliarden Euro in den Vereinigten Staaten gekauft hatten. Griechenland mit seinen elf Millionen Einwohnern ist der größte Importeur konventioneller Waffen in Europa, und weltweit Nummer fünf hinter China, Indien, den Vereinigten Arabischen Emiraten und Südkorea. Die griechischen Militärausgaben sind in Prozent des Sozialprodukts die höchsten innerhalb der Europäischen Union. Diese Rüstungsorgien waren beteiligt an der Grundsteinlegung für die Überschuldung des griechischen Staates, dieses Muster haben wir bereits kennengelernt.

Griechenlands Staatsverschuldung ist nichts Irreales, keine Zahlen, die an den Finanzmärkten auf Konten herumschwirren – Griechenlands Staatsschulden sind aus kaltem deutschen Stahl, der sanft in den Wellen der Ägäis schaukelt; Stahl, den man aus dem Ausland bekommen hat, für den man sich im Ausland verschuldet hat. Und jetzt stellt sich die Frage, wie der griechische Staat diese Schulden wieder zurückzahlen will. Jetzt sind es nicht mehr die eigenen Bürger, denen man das Geld schuldet, sondern ausländische Konzerne, im Fall Griechenlands vor allem deutsche Konzerne und Banken. Wie kann der Staat Auslandsschulden zurückzahlen?

Die erste Idee, dass der Staat mehr Geld druckt und damit seine Schulden im Ausland begleicht, funktioniert nicht: Die deutschen U-Boot-Hersteller werden dieses Geld nur akzeptieren, wenn sie damit etwas einkaufen können, was einen realen Gegenwert zu ihren teuren U-Booten darstellt. Dieser reale Gegenwert kann letztlich nur aus dem Land kommen, in dem die deutschen U-Boote in der Brandung dümpeln. Damit ist klar, womit der griechische Staat letztlich seine Schulden gegenüber dem Ausland bezahlen kann, und nur damit – mit der gleichen Münze, mit der auch Peter Zwegats Kunden bezahlen müssen: mit Verzicht.

Im Grunde genommen ist ein Kredit nichts anderes als die zeitweise Überlassung von Kaufkraft, also von Konsummöglichkeiten. Man leiht sich heute von jemandem Geld, das man ausgibt – beispielsweise für Autos, U-Boote oder Autobahnen. Der Kredit versetzt uns in die Lage, heute über unsere Verhältnisse zu leben, mehr zu konsumieren, als wir verdienen beziehungsweise selbst herstellen können. Ein Staat, der sich im Ausland verschuldet, lebt nicht nur bildlich gesprochen über seine Verhältnisse – er konsumiert mehr Güter, als er selbst herstellt, indem er sich Güter aus dem Ausland leiht. Damit er diesen Kredit später zurückzahlen kann, muss er später mehr herstellen, als er konsumiert, und mit diesem Produktionsüberschuss den Kredit an das Ausland tilgen.

Wenn wir das Geld aus dem Spiel lassen (was wir in diesem Fall machen können, ohne das Ergebnis dieser Überlegungen zu verändern), dann ist Staatsverschuldung gegenüber dem Ausland recht real: Der Staat leiht sich aus dem Ausland Güter, die er konsumiert, und später zahlt er diesen Kredit wieder zurück, indem er dem Ausland eine entsprechende Menge an Gütern (plus etwas mehr für die Zinsen) wieder zurückgibt.

Diese Güter zur Rückzahlung können nur aus dem eigenen Land, also von den eigenen Bürgern kommen. Dazu muss der Staat seinen Bürgern höhere Lasten auferlegen, diese zum Konsumverzicht bewegen, und die Früchte dieses Verzichtes schickt er ins Ausland, um seine Schulden zu begleichen. Damit haben wir eine Vorstellung davon, wann die Fähigkeit eines Landes, seine Schulden gegenüber dem Ausland zu begleichen, gefährdet ist: dann, wenn es nicht genügend Waren herstellt, um damit dem Ausland die Waren zurückzuzahlen, die es sich dort geliehen hat. Es ist also die Wirtschaftsleistung eines Landes, ins Verhältnis gesetzt zu seinen Schulden im Ausland, die darüber entscheidet, ob ein Land gegenüber dem Ausland Bankrott anmelden muss. Das ist wie bei Peter Zwegats Kunden: Überschuldet ist man, wenn man nicht genügend erwirtschaftet, um seinen Verpflichtungen nachzukommen, und Schulden lassen sich nur durch harte Arbeit begleichen.

Um festzustellen, wie es um die Verschuldung eines Landes bestellt ist, schauen Ökonomen deshalb auf das Verhältnis der Exporterlöse des Landes zu seinem Schuldendienst: Wenn ein Land hohe Exporterlöse aufweist, so bedeutet das, dass es viele Waren ins Ausland liefert, also Verpflichtungen gegenüber dem Ausland leicht zahlen kann. Allerdings muss man dazu die Exporterlöse ins Verhältnis zum Schuldendienst setzen, also fragen, wie viel Prozent der Exporterlöse ein Land dazu verwenden muss, um seinem Schuldendienst gegenüber dem Ausland nachzukommen. Natürlich: Je mehr man erwirtschaftet, umso höher kann man sich verschulden, je mehr man verschuldet ist, umso mehr muss man erwirtschaften.

Experten sagen, dass es bei einem Verhältnis von Exporterlösen zu Schuldendienst von mehr als 30 bis 40 Prozent kritisch wird – dann muss man Zweifel anmelden an der Fähigkeit des Landes, seine Auslandsschulden zurückzahlen zu können. Die lateinamerikanischen Staaten mussten in den 80er-Jahren im Schnitt mehr als 30 Prozent ihrer Exporterlöse aufwenden, um ihren Verpflichtungen aus den Auslandsschulden nachzukommen. Bei Brasilien waren es sogar 60 Prozent – das Land musste also 60 Prozent aller Einnahmen aus den Exporten dafür aufwenden, um seinen Verpflichtungen gegenüber ausländischen Gläubigern nachzukommen. Das Problem daran ist, dass diese 60 Prozent fehlen, um andere Güter aus dem Ausland zu importieren – diese 60 Prozent sind echter Verzicht, der Verzicht, den das Land leisten muss, um seine Schulden respektive nur die Zinszahlungsverpflichtungen zu bedienen. Wenn 60 Prozent der inländischen Wirtschaftsleistung, die an das Ausland verkauft werden, nur dazu dienen, den Schuldendienst gegenüber dem Ausland zu erfüllen, dann muss man damit rechnen, dass dies nicht lange gut geht.

Mit diesen Ideen können wir nochmals fragen, ob wir unseren Kindern überhaupt Schulden hinterlassen können – wir hatten im vorherigen Kapitel ja gesehen, dass wir letztlich selbst unsere Schulden zahlen müssen. Diese Überlegungen allerdings gelten nur für den Fall, dass der Staat sich ausschließlich bei seinen Bürgern verschuldet, also keine Kredite im Ausland aufnimmt. Sobald man nun aber das Ausland ins Spiel bringt, könnte sich das ändern: Beginnen wir in diesem Fall tatsächlich damit, unseren Kindern einen Schuldenberg zu hinterlassen?

Man muss sich das so vorstellen: Die Elterngeneration nimmt Schulden auf, diesmal im Ausland. Jetzt lebt der Staat über seine Möglichkeiten, er konsumiert gegenwärtig mehr, als er produziert. Dies ist ihm nur möglich, weil das Ausland ihm Ressourcen leiht, die es eines Tages zurückhaben will. Geschieht das nicht zu Lebzeiten der Elterngeneration, so müssen die Kinder diese Schulden begleichen – jetzt haben die Eltern in der Tat ihren Kindern einen Schuldenberg hinterlassen, denn die Kinder müssen nun auf einen Teil ihres Konsums verzichten, um damit die Auslandsschulden zu begleichen, die ihre Eltern ihnen hinterlassen haben. Ein Staat, so zumindest scheint es, der sich im Ausland verschuldet, tut dies auf Kosten seiner Kinder.

Stimmt das? Ein Einwand könnte wieder die ricardianische Äquivalenz sein: Wenn die Bürger die Schuldenaufnahme des Staates im Ausland beobachten, könnten sie wieder mehr sparen, weil sie später höhere Steuern zur Beseitigung der Schulden erwarten. Trifft dies zu, dann ergibt sich auch bei Auslandsverschuldung keine Belastung künftiger Generationen, weil die Bürger vorsorgend gespart haben, damit ihre Kinder diese Schulden zurückzahlen können.

Allerdings gibt es auch hier eine Einschränkung: Wieder kommt es darauf an, wozu der Staat diese Schulden verwendet. Verwendet der Staat die Mittel, die er aus dem Ausland erhält, für Konsumausgaben, werden die nachfolgenden Generationen durch ein geringes Wirtschaftswachstum belastet. Nutzt er hingegen die Mittel des Auslands, um zu investieren, beispielsweise in die inländische Infrastruktur, so führt das zu steigenden Wachstumsraten des Sozialprodukts.

Damit gibt es keine Belastung künftiger Generationen durch die Verschuldung des Staates im Ausland. Möglicherweise ergibt sich sogar ein positiver Effekt für die Kindergeneration: wenn Infrastrukturinvestitionen mit ausländischen Krediten finanziert wurden, die man in der Gegenwart im Inland nicht hätte finanzieren können.

Gerade Länder, die wir als Entwicklungsländer bezeichnen, leiden unter Kapitalmangel. Gelingt es ihnen, im Ausland Kredite aufzunehmen und werden diese Kredite für den Auf- und Ausbau der inländischen Infrastruktur verwendet, dann können diese Kredite später infolge der Wachstumseffekte der Infrastrukturinvestitionen leicht und mit Wohlfahrtsgewinnen für die nächsten Generationen getilgt werden.

Die Erkenntnis wird Sie möglicherweise allmählich langweilen, aber man kann sie gar nicht oft genug betonen: Staatsverschuldung – auch im Ausland – ist nicht per se schlecht; es kommt immer darauf an, was man mit dem geliehenen Geld anstellt.

Allerdings zeigt die Geschichte der Staatsbankrotte, dass Länder ihre eigene Wirtschaftskraft mehr oder weniger regelmäßig überschätzen. Dadurch steigt die Auslandsverschuldung zu stark, in der Folge können an und für sich harmlose Krisen zum Staatsbankrott führen. Dann ächzt die aktuelle Generation unter dieser Last. Für sie stellt sich das wie folgt dar: Man arbeitet und arbeitet, verkauft einen Teil seiner Arbeitsleistung ins Ausland, doch statt im Gegenzug dafür ausländische Güter einzukaufen, versickert das meiste dieser Leistung auf den Konten der ausländischen Banken, die dem Staat Kredit gegeben haben. Das ist unangenehm, aber steigerungsfähig, nämlich dann, wenn das Land beschließt, dass dieser Zustand nicht mehr tragbar ist, und nach Wegen sucht, sich dieser ausländischen Verschuldung zu entledigen. Im schlimmsten Fall kommen dann Kanonenboote.

Kanonenboote und die Pleitenfeuerwehr vom Dienst

Staatspleiten gibt es, seit es Staaten gibt, und wo ein Staat pleitegeht, gibt es frustrierte Gläubiger, die ihr Geld zurückhaben möchten. In der Auswahl der Methoden war man da nicht immer zimperlich: Als die Republik Mexiko 1862 ihre Auslandsschulden nicht bezahlen wollte, rückten französische, spanische und englische Flottenverbände nach Mexiko vor. Ägypten und dem Osmanischen Reich erging es nicht besser: Kairo wurde gezwungen, sich einer Schuldenverwaltung unter internationaler Kontrolle zu unterstellen, die von Europäern geleitet wurde; Ägypten verlor seine Finanzhoheit. Als sich gegen diese Maßnahme Widerstand formierte, marschierten britische Truppen ein und besetzten Ägypten. Ebenfalls wenig zimperlich waren die Vereinigten Staaten, die 1905 und 1916 in der Dominikanischen Republik und 1912 in Nicaragua Truppen landeten, um ihre Ansprüche zu sichern.

Die Zeiten der Kanonenbootpolitik sind heutzutage vorbei, man greift zu zivileren Mitteln, die allerdings von Kritikern als nicht weniger martialisch gebrandmarkt werden – heutzutage holt man die Weltfeuerwehr, die ihren Hauptsitz in Washington hat. Dort liegt nämlich das Hauptquartier des Fonds, wie er genannt wird. Eigentlich sind es zwei Hauptquartiere, denn der Sitz des Internationalen Währungsfonds in Washington besteht aus zwei Gebäuden – schmucklose Steinklötze mit einem Flaggenmeer am Eingang: Nummer eins steht 700 19. Straße, Gebäude Nummer zwei an 1900 Pennsylvania Avenue, nicht weit vom Weißen Haus entfernt. Hinter den spröden Fassaden aus Stein und Glas versteckt sich eine der umstrittensten und einflussreichsten internationalen Organisationen der Welt. Rund 2.400 Menschen aus 146 Nationen arbeiten für den Fonds, 187 Staaten sind Mitglied. Der Internationale Währungsfonds, gegründet im Juli 1944 im Örtchen Bretton Woods im Bundesstaat New Hampshire, ist so etwas wie die Weltfinanzfeuerwehr: Wo immer ein Staat in finanzielle Schwierigkeiten gerät, Schulden nicht mehr bedient oder zurückgezahlt werden, ganze Volkswirtschaften vor dem Zusammenbruch stehen, erscheinen die Weltfinanzfeuerwehrbrigaden des Währungsfonds, um den Brand zu löschen.

Gelöscht wird dabei mit den üblichen Mitteln – Zuckerbrot und Peitsche. Das Zuckerbrot, das sind die Kredite, welche der Fonds an die strauchelnden Staaten ausgeben kann, die

Peitsche, das sind die Auflagen, die mit diesen Krediten ein-
hergehen. Sie sind es, die den Fonds zum Hassobjekt der Globalisierungskritiker machen, vom „Diktat des Währungsfonds" ist dann die Rede, von einer erpresserischen Politik
der Banken, Konzerne und Politiker, die das betreffende Land
zerstöre. Diese Auflagen sind es, die Demonstranten auf die
Straßen treiben, Straßensperren, Sternmärsche, Kundgebun-
gen und Generalstreiks nach sich ziehen.

Umso überraschender ist es, wenn man Stellungnahmen
des Fonds zu seiner Kreditpolitik liest: Entgegen der weitver-
breiteten Auffassung habe man nicht das Recht, die nationale
Wirtschaftspolitik seiner Mitglieder zu beeinflussen. Man
könne ein Land nicht zwingen, mehr Geld für Schulen und
Krankenhäuser und weniger für den Kauf von Militärflugzeu-
gen oder für den Bau imposanter Präsidentenpaläste auszugeben. Der Fonds könne Mitgliedsländer nur dazu drängen,
beispielsweise unproduktive Militärausgaben zu reduzieren
– leider würden die Mitgliedsländer diesen Rat oft ignorie-
ren. „Die Ausübung von Zwang auf ein Mitglied, eine bestimmte Währungspolitik zu verfolgen, kommt nicht infrage", heißt es beim Fonds. Wie passt das zu den Sternmär-
schen, Generalstreiks und Massendemonstrationen?

Um das zu verstehen, muss man wissen, wie die Weltfinanzfeuerwehr funktioniert. Da wären zunächst die Mittel
des Fonds: Jedes Land, das dem Fonds beitritt, zahlt eine gewisse Geldsumme ein, eine Art kreditgenossenschaftliche
Einlage, die sogenannte Quote. Diese Quoten dienen mehreren Zwecken, vor allem sind sie eine Geldreserve, aus welcher der Fonds die Mittel entnimmt, um in Bedrängnis gera-
tenen Staaten zu helfen. Jedes Mitglied des Fonds, das in Fi-
nanzschwierigkeiten geraten ist, kann 25 Prozent seiner Quote als Kredit beim Fonds abrufen – eine erste Sofortmaßnahme
in einer Schuldenkrise. Reicht das nicht aus, so ist es für das
finanzklamme Land möglich, beim Fonds um mehr Geld zu
bitten – über mehrere Jahre hinweg kann es auf diesem Weg
bis zur dreifachen Summe seiner eingezahlten Quote Kredite
aufnehmen.

Und hier liegt die Wurzel der Sternmärsche und Generalstreiks: Leiht der Fonds einem Mitglied mehr als die ur-

sprünglichen 25 Prozent seiner Quote, so muss das Land dem
Fonds zeigen, wie es seine Schuldenprobleme lösen will. In
der Regel geht man davon aus, dass diese Mittel innerhalb
von drei bis fünf Jahren zurückgezahlt werden. Zur Begründung heißt es lapidar: „Ein Land mit Zahlungsproblemen gibt
mehr aus, als es einnimmt. Sofern es keine Wirtschaftsre-
form durchführt, wird es weiterhin mehr ausgeben, als es
einnimmt." Im Klartext: Ohne Reformen kein Geld.

Aus Sicht der Kritiker unterwerfen sich die Schuldnerstaa-
ten dem Diktat des Fonds, aus Sicht des Fonds selbst sind die
Auflagen an den Kredit gekoppelt – das ist in etwa so, als
würde man einem chronischen Alkoholiker Geld leihen, aber
mit der Auflage, es nicht für Schnaps zu verwenden. Eine
verständliche Regel. Streiten kann und muss man natürlich
darüber, ob die Reformen, die der Fonds vorschlägt, immer
geeignet sind, den verschuldeten Ländern auf die Beine zu
helfen. Diese Debatte ist ebenso unerschöpflich wie unerfreu-
lich.

Ausgeliehen hat der Fonds in den vergangenen Jahren in
großem Umfang: Während der bereits erwähnten Schuldenkrise der 80er-Jahre hingen viele lateinamerikanische Staaten am Tropf des Währungsfonds; allein in den Jahren 1983
und 1984 gingen rund 28 Milliarden Dollar an Mitgliedsländer mit finanziellen Schwierigkeiten. Mitte der 90er-Jahre
flossen 18 Milliarden Dollar nach Mexiko und 6,2 Milliarden
Dollar nach Russland. Später, 1998, überwies der Fonds etwa
35 Milliarden Dollar nach Indonesien, Korea und Thailand
sowie weitere 20 Milliarden Dollar nach Russland.

Keine Frage – der Währungsfonds ist eine Macht, aber
nicht die einzige im Weltschuldenpoker. Und manche Macht
ist so mächtig, dass selbst souveräne Staaten schlechte Kar-
ten und wenig Einfluss haben.

„Ahnungslose Besserwisser und Kaffeesatzleser"

Es gibt Professionen, mit denen man sich nicht sonderlich
beliebt macht: Als „ahnungslose Besserwisser" und „Kaffee-
satzleser" werden sie beschimpft. „Gutachten-Monster",

„Mist, der Steuerzahlern in aller Welt Hunderte von Milliarden Euro kosten wird" – kein Vergnügen, bei einer solchen Agentur zu arbeiten. „Die Ratingagenturen haben wieder einmal geschlafen", meckert Michael Hüther, Direktor des arbeitgebernahen Instituts der deutschen Wirtschaft Köln. „Wir sollten das Wohl Europas nicht von den Ratingagenturen abhängig machen", sagt der eigenwillige Wirtschaftsprofessor Peter Bofinger, und Dennis Snower, Präsident des Kieler Instituts für Weltwirtschaft (IfW), legt noch einen drauf: „Es kann nicht sein, dass Ratingagenturen, die die Finanzkrise zu einem großen Teil mitzuverantworten haben, weil sie wertlosen Papieren Bestnoten verliehen haben, immer noch solch eine herausragende Rolle spielen." Wie gesagt, es gibt Geschäftsmodelle, mit denen man sich nicht sonderlich beliebt macht.

Die Ratingagenturen hingegen sind von der Kritik, die ihnen entgegenschlägt, wenig beeindruckt: „Wir erstellen unsere Ratings unabhängig von allen politischen Einflüssen", sagt Chris Pryce, Griechenland-Experte bei der Ratingagentur Fitch. Man könne keine Rücksicht nehmen, wenn Ratings dazu führen, dass die Europäische Zentralbank oder Anlegergruppen in Schwierigkeiten geraten.

Ganz schön viel Ärger: Die Finanzkrise des Jahres 2009 hat erstmals einer breiteren Öffentlichkeit eine Institution ins Bewusstsein gerufen, die schon seit mehr als 100 Jahren die Kapitalmärkte mitgestaltet – bisher ohne viel Aufsehen und Aufregung. Es muss schon einiges passieren, damit langweilige Zahlenschubser, die den ganzen Tag über Tabellen, Statistiken und Bilanzen brüten, zum Politikum werden. Und um diesen Ärger zu verstehen, muss man wissen, was so eine Ratingagentur macht – und was sie kann.

Im Grunde genommen handelt es sich bei der Tätigkeit der Ratingagenturen um eine einfache Dienstleistung: Damit Gläubiger sich nicht selbst die Mühe machen müssen, jeden potenziellen Schuldner selbst daraufhin zu prüfen, ob er kreditwürdig ist, beauftragen sie eine Ratingagentur. Die Agentur prüft, wie kreditwürdig ein Schuldner ist, und veröffentlicht dieses Urteil in Form einer Note, dem sogenannten Rating.

Aber was hat das mit Staatsverschuldung zu tun? Ganz einfach: Der Staat tritt an den Kapitalmärkten als Schuldner auf, er leiht sich Geld von potenziellen Gläubigern. Auch der Staat – jeder Staat – wird von den Ratingagenturen untersucht, abgeklopft, seine Zahlungsfähigkeit und -willigkeit, also seine Bonität, wird auf den Prüfstand gestellt, und dann erhält jeder Staat eine Bonitätsnote, die allen Akteuren an den Finanzmärkten verrät, wie es um die Zahlungsfähigkeit und Schuldenmoral des jeweiligen Staates bestellt ist. Und hier geht der Ärger los. Je mehr Grund zu der Annahme besteht, dass der betreffende Staat dazu nicht in der Lage sein wird, umso schlechter werden die Ratingagenturen die Bonität des betreffenden Landes einstufen.

Und das kann teuer werden: Je schlechter die Ratingagentur die Bonität eines Landes beurteilt, umso höhere Zinsen muss dieses Land für weitere Kredite zahlen – was den Schuldenberg vergrößert. Da kann man schon auf die Ratingagenturen sauer werden. Viele Staaten machen den Ratingagenturen den Vorwurf, dass ihre Ratings nicht korrekt seien, oder aber zu schnell, zu spät oder zu früh geändert werden – was auch immer gerade passt. Der Ärger der Staaten ist gut nachvollziehbar: Jede Äußerung einer Ratingagentur, dass man die Bonität eines Landes nun schlechter bewerte – man spricht dann von einer Herabstufung –, kostet das betreffende Land im schlimmsten Fall zusätzliche Milliarden Euro oder Dollar an Zinszahlungen. Fair? Hier scheint eher der Überbringer der Nachricht zum Verursacher des Problems gemacht zu werden; auch ohne Ratingagenturen werden die Schuldner irgendwann auf die Idee kommen, dass hier ein Problem entsteht, und werden höhere Zinsen verlangen.

Zudem muss man wissen, dass die Staaten ihre Probleme mit den Ratingagenturen selbst verschärfen, indem sie den Ratings der Agenturen in vielen Fällen eine hoheitliche, also gesetzliche Bedeutung zukommen lassen. So dürfen manche Investoren, die für ihre Kunden Geld anlegen, nur in Papiere investieren, die ein Rating einer anerkannten Ratingagentur haben. Noch schlimmer: Manche Marktakteure dürfen nur Papiere mit erstklassigen Ratings halten; werden diese Wertpapiere herabgestuft, müssen sie sie verkaufen. Wenn eine

Versicherung griechische Staatsanleihen gekauft hat – dem griechischen Staat Geld geliehen hat – und nun die Ratingagenturen das Urteil aussprechen, dass Griechenland kein sehr guter Schuldner mehr ist, zwingen gesetzliche Vorschriften die Versicherung, Griechenland keinen Kredit mehr zu geben.

Auch Vermögensverwalter achten auf das Rating – solange sie in Papiere investieren, denen die Agenturen eine sehr gute Bonität bescheinigen, haben sie Rechtsschutz, da der Gesetzgeber dann vermutet, dass sie ihre Sorgfaltspflicht erfüllt haben. Auch Banken unterliegen Vorschriften, die an das Rating gekoppelt sind, beispielsweise bei der Beschaffung von Eigenkapital. Kurzum – die große Bedeutung, die den Urteilen der Ratingagenturen zukommt, beruht auch auf den Rechtserlassen jener Staaten, die sich darüber beschweren, dass Ratings eine so hohe Bedeutung haben.

Mit der Auslandsverschuldung, dem Internationalen Währungsfonds, den Schuldenklubs und den Ratingagenturen haben wir alle wesentlichen Akteure beisammen, um uns daranzuwagen, die bislang größte Schuldenkatastrophe unseres Kontinents zu besichtigen. Dazu gehen wir in ein Land, in dem man per Google Earth die Zahl der Swimmingpools zählt.

7 EIN EINIG VOLK VON EUROPÄERN

„Der Euro versinkt im Schuldensumpf."

Anzeige in der Frankfurter Allgemeinen Zeitung vom 12. Mai 2010

Ein heißer Sommer ohne Swimmingpool

In einem Land mit einem Klima wie Griechenland ist so ein Swimmingpool eine feine Sache: Heiße Sonne, das sanfte Plätschern des klaren, blauen Wassers, eine Liege am Pool und ein kühles Getränk – so lässt sich ein mediterraner Sommer aushalten. Der offiziellen Statistik zufolge gibt es in Athen, der Hauptstadt des Landes, nur 324 solcher Pools. Den Mitarbeitern der griechischen Steuerfahndungsbehörde SDOE erschien das etwas wenig, also überflogen sie mit Hubschraubern die reichen Vororte Athens, filmten die Anwesen von Anwälten, Ärzten und Geschäftsleuten und nutzten Satellitenaufnahmen von Google Earth, um die wahre Zahl der Swimmingpools zu bestimmen. Es waren 16.974. Auch zu Lande spürten die Steuerfahnder versteckten Reichtümern nach: Sie standen wochenlang vor den Parkplätzen exklusiver Nachtklubs und notierten die Nummernschilder von Luxuswagen. Bei der Überprüfung stellte sich heraus, dass rund 6.000 Autobesitzer mit Fahrzeugen im Wert von mehr als 100.000 Euro dem Finanzamt ein Jahreseinkommen von nur 10.000 Euro gemeldet hatten.

Seit der Fast-Pleite Griechenlands und dem damit verbundenen Nahtoderlebnis der Europäischen Währungsunion weiß jeder Europäer solche Schauergeschichten aus dem Land Homers zu erzählen, Geschichten von Verschwendung, Vetternwirtschaft, Steuerhinterziehung und Korruption. Die Medien haben diese Geschichten genüsslich verbreitet: Da wären beispielsweise die unverheirateten oder geschiedenen Töchter von Beschäftigten des öffentlichen Dienstes – sie erhalten nach dem Tod ihrer Eltern deren Pension. Rund 40.000 Frauen kosten den griechischen Staat jährlich etwa 550 Millionen Euro. Staatsbedienstete sind generell eine wertvolle Veranstaltung in Griechenland: Sie genießen Kündigungsschutz, können auch schon vor Erreichen des 50. Lebensjahres in den Ruhestand gehen und eine Pension beziehen. Sie können auch durch diverse Boni bis zu 1.300 Euro pro Monat hinzuverdienen. Zusatzzahlungen gibt es beispielsweise für die Nutzung eines Computers, das Beherrschen einer Fremdsprache oder – man will es kaum glauben – das pünktliche Erscheinen am Arbeitsplatz. Und Forstbedienstete erhalten einen Bonus für das Arbeiten im Freien.

Der Verwaltungsapparat Griechenlands ist aufgebläht bis zum Anschlag und kostet mehrere Milliarden Euro pro Jahr: Pro Einwohner hat Griechenland fünfmal mehr staatliche Bedienstete als Großbritannien. Was diese Bediensteten alle machen, weiß niemand so genau. Legendär beispielsweise die Kommission, die den See Kopais verwalten soll – der ist schon in den 30er-Jahren des vorigen Jahrhunderts ausgetrocknet. Dennoch arbeiten dort 30 Beschäftigte, die bis zu 2.500 Euro im Monat verdienen. Sie kümmern sich um Entwässerungsaufgaben, heißt es. Einer griechischen Zeitung zufolge beschäftigen Gremien in Griechenland insgesamt mehr als 10.000 Mitarbeiter und kosten mehr als 100 Millionen Euro jährlich. Der aufgeblähte Behördenapparat verschlingt mehrere Dutzend Milliarden Euro im Jahr – Geld, das der griechische Staat nicht hat. Und nie hatte.

Doch nicht nur die Staatsbediensteten, auch die Privatwirtschaft hat sich schadlos gehalten, wie die Swimmingpool-Zählung und Nummernschild-Aktionen zeigen: So haben 450 Ärzte lediglich 10.000 Euro als Jahresgehalt beim Finanzamt angegeben – Steuerhinterziehung gehört zum Alltag. Das Aufkommen aus Einkommen- und Vermögensteuern belief sich laut Eurostat, dem statistischen Amt der Europäischen Gemeinschaft, im Jahr 2008 auf rund acht Prozent des Sozialprodukts – nur Rumänien, Bulgarien, die Slowakei und Estland weisen in der Europäischen Union geringere Werte auf. Schätzungen gehen davon aus, dass 25 Prozent des griechischen Sozialprodukts in der Schattenwirtschaft, am Staat vorbei erwirtschaftet werden. Griechenland hat gelebt wie Gott in Griechenland: viel ausgegeben und wenig eingenommen.

Im Unterschied zu den Göttern bekamen die Griechen die Rechnung für ihren Lebensstil präsentiert: Griechenland gab Geld aus, das es nicht besaß. Im Jahr 2009, dem Jahr der Finanzkrise, stieg das Budgetdefizit auf fast 14 Prozent des Sozialprodukts – in der Euro-Zone lag der Durchschnitt bei 6,3 Prozent. Und die Schuldenstandsquote 2010 liegt bei sagenhaften 125 Prozent des BIP. Ein Viertel der Steuereinnahmen der Griechen ging zuletzt nur für die Zinsen auf den Schuldenberg drauf. Was das Ganze noch unangenehmer macht, ist der Umstand, dass die Griechen vor allem im Ausland verschuldet sind – rund drei Viertel der griechischen Staatsschulden liegen in den Händen von Ausländern. Laut der Bank für Internationalen Zahlungsausgleich schuldet Griechenland ausländischen Banken mehr als 300 Milliarden Euro. Dieses Geld kann Griechenland nur zurückzahlen, indem es vermehrt Güter und Dienstleistungen an das Ausland liefert. Die Rückzahlung der Auslandsschulden wird zu einer schmerzhaften Übung des Verzichts. Wie schmerzvoll, haben die gewalttätigen Demonstrationen in Athen gezeigt.

Auslandsschulden von mehr als zwei Dritteln der Staatsverschuldung, eine Schuldenstandsquote von 125 Prozent des BIP – ein gefährliches Gebräu. Wenn Sie sich an das vorherige Kapitel erinnern, wissen Sie, dass ab der Marke von 90 Prozent die Dinge beginnen, aus dem Ruder zu laufen eine Messlatte, welche die Griechen locker reißen. Zudem hatten wir gesehen, dass eine Auslandsverschuldung von mehr als 30 Prozent der Exporterlöse schon zu Problemen führt. Im Falle Brasiliens waren es 60 Prozent, mit bekannten Folgen, bei den Griechen sind es etwa 66 Prozent. Wie konnte es so weit kommen? Angefangen hat das alles mit dem Traum der europäischen Einheit, der europäischen Währung.

„Gemordet durch südeuropäische Schwachstaaten"

Europa im Jahr null: Die neuen Geldscheine sind in Umlauf gebracht und haben die D-Mark ersetzt. Doch etwas geht schief: Der 50-Euro-Schein ist Überträger einer grausamen Krankheit, die tödlich verläuft – Heilung gibt es keine. Gut, passiert ist das nicht, diese Krankheit – Moi – ist der Fantasie des Romanschreibers Heiko Michael Hartmann entsprungen. Aber manche der Ängste, die mit der Einführung des Euro verbunden waren, hörten sich nicht weniger dramatisch an und einten Deutsche höchst unterschiedlicher politischer Couleur und Herkunft: In Hamburg gründet sich eine Bürgerinitiative von betuchten und gebildeten Hanseaten – Studienräte, Kaufleute, Zahnärzte und Anwälte –, die Geld für die Mark spendeten und Unterschriften gegen den Euro sammeln. In Niedersachsen schließen sich Bürger zusammen und initiieren ein Volksbegehren. Börsenexperten warnen – natürlich uneigennützig – vor den Problemen des Euro. Großformatige Anzeigen in deutschen Tageszeitungen schildern Horrorszenarien und versprechen Rettung in Form von Börsendiensten und Vermögensverwaltung. An vorderster Front der Euro-Kritiker: Bolko Hoffmann, Chefredakteur des *Effecten-Spiegel*, der in Anzeigenkampagnen in überregionalen Tageszeitungen warnt, warum der Euro weg muss. Mit seinem „Euro-Wahn" führe Bundeskanzler Kohl die Deutschen immer tiefer in die Wirtschaftskrise. Der Euro sei „eine Totgeburt", gemordet durch den Beitritt „südeuropäischer Schwachstaaten". Die neue Währung werde die Deutschen zum „Sozialfall" machen. Und als der Euro trotz der Werbekampagne und einer Klage vor dem Bundesverfassungsgericht kommt, rät er seinen Lesern: „Retten Sie Ihr Kapital durch Anlage in Aktien." Die Annonce schmückt ein Werbecoupon für Hoffmanns *Effecten-Spiegel*.

Nun kann man geteilter Meinung über die Interessen und die Reputation einiger Euro-Gegner sein, aber es gab Stim-

men, die man hören sollte: So erregten die Professoren und
Euro-Kritiker Joachim Starbatty, Karl Albrecht Schacht-
schneider, Wilhelm Hankel und Wilhelm Nölling Aufsehen,
als sie eine Klage beim Bundesverfassungsgericht einreich-
ten, um die Einführung des Euro zu verhindern. Der geplante
automatische Start der gemeinsamen Währung sei verfas-
sungswidrig, die Deutschen müssten in dieser lebenswichti-
gen Frage ein Mitspracherecht haben. Seine Befürchtungen
vor dem Euro erklärte Hankel den *VDI Nachrichten* mit folgenden Worten:

> *„Die Risiken liegen auf zwei getrennten Gebieten. Einmal
> auf dem der monetären Stabilität. Mit der Preisgabe der ei-
> genen Geldpolitik und der eigenen monetären Instrumente,
> nämlich Wechselkurs und Zins, kann kein Staat mehr selber
> den Grad seiner Währungsstabilität bestimmen. Zweitens
> wird es mit der Vereinheitlichung der Währung zwar einen
> Währungsraum geben, der aber kein homogener Wirt-
> schaftsraum ist und ganz erhebliche Struktur- und Kosten-
> unterschiede birgt."*

Das sind die Befürchtungen der Euro-Gegner: mehr Inflation
und ein Auseinanderdriften der Mitgliedstaaten der Union.
Und zumindest das Letztere sollte auch passieren; was die
Inflation angeht, so ist hier noch nicht das letzte Wort gesprochen.

In den Sonntagsreden der Politiker, die für die neue Ein-
heitswährung trommelten, klang das anders: Der Euro werde,
so das EU-Parlament, mehr Geldwertstabilität bringen, Ar-
beitsplätze schaffen, den Binnenmarkt vollenden, die europäische Integration voranbringen und Europa als Wirtschaftsmacht neben den USA und Asien etablieren. Wie kann das
sein, dass die Vorstellungen darüber, was der Euro seinen
Bürgern bringen wird, so weit auseinanderliegen? Um das zu
verstehen, schauen wir uns an, was da passiert ist – wie kann
es sein, dass die drohende Pleite eines Landes mit zehn Millionen Einwohnern einen halben Kontinent in Brand steckt?

Begonnen hat die Misere mit Steuersündern, die weder
ihre Swimmingpools noch Luxuswagen und erst recht nicht

ihre Einkünfte deklarieren, und einem Staat, der viel Geld aufwendet für einen aufgeblähten Verwaltungs- und Beamtenapparat, einem Staat, der zu viel Geld für unproduktive Zwecke ausgibt und zu wenig Geld einnimmt. Die Balance zwischen Staatsausgaben und Staatseinnahmen in Griechenland ist lange vor dem Jahr 2009 gekippt – warum und wie so etwas passieren kann, haben wir bereits gesehen. Die Griechen zahlten immer weniger Steuern und gaben immer mehr Geld aus. Also schwoll der Schuldenberg der Griechen immer weiter an. Schulbuchmäßig haben die Griechen das geliehene Geld vor allem für Konsum, nicht aber für produktive Zwecke verwendet. Griechenland hat sich Geld geliehen und es ausgegeben, ohne an das Morgen zu denken, wenn es ans Rückzahlen geht.

Doch das Morgen kam, und Ende 2009 war der frisch gewählten Regierung Papandreou klar, dass der Schuldenturm einzustürzen droht: „Wir werden in unseren Schulden ertrinken", prophezeite der Premier im Fernsehen. Die Regierung musste verkünden, dass das Haushaltsdefizit mit fast 13 Prozent des Sozialprodukts doppelt so hoch sein werde wie angenommen. Von „statistischen Fehlern" war da die Rede. Natürlich. Auf einmal bemerkte Europa, dass an seinem Rand ein Problem heranreifte. Ab 90 Prozent Schuldenquote werden die Dinge unangenehm, hat uns die Vergangenheit gelehrt. Griechenland war jetzt bei fast 120 Prozent, und die Dinge wurden Tag für Tag unberechenbarer.

Verschlimmert wurde die Lage dadurch, dass die Griechen vor allem im Ausland verschuldet waren. Die Griechen gaben immer mehr Geld aus, sparten aber selbst immer weniger. Dadurch entsteht in einer Volkswirtschaft eine Lücke: Wenn ein Land mehr konsumiert, als es selbst herstellt, so kann diese Differenz nur durch Waren aus dem Ausland gedeckt werden – also verschuldeten sich die Griechen zunehmend bei ihren europäischen Nachbarn. Amtlich dokumentiert wird das in der Außenhandelsstatistik. Dort erfährt man den Abstand zwischen dem, was an das Ausland geliefert, und dem, was vom Ausland gekauft wurde, bei einem Blick auf das sogenannte Leistungsbilanzdefizit. Die Griechen haben zuletzt 15 Prozent ihres Sozialprodukts aus dem Ausland geholt und konsumiert, das heißt, das Leistungsbilanzdefizit betrug 15 Prozent des BIP. Faustregeln besagen, dass schon Leistungsbilanzdefizite von mehr als fünf Prozent nicht tragfähig sind – hier sprechen wir vom Dreifachen dieses Erfahrungswertes.

Und dieses Defizit will bezahlt werden; es erhöht die Auslandsverschuldung der Griechen. Je weniger die Griechen im Inland sparten, umso stärker wuchs ihre Auslandsverschuldung. Und als wäre das nicht genug, haben die Griechen noch ihre Löhne erhöht, stärker, als es das Produktivitätswachstum ihrer Wirtschaft erlaubte. Das Ergebnis: Die preisliche Wettbewerbsfähigkeit der Griechen hat sich seit Beginn der Währungsunion um mehr als zehn Prozent verschlechtert. Das hatte zur Folge, dass Importe für die Griechen billiger wurden, ihre Exporte ins Ausland hingegen teurer, was das Leistungsbilanzdefizit weiter vergrößerte und dazu beitrug, dass die griechische Verschuldung im Ausland gen Himmel wuchs.

Bis hierhin ist das noch eine übliche Veranstaltung, die sich kurz gefasst so darstellt: Ein Land konsumiert mehr, als es selbst produziert, und verschuldet sich dafür im Ausland. Der sichtbare Ausdruck dieser Auslandsverschuldung ist der Überschuss der Importe über die Exporte. In dieser Form gab es das schon durch die Jahrhunderte hindurch immer wieder – was ist in diesem Fall so anders? Hier kommt die Europäische Währungsunion ins Spiel, die ja die europäische Integration voranbringen sollte – sie ändert entscheidend die Spielregeln. In einer Welt ohne Währungsunion wären spätestens nach dem Auftritt von Herrn Papandreou, in dem er ankündigte, dass die Schulden das Land erdrücken, die internationalen Devisenmärkte in Bewegung geraten.

Es ist ein völlig normaler Mechanismus, der dabei hilft, das Gleichgewicht in den Handelsbeziehungen zwischen international souveränen Staaten herzustellen: Je mehr die Griechen im Ausland kaufen, umso mehr ausländische Devisen brauchen sie, um die ausländischen Güter zu bezahlen. Ein griechischer Importeur beispielsweise kauft deutsche Maschinen; also wird er zur Bank gehen, dort seine Drachmen (wir leben also noch in der Vor-Euro-Zeit) in D-Mark umtauschen und damit in Deutschland einkaufen. Tun das alle Importeure – und das müssen sie –, so bedeutet das, dass immer mehr Drachmen gegen D-Mark getauscht werden; D-Mark werden gesucht, Drachmen werden verkauft. Hier funktionieren Devisenmärkte wie alle Märkte: Steigt die Nachfrage nach einem Gut, dann steigt dessen Preis; steigt das Angebot an einem Gut, so fällt dessen Preis.

Dieser Preis wird an den Devisenmärkten „Wechselkurs" genannt, und er reagiert auch entsprechend: Die D-Mark wird in unserem Beispiel teurer, die Drachme billiger. Im Fachjargon bedeutet das, dass die D-Mark aufwertet und die Drachme abwertet. Wenn aber die D-Mark teurer wird – man muss also mehr Drachmen pro D-Mark bezahlen –, bedeutet das, dass der griechische Importeur jetzt mehr Drachmen bezahlen muss, um die D-Mark zu bekommen, mit der er die deutschen Waren kauft; die Griechen müssen also mehr für ihre Importe zahlen. Auf der anderen Seite bekommen die Deutschen jetzt mehr Drachmen für ihre D-Mark, können also mehr in Griechenland einkaufen – die Griechen können mehr exportieren. Urlauber kennen das: Wertet ihre heimische Währung auf, wird der Urlaub im Ausland billiger.

Devisenmärkte haben also eine regulierende und kontrollierende Wirkung: Verschuldet sich ein Land zu stark im Ausland, so wertet dessen Währung ab, woraufhin das Ausland mehr in diesem Land einkaufen kann – die Exporte des Inlandes steigen. Und diese Einkäufe des Auslandes bedeuten ja, dass das Inland seine Schulden gegenüber dem Ausland in Form steigender Exporte zurückzahlt. Dieser Wechselkursmechanismus hilft dabei, die Verschuldung eines Landes gegenüber dem Ausland in Grenzen zu halten. Der Wechselkursmechanismus verhindert ein Ausufern des Außenhandelsdefizits und der Auslandsverschuldung eines Landes – wenn man ihn lässt.

Womit wir wieder bei der Währungsunion wären, deren Kern ja gerade darin besteht, die Wechselkurse zwischen den Mitgliedstaaten abzuschaffen und eine gemeinsame Währung einzuführen. Damit entfällt dieses Korrektiv: Die Griechen gingen auf Shopping-Tour in den europäischen Nachbarstaaten und bezahlten fröhlich mit der gemeinsamen

Währung – Abwertung ausgeschlossen. So konnte der Au-
ßenhandelsschuldenturm der Griechen wachsen, ohne dass
die Währungsseite Alarm geschlagen hätte. Es gibt keinen
Automatismus mehr, der diese Entwicklung bremst.

Damit ist der Grundstein zur Krise gelegt, aber es kommt
noch schlimmer: Es gibt neben dem Wechselkursmechanismus noch einen weiteren Korrekturmechanismus, der ebenfalls versagte: die Kapitalmärkte. Verschuldet sich ein Staat
im Ausland, so nimmt er das Geld an den internationalen
Kapitalmärkten auf. Normalerweise verlangen mit steigender Verschuldung eines Landes die Investoren, die diesem
Land das Geld leihen, höhere Zinsen. Das reduziert den Appetit der jeweiligen Schuldenregierung auf höhere Schulden.
Dieser Kapitalmarktmechanismus diszipliniert Schuldenstaaten. Doch warum hat er im Falle Griechenlands versagt?
Auch hier muss man wieder die Währungsunion bemühen.
Wir kommen zum teuersten Fachausdruck Europas. Und zu
Kautionsjägern.

Kopfgeldjäger und Schuldenmacher

In den Vereinigten Staaten gibt es ein ausgeklügeltes System
von Kautionen und Kautionsjägern, die dafür sorgen, dass
Angeklagte, die auf Kaution auf freiem Fuß sind, pünktlich
zur Gerichtsverhandlung erscheinen, sonst verfällt die Kaution. Die Kaution, im englischen „bail" genannt, wird von sogenannten „bail bondsmen" vorgelegt. Wer die Kaution für einen Angeklagten übernimmt, holt ihn aus dem Gefängnis,
„haut ihn raus", wie man umgangssprachlich sagt – allerdings auf eigenes Risiko und mit eigenem Geld. Das ist ein
„Bail-out". Und wenn der Angeklagte nicht zur Gerichtsverhandlung erscheint, dann setzt der Bondsman einen Kauti-
onsjäger auf den Flüchtigen an – den können Sie bisweilen
auf RTL II bei der Arbeit bewundern.

So muss man sich das Bail-out vorstellen, das nach der
Griechenland-Krise zum teuersten Wort der Europäischen
Union avanciert ist: Die Gemeinschaft haut einen Sünder
raus, übernimmt für ihn bildlich gesprochen die Kaution. Im

Falle eines Schuldenstaates bedeutet das, dass die Mitglieder der Gemeinschaft nicht pleitegehen, sondern vor der drohenden Insolvenz von den anderen Mitgliedern gerettet werden. Das ist ein Bail-out: Die Union bewahrt ihr Mitglied vor dem Schuldenturm. Nach dem Griechenland-Debakel hat die Union für diese Schuldenkaution 500 Milliarden Euro bereitgestellt, der Internationale Währungsfonds soll noch mal 250 Milliarden drauflegen. Eine 750-Milliarden-Euro-Kaution für das teuerste Wort der Gemeinschaft – Bail-out. Nur dass noch nicht klar ist, ob es wie im amerikanischen Justizsystem auch jemanden gibt, der sich darum kümmert, die Kaution wieder einzutreiben.

Konkret bedeutet das, dass ein Staat, der sich zu viele Schulden aufbürdet, darauf hoffen kann, dass die Gemeinschaft ihm in der Schuldennot mit Geld beispringt und ihn vor dem Untergang bewahrt. Warum diese Hoffnung berechtigt ist, wollen wir für einen Moment zurückstellen. Wenn aber diese Hoffnung berechtigt ist, entfällt die disziplinierende Wirkung der Kapitalmärkte. Warum? Dazu muss man sich nur in die Situation eines Kreditgebers versetzen: Er leiht einem Schuldenstaat Geld. Normalerweise muss er befürchten, dass dieser Staat insolvent wird und seine Schulden nicht mehr zurückzahlt. Wenn er aber vermutet, dass er sein Geld, wenn nicht vom Schuldenstaat selbst, so doch von der Europäischen Union zurückerhält, die dem Pleitestaat beispringt, kann er gelassen sein Geld verleihen, ohne dafür eine höhere Risikoprämie zu verlangen.

Genau das passierte: Die Kapitalmärkte konnten sich offenbar nicht vorstellen, dass ein Mitglied der Europäischen Währungsunion pleitegehen wird – sie spekulierten darauf, dass Griechenland von der Union via Bail-out rausgehauen wird (was tatsächlich der Fall war). Also schickten sie ihr Geld weiterhin nach Griechenland, und zu allem Übel ohne den Risikoaufschlag, der dem griechischen Schuldenstand angemessen gewesen wäre. Das hatte zur Folge, dass Griechenland trotz steigender Schulden sich immer noch Geld im Ausland leihen konnte – ohne Wenn und Aber, ohne einen Zinssatz zu zahlen, welcher dem griechischen Schuldenstand angemessen gewesen wäre. Die disziplinierende Wirkung der Kapitalmärkte entfiel, weil die Europäische Union als potenzieller Retter im Falle einer griechischen Schuldenkrise angesehen wurde. Und so konnte der griechische Schuldenberg weiter gen Olymp wachsen.

Was die Sache so schwerwiegend macht, ist der Umstand, dass die Europäische Union gegen ihren Willen zum Retter auserkoren wurde – ob sie will oder nicht, wenn Griechenland unter der Last seiner Schulden zu ersticken droht, muss sie eingreifen. Der Europäischen Union war dieser Punkt bereits vor dem Beginn der Währungsunion klar, und man versuchte einen Riegel vorzuschieben, genauer gesagt sogar zwei Riegel. Riegel Nummer eins war eine sogenannte No-Bail-out-Klausel im Vertragswerk zur Währungsunion, kodifiziert im mittlerweile arg gebeutelten Artikel 125 des Vertrags über die Arbeitsweise der Europäischen Union (AEUV), wie das Abkommen seit dem Lissabon-Vertrag heißt. Im Wortlaut besagt er:

„Die Union haftet nicht für die Verbindlichkeiten der Zentralregierungen, der regionalen oder lokalen Gebietskörperschaften oder anderen öffentlich-rechtlichen Körperschaften, sonstiger Einrichtungen des öffentlichen Rechts oder öffentlicher Unternehmen von Mitgliedstaaten und tritt nicht für derartige Verbindlichkeiten ein."

Das klingt nach einer deutlichen Ansage: Kein Bail-out für einen Mitgliedstaat, mit der Konsequenz, dass die Union einen Mitgliedstaat pleitegehen lassen muss. Der Artikel klingt nicht nach der 750-Milliarden-Bazooka. Artikel 123 des Abkommens verbietet zudem vereinfacht gesagt Überziehungskredite bei der Europäischen Zentralbank; auch der Kauf von Schulden einzelner Staaten durch die Europäische Zentralbank ist verboten. Das klingt gut: Die Union verpflichtet sich vertraglich, kein Mitglied aus dem Schuldensumpf rauszuhauen. Stimmt das und glauben das die Kapitalmärkte, so werden die Kreditgeber die korrekten Risikoprämien verlangen; damit fällt es den Schuldenstaaten schwerer, über ihre Verhältnisse zu leben. Die Kapitalmärkte begreifen, dass sie allein das Risiko für einen Bankrott des Staates tragen, und verlangen entsprechend hohe Zinsen, was die Schuldenlust des betreffenden Staates reduziert.

Es ist schwer zu sagen, wie sehr die Kapitalmärkte an diese Klausel geglaubt haben, respektive ob sie angenommen haben, dass die Union ein Mitglied wirklich pleitegehen lassen wird – Tatsache ist, dass diese Klausel ein ähnliches Schicksal erlitt wie der arme Artikel 115 des bundesdeutschen Grundgesetzes, den Sie bereits kennengelernt haben: Sie wurde von der Politik mit einer 750-Milliarden-Bazooka erlegt. Insofern liegt es nahe zu vermuten, dass etliche Teilnehmer an den Kapitalmärkten genau darauf spekuliert haben – und den Griechen weiterhin fröhlich deren Auslandsschulden finanzierten. Geht das gut, verdient man prächtig, geht's schief, zahlt die Europäische Union.

Offenbar war der Union selbst klar, dass dieser Riegel nicht ausreicht, um Mitgliedstaaten davon abzuhalten, sich übermäßig zu verschulden – also musste ein weiterer Riegel her, und das waren die berühmt-berüchtigten Konvergenzkriterien. Ein Ziel dieser Kriterien war es, für fiskalische Disziplin bei den Mitgliedstaaten der Union zu sorgen. So wurden die Staaten darauf eingeschworen, ihr jährliches Budgetdefizit nicht über drei Prozent des Sozialprodukts anwachsen zu lassen und ihren Schuldenstand unter der Marke von 60 Prozent des Sozialprodukts zu halten. Klingt gut, bringt aber zwei Probleme mit sich: Erstens muss man sich auch dran halten, und zweitens muss man Staaten, die sich nicht an diese Auflagen halten, bestrafen. Hat man das getan?

Fangen wir mit dem Beginn der Währungsunion, 1998, an. Zu diesem Zeitpunkt sollten alle Mitgliedstaaten eine Schuldenstandsquote von 60 Prozent aufweisen – war das so? Belgien und Italien beispielsweise lagen bei rund dem Doppelten, bei einer Schuldenstandsquote von rund 120 Prozent – und wurden dennoch in die Union aufgenommen, ebenso wie Deutschland, Spanien, die Niederlande, Österreich und Portugal, die ebenfalls die 60-Prozent-Marke verfehlten. Nun will man ja nicht kleinlich sein, so bescheinigte die EU-Kommission Ländern wie Italien und Belgien, dass sie ja auf dem richtigen Weg seien, und immerhin erfüllten viele Staaten überraschenderweise die Vorgabe eines Budgetdefizits von unter drei Prozent.

Wirklich? Nehmen wir beispielsweise Frankreich: Ausgerechnet im Stichjahr 1997, als geprüft wurde, ob sich ein Staat für die Währungsunion qualifiziert, ob er die Kriterien einhält, ließ sich das Pariser Finanzministerium von der Telefongesellschaft France Télécom 37,5 Milliarden Franc überweisen und versprach im Gegenzug, für zukünftige Pensionen der Mitarbeiter aufzukommen. Die Einnahmen des Ministers stiegen damit schlagartig um 37,5 Milliarden Franc, die Ausgaben nicht, da die Pensionszahlungen erst später fällig werden und nicht im Budget auftauchen – Sie erinnern sich sicher an den Eisberg der Beamtenpensionen. Auf diese wundersame Weise senkte Paris seine Neuverschuldung, um das Budgetdefizit unter die magische Drei-Prozent-Hürde zu drücken.

Ein Einzelfall? Wohl kaum. Ein weiterer besonders beliebter Trick quer durch alle europäischen Staaten hindurch bestand darin, Staatsvermögen zu verkaufen – die Erlöse aus dem Verkauf des Tafelsilbers erhöhten einmalig die Einnahmen und halfen etlichen Staaten, auf diesem Weg das Konvergenzkriterium von drei Prozent einzuhalten – aber nur einmalig, für das entscheidende Jahr. Der kreativen Buchführung, wie Medien die Bemühungen der Staaten um bessere Zahlen nannten, waren wenig Grenzen gesetzt: Die Italiener dachten über eine einmalige Euro-Steuer nach, die Spanier wollten höhere Steuervorauszahlungen (obwohl man zu viel gezahlte Steuern später wieder zurückzahlen muss), und die Griechen – die Griechen mogelten.

Im Jahr 2004 kam ans Tageslicht, dass die griechischen Defizitangaben für die Jahre 1997 bis 2000 schlichtweg falsch waren. Das griechische Budgetdefizit lag für jedes dieser Jahre über dem Referenzwert von drei Prozent des Sozialprodukts. Griechenland hätte der Währungsunion de facto im Jahr 2001 nicht beitreten dürfen. Falsche, zu optimistische Zahlen, fehlerhafte Zahlen, lückenhafte Erfassung von Fehlbeträgen, fehlende Erfassung von Verbindlichkeiten – der Bericht der EU-Kommission zu den griechischen Schuldenzahlen hätte gereicht, um einen normalen Geschäftsmann ins Gefängnis zu bringen.

Die Konsequenz aus diesem Bericht war – keine. Im Gegenteil, die Griechen wurden noch kreativer, der griechische Wirtschafts- und Finanzminister Giorgos Alogoskoufis zog alle Register: 2007 revidierte er die Berechnungsmethode für das griechische Inlandsprodukt. Schattenwirtschaftsaktivitäten wie Prostitution, Geldwäsche und Zigarettenschmuggel flossen in die Berechnung des Sozialprodukts ein und erhöhten es. Dadurch stieg die statistisch erfasste Wirtschaftsleistung Griechenlands um fast zehn Prozent. Entsprechend gingen Defizit- und Schuldenquoten zurück: Bezieht man 60 Euro Schulden auf 110 Euro Sozialprodukt, so hat man eine geringere Schuldenquote als bei 60 Euro Schulden und 100 Euro Sozialprodukt.

Rund fünf Jahre später stand Griechenland wieder am Pranger: Das griechische Haushaltsdefizit hatte sich aus dem Nichts auf fast 13 Prozent verdoppelt. „Wir brauchen vernünftige Statistiken", erklärte Jean-Claude Juncker, Vorsitzender der Euro-Gruppe lapidar. So kann man das auch formulieren.

Zusammenfassend kann man festhalten, dass die Idee der Konvergenzkriterien richtig, ihre Einhaltung mangelhaft war. Die Kriterien sollten eng und strikt angewandt werden; in Wirklichkeit wurden sie weit und lax ausgelegt, und kreative Buchführung sowie gefälschte Statistiken haben Mitgliedstaaten den Weg in die Währungsunion geebnet.

Noch schlimmer wird das Ganze dadurch, dass man sich um die Konvergenzkriterien noch weniger kümmern muss, wenn man einmal Mitglied der Union geworden ist: Das ist ähnlich wie bei einer Heirat – kann man sich nicht ein wenig gehen lassen, sobald man den goldenen Ring übergestreift hat? Keine gute Idee, solange es das Scheidungsrecht gibt. Eine Scheidung von der Währungsunion war zwar nicht vorgesehen, aber immerhin ein sogenanntes Defizitverfahren, das Budgetsünder bestrafen sollte. Das schien ein wirksamer Anreiz für die Staaten, weiterhin Schuldendisziplin zu halten: Wer als Mitglied der Währungsunion seine Schuldenstandsquote über 60 Prozent klettern lässt und sein Budgetdefizit über drei Prozent des Sozialprodukts aufbläht, musste mit blauen Briefen aus Brüssel und sogar mit Sanktionen rechnen – zumindest auf dem Papier. Doch dieses Defizitverfahren wurde zu einem zahnlosen Papiertiger: Als die ersten Staaten die Konvergenzkriterien verletzten – mit Frankreich und Deutschland an vorderster Front –, war auf einmal keine Rede mehr von strengen Auflagen, von blauen Briefen und strikter Einhaltung der Kriterien. Das Konzept der Konvergenzkriterien hat auf ganzer Linie versagt. Die Politik hatte ihre eigenen Regeln mit Verachtung gestraft und mit Füßen getreten. Und jetzt, jetzt verschluckt sich die Union an den Folgen dieser Nachlässigkeit.

Diese Folgen kennen wir bereits: Die Mitgliedstaaten der Währungsunion wurden von nichts und niemandem daran gehindert, Schulden aufzunehmen, bis der europäische Notarzt kam und die 750-Milliarden-Euro-Bazooka verordnete. Es gab keinen Wechselkurs mehr, der die Staaten im Außenhandel disziplinieren würde, und die Kapitalmärkte gaben gerne und ausgiebig Kredit, weil sie darauf vertrauten, dass die Union schon einspringen werde, wenn es zu einer Schuldenkatastrophe kommen würde. Und der laxe Umgang der Union mit den Konvergenzkriterien, die das verhindern sollten, bestärkte sie in dieser Auffassung. Die Bühne war bereitet für das Schuldendrama. Es konnte beginnen. Es begann mit dem europäischen Musterschüler.

Die große Euro-Bonanza

In manchen Dingen war Deutschland schon immer ein Musterschüler: Ob Fußball, Bürokratie oder Pünktlichkeit – es gibt Felder, auf denen man den Deutschen sehr hohe Kompetenzen zuspricht. Ein besonders emsiger Musterschüler ist Deutschland beim Thema Inflation: Seit der Hyperinflation von 1923, als eine Zeitung Millionen Mark kostete und Geldscheine zum Heizen von Öfen verwendet wurden, ist den Deutschen die Furcht vor der Inflation ins kollektive Bewusstsein gebrannt. Nach dem Zweiten Weltkrieg, besonders seit den 1980er-Jahren, zählte Deutschland zu den inflationsstabilsten Staaten der Welt. Dieses Musterschülertum hatte zur Folge, dass die Deutschen das in den 1970er-Jahren geschaffene europäische Wechselkurssystem sprengten, mit dessen Hilfe die Politik versuchte, für stabilere Wechselkurse in Europa zu sorgen.

Ein weiterer, wenig beachteter Nebeneffekt des deutschen Musterschülertums war, dass Deutschland an den Kapitalmärkten mit Abstand die niedrigsten Zinsen für seine Schulden zahlen musste. Ein Land, das wenig Inflation und einen Ruf als guter Schuldner hat, kann sich deutlich billiger verschulden als ein notorischer Inflationssünder mit Hang zur Überschuldung. In Zahlen liest sich das so: Noch 1995 mussten die ursprünglichen Mitglieder der Europäischen Währungsunion für ihre Schulden durchschnittlich 2,6 Prozentpunkte mehr Zinsen bezahlen als Deutschland, einige von ihnen sogar sechs Prozentpunkte mehr. Wenn Deutschland für seine Schulden sagen wir drei Prozent Zinsen zahlen musste, hatten die anderen Staaten im Schnitt 5,6 Prozent zu zahlen, andere Kandidaten wie beispielsweise Griechenland fast neun Prozent.

Das änderte sich, als die Europäische Währungsunion nahte: Die Aussicht, dass die entsprechenden Staaten Mitglied eines gemeinsamen Währungsraumes werden, ließ den Zinsabstand zwischen diesen Staaten und der Bundesrepublik fast komplett verschwinden. Dies war insofern nicht überraschend, als am Ende des Weges in die Währungsunion ein einheitlicher Währungsraum stand, mit einem gemeinsamen Zinssatz und Mitgliedstaaten, von denen man dachte, dass sie sich an die Konvergenzkriterien halten und deswegen keine übermäßige Verschuldung mehr haben würden. Und selbst wenn etwas schiefgehen sollte, war da Hoffnung auf das Bail-out.

Für die Kapitalmärkte gab es damit keinen Grund mehr, bei der Vergabe von Krediten einen Unterschied zwischen Deutschland und anderen, vielleicht weniger vertrauenswürdigen Euro-Staaten zu machen – jeder Staat zahlte mehr oder weniger den gleichen Zinssatz. Für einige Staaten der Union – Griechenland, Irland, Spanien, Portugal – wurde das zu einer veritablen Bonanza: Statt acht, neun, zehn oder noch mehr Prozent an Zinsen auf ihre Schulden zu zahlen, mussten Sie nun nur noch fünf, vier, drei Prozent zahlen – selten waren diese Staaten so billig an anderer Leute Geld gekommen.

Und wenn etwas billig ist, sollte man auch zugreifen; und das taten diese Länder: Es floss massenhaft billiges Kapital nach Portugal, Spanien, Griechenland und Irland, und löste dort einen gewaltigen Boom aus. Einige Länder – wie Griechenland – verprassten das Geld für Konsum, einen teuren Beamtenapparat; in anderen Ländern – Spanien, Irland – kam es zu einem gewaltigen Bauboom, der sich als Spekulationsblase erweisen sollte. In Irland versenkten die dortigen Banken das Geld in Immobilien, die sich später als wertlos erwiesen. Mit geliehenem ausländischem Geld wurden Hotels, Einkaufszentren und Privatwohnungen gebaut, die nicht das Geld wert waren, das man sich dafür geliehen hatte. Eine Volkswirtschaft, die zu billig an Kredite kommt, ist wie ein Sportler im Steroidrausch.

Wie wir bereits gesehen haben, gab es kaum einen Riegel, der diese Schuldenbonanza verhinderte: Wechselkurs? Fehlanzeige, wer in eine Währungsunion geht, muss keine Abwertung fürchten. Steigende Zinsen für hoch verschuldete Länder? I wo, die Einhaltung der Konvergenzkriterien und die Aussicht auf ein Bail-out ließen fröhlich weiter Kapital in Richtung Schuldenländer fließen. Konvergenzkriterien? Gut gemeint, schlecht gemacht, praktisch wirkungslos. Es gab keinen wirksamen Mechanismus zur Begrenzung der öffentlichen und privaten Schuldenaufnahme. Die Europäische Währungsunion wurde zur Schuldenunion. „Der Beitritt zur Währungsunion hat ... dem Land eine Illusion des leichten Geldes vermittelt", sagt der Ökonom Pedro Passos Coelho, Chef der größten portugiesischen Oppositionspartei PSD. Das bringt das Problem ziemlich gut auf den Punkt.

So richtig in Schwung gebracht wurde die weitere Entwicklung dann von der Finanzkrise des Jahres 2009, als viele Staaten zur Rettung ihrer Banken und der Konjunktur tief in die Tasche griffen und dadurch ihre Schuldenkonten noch einmal so richtig aufpumpten. Dann kam der Tag, an dem der griechische Premier verkündete, dass man bei der Berechnung der Schuldenzahlen – sagen wir höflich – Fehler gemacht habe und in den Schulden ertrinken werde –, und es schien, als sei die Union aufgewacht und habe bemerkt, dass da ein riesiges Gespenst in ihrer Mitte herangewachsen ist.

Das griechische Gespenst sorgte für Turbulenzen an den Kapitalmärkten, auf einmal machte sich Panik breit: Was, wenn die Union doch nicht einspringt und Griechenland insolvent wird? Was, wenn die Gläubiger, die Griechenland Geld geliehen haben, doch bluten müssen? Auf einmal war die Vorstellung eines bankrotten Landes in der Mitte Europas, in der Mitte der Europäischen Währungsunion möglich. Die Folge: Die Geldgeber schauten auf die Zinsen, zu denen sie den potenziellen Pleitekandidaten Geld liehen. Auf einmal mussten Staaten, die zuvor nahezu die gleichen Zinsen gezahlt hatten wie der Musterschüler Deutschland, wesentlich tiefer in die Tasche greifen, um Schulden aufzunehmen. Im April 2010 explodierten die Zinsen auf griechische Staatsschulden und betrugen zeitweise 25 Prozent – ein kalter Entzug.

So ein Entzug ist schmerzhaft: Die steigenden Zinsen für die Auslandsverschuldung verschärften die Schuldenkrise der Griechen, da sie nun einen immer größeren Teil ihrer Einnahmen alleine dafür aufbringen mussten, die Zinsen auf ihre Schulden zu bezahlen. Mit jedem Prozentpunkt, den die ausländischen Gläubiger von den Griechen mehr verlangten, drohten die Griechen tiefer in den Schuldensumpf zu versinken. Und vielen anderen Staaten – Irland, Portugal und Spanien – erging es nicht besser.

Die Ratingagenturen, die wir im vorherigen Kapitel kennengelernt haben, verschärften die Krise: Mit sinkender Zahlungsfähigkeit dieser Staaten stellten die Agenturen ihnen ein entsprechend schlechteres Zeugnis aus, senkten die Ratings für diese Länder. Griechenlands Schuldenpapiere wurden von der Ratingagentur Standard & Poor's auf den Status eines sogenannten Junk-Bonds herabgestuft. Damit war Griechenland ein Kreditnehmer, von dem man kaum noch erwarten konnte, dass er seine Schulden vollständig bezahlen würde. Die deutschen Finanzmärkte übersetzen den Ausdruck „Junk-Bonds" recht plastisch: Ramsch. Das Versprechen Griechenlands, seine Schulden zurückzuzahlen, hatte in den Augen der internationalen Finanzgemeinde nur noch Ramschwert. Und wer in den Augen der Agenturen nur noch Ramschwert hat, der muss noch höhere Zinsen zahlen – was den Weg in die Insolvenz beschleunigt.

In den Monaten nach dem Griechenland-Schock sollte sich dieses Muster wiederholen: Eine der großen drei Ratingagenturen stuft die Kreditwürdigkeit eines der als notorische Schuldner geltenden Länder herab, woraufhin deren Zinsen steigen und ihre Kreditnöte noch verschärft werden. Begleitet wurde das mit viel medialem Geschrei und Getöse und Beschwerden der Politik, wie man die Frechheit besitzen könne, Mitgliedern der Union zu unterstellen, sie seien schlechte Schuldner. Darüber lässt sich streiten, es soll jedoch die Frage erlaubt sein, wer denn die Verantwortung für diese Misere trägt.

Doch der Streit der Regierungen mit den Ratingagenturen war nur ein Nebenkriegsschauplatz, für die Union stand nun Größeres auf dem Spiel: die gemeinsame Währung. Rasch wurde klar, dass Griechenland seine Schuldenprobleme nicht mehr aus eigener Kraft würde lösen können – was also sollte man tun?

Die „unglückliche Heirat mit Griechenland"

Die Mitgliedstaaten der Währungsunion hatten die Nase voll: Griechenland hatte oft genug geschummelt, den Geist des Vertrags hintergangen. Ein Botschafter eines der Mitgliedsländer sprach von der „unglücklichen Heirat mit Griechenland". Schließlich hatten die Länder der Union genug: Sie warfen Griechenland aus der Währungsunion. Passiert ist das tatsächlich, aber nicht 2010 oder 2011, sondern 1908, als Frankreich, Italien, Belgien und die Schweiz Griechenland aus der Lateinischen Münzunion warfen. Soll keiner sagen, dass Währungsunionen eine Ewigkeitsgarantie haben. Das galt auch nicht für die Währungsunion zwischen Schweden, Dänemark und Norwegen, die sich 1872 zusammengeschlossen hatten, um ihre wirtschaftliche, politische und kulturelle Zusammenarbeit zu vertiefen. Diese Währungsunion fand aufgrund der Turbulenzen einer internationalen Bankenkrise 1931 ihr Ende – auch das klingt unangenehm vertraut.

Diese und zahlreiche andere Beispiele aus der Geschichte lehren uns, dass eine Währungsunion nicht für die Ewigkeit geschaffen ist, und es sind zumeist die gleichen Ursachen für das Auseinanderbrechen solcher Zusammenschlüsse: Einzelne Mitgliedstaaten halten sich nicht an die Spielregeln, die Teilnehmerstaaten driften in ihrer wirtschaftlichen Entwicklung zu stark auseinander, und Ereignisse oder Schocks wie Banken- oder Finanzkrisen vergrößern die Sollbruchstellen. Doch der mit Abstand größte Sprengsatz für eine Währungsunion ist die mangelnde fiskalische Disziplin der Mitgliedstaaten. So waren es bei der Lateinischen Münzunion neben Griechenland auch Italien und Frankreich, die Kriege finanzieren mussten und deswegen ihr Schuldenkorsett sprengten – zum Ärger der anderen Mitgliedstaaten.

Runde 83 Jahre nach dem Ende der Lateinischen Münzunion im Jahr 1927 droht erneut eine Währungsunion auseinanderzubrechen. Die Ursachen: eine Banken- und Finanzkrise, Mitgliedstaaten, die sich nicht an die Regeln hielten, ein wirtschaftliches Auseinanderdriften der Mitgliedstaaten und mangelnde finanzpolitische Disziplin fast aller Mitglieder. Wirtschaftlich gesehen ist die Union am Ende, es ist allein der politische Wille, der im Jahr 2010 die Zentrifugalkräfte daran hindert, die Europäische Währungsunion zu zerreißen. Die Europäische Union stand am Abgrund. Und es begann die Suche nach Auswegen.

Der klassische Ausweg: Man folgt den Spuren der Vorgänger und wirft die Griechen aus der Währungsunion. Stimmen gab es genug, die das forderten: So hätten sich die Griechen den Beitritt zur Union nur per Statistikmogelei erschlichen und bedrohten nun mit ihren Schulden die Stabilität der gesamten Union – da sei es nur recht und billig, den schummelnden Unruhestifter rauszuwerfen. Über die Folgen eines solchen Schritts allerdings herrscht Uneinigkeit – hier gibt es politische und ökonomische Argumente gegen ein solches Szenario.

Zu den schlechten Argumenten zählt das, was man als Dominotheorie der Währungsunion bezeichnen könnte: Sobald man die Griechen aus der Währungsunion wirft, folgen weitere Kandidaten – die Union wird zur Währungszentrifuge. Am Ende könnte ein Auseinanderbrechen der gesamten Europäischen Union stehen. Natürlich muss man diese Möglichkeit in Betracht ziehen, allerdings darf man hier nicht Anlass und Ursache verwechseln und muss fragen, ob man eine Union aufrechterhalten soll, die keinen inneren Zusammenhalt mehr hat. Wenn es weitere Pleitekandidaten in der Union gibt – und die gibt es –, wird sich das Griechenland-Problem nicht nur einmal, sondern mehrmals stellen. Und wie will man diese Frage das zweite, dritte, vierte Mal beantworten? Möglicherweise würde ein Austritt derjenigen Staaten, die das Regelwerk der Union zu sehr strapaziert haben, die Rest-Union sogar stärken und widerstandsfähiger machen. Möglicherweise würden weitere Austritte folgen, aber die Staaten, die übrig bleiben, würden eine deutlich gefestigte Union ergeben.

Zugkräftiger ist da das ökonomische Argument – was würde passieren, wenn Griechenland die Währungsunion verlässt? Das Land müsste zunächst eine neue Währung einführen, und diese Währung würde dramatisch abwerten. Mit der Einführung einer eigenen Währung würde nämlich genau jener Mechanismus greifen, den wir bereits kennengelernt haben: Staaten mit zu hoher Auslandsverschuldung, die zu viel aus dem Ausland kaufen und zu wenig ins Ausland verkaufen, erleiden eine Abwertung. Sie fragen viel ausländische Währung nach, um ausländische Waren zu kaufen, und bieten dafür eine große Menge an inländischer Währung an – der Preis ihrer inländischen Währung sinkt, sie wird abgewertet.

Wenn Sie an die obigen Ausführungen denken, dann ist das nötig: Die Abwertung macht die ausländischen Waren für das Inland teurer, und die inländischen Waren werden für das Ausland billiger, wodurch das Inland mehr ins Ausland verkaufen und seine Schulden leichter zurückzahlen kann. Die Abwertung ist also ein Korrekturmechanismus, der verhindert, dass Länder zu lange und zu sehr über ihre eigenen Verhältnisse leben, indem sie ausländische Waren auf Pump kaufen. Leider hat dieser Mechanismus auch eine dunkle Seite, und die hat etwas mit der Verschuldung des Staates zu tun.

Das Problem entsteht, weil die Griechen ihre Schulden in Euro aufgenommen haben – also werden sie diese auch in

Euro zurückzahlen müssen. Wenn Griechenland eine neue Währung einführt, woher nimmt es die Euros, um die bestehende Verschuldung zurückzuzahlen? Das geht nur, indem es seine neue Währung in Euro umtauscht, und hier entsteht das Problem. Da die neue Währung weniger wert sein wird als der Euro, muss Griechenland für jeden Schulden-Euro mehr an neuer Währung hergeben. Ein Beispiel macht das deutlich: Nehmen wir an, Griechenland führt wieder die Drachme ein, und der Einfachheit halber sei der Wechselkurs zunächst eins zu eins – für einen Euro gibt es eine neue Drachme. Nun wertet die neue Drachme ab und annahmegemäß sinkt der Wert von Griechenlands neuer Währung; jetzt kostet ein Euro beispielsweise zwei neue Drachmen (will heißen: Man bekommt für einen Euro zwei Drachmen statt wie bisher eine). Hier entsteht das Schuldenproblem: Hat Griechenland Schulden in Höhe von sagen wir 300 Milliarden Euro, so wären das nach neuem Wechselkurs 600 Milliarden neue Drachmen, die Griechenland nun zahlen muss – die Abwertung hat die Schuldenlast verdoppelt. Kommt Ihnen das Ausmaß der Abwertung übertrieben vor? Einige Beobachter sprechen davon, dass bei einem Austritt Griechenlands aus der Währungsunion eine Abwertung von 50 Prozent im Rahmen des Möglichen sei.

Eine Abwertung im Zuge des Austritts vergrößert also die Schuldenmisere. Das gleiche Problem hatten auch die Staaten Südamerikas, deren Schuldenprobleme wir im vorherigen Kapitel kennengelernt haben, und für Griechenland wäre das eine ernste Bedrohung. Verschärft würde dieses Problem im Falle Griechenlands dadurch, dass auch die Bürger Griechenlands diese Entwicklung voraussehen können – ihre neue Drachme würde durch die Abwertung weniger wert sein. Was liegt also näher, als sein Geld rechtzeitig ins Ausland zu schaffen, um der Abwertung zu entgehen? Ein veritables Geschäft: Man schafft sein Geld in Form von Euro ins Ausland, wartet die Einführung der neuen Drachme und deren Abwertung ab, und anschließend tauscht man seine Euros in die abgewertete Drachme um – mit einem satten Gewinn. Schon die Ankündigung einer neuen Drachme würde zu massiver Kapitalflucht aus Griechenland führen.

Alles in allem ist die Idee, eine neue Währung einzuführen, ein zweischneidiges Schwert: Die zu erwartende Abwertung würde den Griechen mehr Möglichkeiten verschaffen, Waren ins Ausland zu verkaufen und damit ihre Schuldenprobleme zu lösen, zugleich aber muss man befürchten, dass es zu massiver Kapitalflucht kommt und die in Euro aufgenommenen Schulden durch die Abwertung der neuen heimischen Währung noch höher werden.

Damit Griechenland (oder ein anderes Euro-Land) eine solche Entwicklung überleben kann, müssten die in Euro aufgenommenen Schulden zumindest teilweise gestrichen werden – womit wir bei dem uns bereits bekannten Haarschnitt, dem Haircut, angekommen wären. Wir müssen also die Möglichkeit diskutieren, dass Griechenland zumindest teilweise Insolvenz anmeldet. Was ist davon zu halten?

Zunächst lehrt uns die Geschichte der Staatspleiten, dass ein Staatsbankrott kein Weltuntergang ist – das Leben geht weiter, auch nach dem Offenbarungseid. Die Gefahr, dass Griechenland nach einer solchen Pleite keinen oder nur noch erschwerten Zugang zu den internationalen Kapitalmärkten hat – und damit in Finanzierungsschwierigkeiten kommt –, ist möglicherweise nicht so groß, wie es in den Medien diskutiert wird. Darüber haben wir bereits gesprochen: Studien zeigen, dass nach einer Staatspleite zwar zunächst die Finanzierungskosten des Pleitelandes im Ausland steigen. Doch wir hatten auch gesehen, dass dieser Effekt eher kurzfristiger Natur ist. Das würde dafür sprechen, dass eine griechische Staatspleite nicht so dramatisch sein muss, wie es scheint.

Also: Griechenland reicht den Insolvenzantrag ein, stellt Antrag auf Umschuldungen beim Pariser und Londoner Klub und schaltet den Internationalen Währungsfonds ein, der ein hartes Sanierungsprogramm verordnet. Alles in Butter? Vielleicht nicht ganz, denn was wird aus den Gläubigern? Wie ein altes Sprichwort sagt: Hat man 1.000 Euro Schulden, hat man ein Problem, hat man ein paar Millionen Euro Schulden, dann hat die Bank ein Problem. Griechenland hat nicht ein paar Millionen, sondern ein paar Milliarden Euro Schulden, dementsprechend groß sind die Probleme der Banken, die den Griechen dieses Geld geliehen haben.

Wie groß, das verrät ein Bericht der Bank für Internationalen Zahlungsausgleich: Deutsche Banken hatten Anfang 2010 bei den Griechen Außenstände in Höhe von 51 Milliarden Dollar, die französischen Banken haben den Griechen sogar 111 Milliarden Dollar geliehen. Besonders satt sind die Deutschen bei den Iren engagiert (205 Milliarden Dollar) und den Spaniern (180 Milliarden Dollar). Die französischen Banken haben Irland fast 85 Milliarden Dollar geliehen, Spanien 244 Milliarden Dollar. Auch die Banken des übrigen Euro-Raums sind mit von der Partie: Fast 50 Milliarden Dollar an Griechenland, 93 Milliarden Dollar an Irland, 30 Milliarden Dollar an Portugal, 200 Milliarden Dollar an Spanien – da kommt was zusammen.

Und hier liegt das Problem: Wenn Griechenland den Bankrott erklärt, muss eine große Zahl europäischer Banken eine Menge griechisches Geld abschreiben, das ihnen dann in den Bilanzen fehlt. Stellen Sie sich vor, Sie sind Vorstand einer Bank, die den Griechen ein paar Millionen geliehen hat – und nun erklärt man Ihnen, dass Sie dieses Geld nicht wiedersehen, respektive nur einen Teil davon. Das Ergebnis ist ein riesiges Loch in Ihrer Bilanz. Banken arbeiten überwiegend mit dem Geld anderer Leute, die das Geld eines Tages zurückhaben möchten. Wenn dieses Geld aber in einem schwarzen Loch namens Griechenland verschwindet – wer gibt den Kunden ihr Geld zurück? Fazit: Hat Griechenland ein Problem, dann haben Europas Banken ein Problem, dann haben die Kunden dieser Banken ein Problem, dann hat Europa ein Problem.

Was die Sache verschlimmert, ist der Umstand, dass die meisten europäischen Banken bereits vor der Griechenland-Krise arg gebeutelt wurden – das amerikanische Immobilienfiasko hat ihre Bilanzen dramatisch in Schieflage gebracht. Für die Jahre 2007 bis 2009, schätzt die Europäische Zentralbank, haben die Banken der Euro-Zone knapp 650 Milliarden Dollar auf ihre Kredite und Wertpapieranlagen abschreiben müssen. Wer so viel Geld verloren hat, spürt nicht unbedingt das Verlangen nach weiteren Verlusten. Auch die Regierungen der Heimatstaaten der betroffenen Banken haben wenig Neigung, kurz nach der Finanzkrise der Jahre 2008 und 2009 schon wieder in den Staatssäckel zu greifen, um ein paar heimische Banken zu retten. Zwischen Juni 2008 und Mai 2009 haben die Regierungen der Euro-Zone effektiv Mittel im Wert von 1,4 Prozent des Sozialprodukts aufwenden müssen, um ihre Banken zu retten. Würden diese Banken nun noch mehr Geld verlieren, weil ihre Griechenland-Investments abgeschrieben werden müssen, müsste der Staat abermals in die Tasche greifen, um seine Banken zu retten – teuer und wenig publikumswirksam. Die Angst vor einem weiteren Einbruch der europäischen Banken hat eine wichtige Rolle bei der Entscheidung gespielt, Griechenland zu retten. Also entschied man sich in einer dramatischen Nacht-und-Nebel-Aktion für die Rettung des Landes. Europas Schicksal entschied sich in einer Nacht.

Die 750-Milliarden-Bazooka

Es gibt sie, jene Momente, in denen die Weichen für einen ganzen Kontinent gestellt werden, Momente, in denen einige wenige Akteure über die Zukunft ganzer Völker entscheiden. Einer dieser Momente ist die Nacht vom 7. auf den 8. Mai 2010, als sich die Regierungschefs der Europäischen Union treffen, um über die Zukunft Griechenlands, die Zukunft der Europäischen Union und damit die Zukunft des europäischen Kontinents zu entscheiden.

Das Abendessen beginnt mit einem Eklat: Der luxemburgische Ministerpräsident Jean-Claude Juncker, Vorsitzender der Euro-Gruppe, verkündet wenig diplomatisch, er habe „die Schnauze voll", dass die offiziellen Treffen immer öfter mit Verspätung begännen, weil es bereits am Nachmittag informelle Vorabsprachen zwischen vielen Staats- und Regierungschefs gebe, die sich bis in den Abend hinzögen. Er wolle nicht den Medien entnehmen müssen, was vor sich gehe. Der Ton sollte an diesem Abend noch das ein oder andere Mal rauer werden.

Das Abendessen der Staatschefs beginnt, wie Beobachter schildern, mit einem Bericht aus Dantes *Inferno*, wo dieser seine Leser durch die Vorhölle und die neun Kreise der Hölle führt. Der Führer durch diese Hölle ist der griechische Premierminister Giorgos Papandreou, der in schonungsloser Offenheit die wirtschaftliche Lage seines Landes schildert. Der Bericht ernüchtert die Teilnehmer des Gipfels. Wenig zur Aufhellung der Stimmung trägt der anschließende Vortrag von Jean-Claude Trichet, Präsident der Europäischen Zentralbank, bei: Er schildert, was auf den internationalen Kapitalmärkten in den vergangenen Tagen geschehen war. Unter dem Eindruck der griechischen Schuldenkrise waren die Finanzmärkte nervös geworden, hatten massenweise griechische Staatsschuldtitel auf den Markt geworfen und der Welt signalisiert, dass sie nicht mehr willens waren, Griechenland weiter Geld zu leihen. Die Zinslasten drohten Griechenland zu ersticken. Und angesichts der desolaten griechischen Situation und des drohenden griechischen Offenbarungseides hinterfragten die internationalen Kapitalgeber auch die Schulden anderer Staaten – Portugal, Spanien, Irland und Italien standen unter Beobachtung, ihre Zinsbelastungen drohten astronomisch zu werden. Die Finanzmärkte signalisierten, potenziellen Pleitestaaten – allesamt Mitglieder der Europäischen Währungsunion – kein Geld mehr zu leihen oder nur noch zu so hohen Zinsen, dass die Länder unter deren Last zusammenbrechen mussten. Es galt zu handeln.

Der Präsident von Zypern regt an, dass man die Sache ein paar Tage überdenken solle, anstatt übereilt zu handeln. Das bürstet die deutsche Bundeskanzlerin ab: „Ein paar Tage haben wir nicht. Wir müssen klarmachen, was wir tun wollen, bevor die Märkte am Montag öffnen", sagt Angela Merkel. Es ist Freitagabend, es bleiben etwas mehr als zwei Tage, den Euro und Europa zu retten. Im Verlauf des Abends stehen sich zwei Positionen gegenüber: Auf der einen Seite die „Olivenstaaten", die von den Schulden stark belasteten Südstaaten, angeführt von Frankreichs Präsident Nicolas Sarkozy. Sie wollten eine in ihren Augen unumgängliche Rettungsaktion auf die 16 Euro-Länder begrenzen und so eine europäische Wirtschaftsregierung schaffen. Außerdem soll die Unabhängigkeit der Europäischen Zentralbank begrenzt werden; sie soll gezwungen werden, die Schuldenpapiere der Südstaaten zu kaufen – eine Strategie, die so brisant ist, dass wir später ausführlich darüber nachdenken wollen. Den Internationalen Währungsfonds wollten die Südeuropäer heraushalten – vermutlich wegen der drohenden Auflagen. Angela Merkel, der Niederländer Jan Peter Balkenende, der Luxemburger Jean-Claude Juncker und EZB-Präsident Jean-Claude Trichet bilden die Gegenposition und leisten Widerstand: Alle EU-Staaten, also nicht nur die Euro-Staaten, sollen sich an einem gemeinsamen Stabilisierungsfonds beteiligen – es gebe nur eine EU. Zudem solle die Unabhängigkeit der Europäischen Zentralbank keinesfalls angetastet werden.

Am Ende dieser Sitzung steht ein Rettungspaket, das die Welt noch nie gesehen hat: 750 Milliarden Euro werden mobilisiert – eine in der Geschichte des Kontinents einmalige Rettungsaktion. Nach der Sitzung sind alle Beteiligten der Ansicht, dass der ständige EU-Ratsvorsitzende Herman Van Rompuy und Kommissionspräsident José Manuel Barroso die Ergebnisse der Beratungen der Presse vorstellen. Angela Merkel hält sich zurück – sie fürchte den deutschen Wähler: Am Sonntag nach der Rettungsaktion wird in Nordrhein-Westfalen gewählt, und die Kanzlerin und CDU-Vorsitzende befürchtet, dass Meldungen über die von ihr mitverantwortete Rettungsaktion für Griechenland den Wählern böse aufstößt – deuten doch Meinungsumfragen darauf hin, dass die Mehrheit der Bundesbürger Hilfen für Griechenland ablehnt. Ihr Amtskollege Sarkozy hingegen brüstet sich damit, dass die Beschlüsse zu 95 Prozent den französischen Vorstellungen gefolgt seien – eine Einschätzung, die Beobachter für völlig überzogen halten.

Die Finanzminister der 26 EU-Staaten kümmerten sich in der Nacht zum 10. Mai um die Details des Rettungspakets. Als am Montag, dem 10. Mai, um 2:15 Uhr deutscher Zeit die Börse in Tokio öffnete und sich die Nachricht vom europäischen Rettungspaket verbreitete, legte der Nikkei-Index um 1,6 Prozentpunkte zu. Rund um die Welt begrüßten die Börsen die Rettungsaktion der Europäischen Union mit steigenden Kursen. Besonders gefragt waren an diesem Montag Bankaktien: Am Montagabend waren die Aktien der Banco Santander um 23 Prozent, die der Société Générale um 24 Prozent und die der spanischen BBVA um 22 Prozent gestiegen; die Aktionäre der Deutschen Bank freuten sich um einen Zuwachs von 13 Prozent. Wer auf die Rettung Griechenlands – und damit der Gläubigerbanken der Griechen – spekuliert hatte, dem hatte die Europäische Union einen satten Spekulationsgewinn beschert. Man war angetreten, um den Spekulanten das Handwerk zu legen – und hatte sie reicher gemacht. Europäische Logik.

Was hat man beschlossen? Das Rettungspaket, das die Europäische Union bereitstellt, beläuft sich auf 500 Milliarden Euro. Davon sollen 60 Milliarden Euro aus einem Notfallfonds direkt von der Union getragen werden. Zusätzlich haben die Mitgliedstaaten der Union vereinbart, dass sie in Not geratene Staaten unterstützen – zu diesem Zweck haben sie Kreditgarantien von bis zu 440 Milliarden Euro bereitgestellt, die eine drohende Zahlungsunfähigkeit von Mitgliedstaaten abwehren sollen. Der Beitrag der Euro-Länder zu dieser Kreditlinie richtet sich nach ihrem Anteil am Kapital der Europäischen Zentralbank – für Deutschland sind das rund 28 Prozent, also 123 Milliarden Euro. Als dritter Teil des Rettungsschirms sind Hilfen des Internationalen Währungsfonds vorgesehen. Dabei heißt es, dass der Fonds sich mit mindestens der Hälfte der von europäischer Seite aufgebrachten Mittel an möglichen Hilfen beteiligen werde. Das wären dann 220 Milliarden Euro, wenn nur der Garantierahmen der Euro-Länder einbezogen wird, oder 250 Milliarden Euro, wenn auch die Gelder der EU-Kommission dazukommen – macht im letzteren Fall insgesamt 750 Milliarden Euro zur Rettung des Euro. Europa hatte die 750-Milliarden-Euro-Bazooka ausgepackt, um die gemeinsame Währung zu retten.

Zusätzlich zu diesen gewaltigen Summen legten die Finanzminister als weiteres Detail fest, dass ein Staat, der Hilfen beantragt, sich einem gemeinsamen Programm von der Europäischen Union und dem Währungsfonds mit strengen finanz- und wirtschaftspolitischen Auflagen unterwirft. Die Peitsche zum Zuckerbrot.

Das direkte Hilfspaket für Griechenland sah in etwa ähnlich aus: Der Internationale Währungsfonds und alle Euro-Staaten stemmen zusammen ein Hilfspaket, das über drei Jahre 110 Milliarden Euro bereitstellt. Die Mitglieder der Euro-Zone tragen dabei bis zu 80 und der IWF bis zu 30 Milliarden Euro, der deutsche Anteil beträgt rund 22 Milliarden Euro. Zudem muss sich Griechenland zu umfangreichen Sparmaßnahmen und regelmäßigen Berichten in engem zeitlichem Abstand über den Stand der Umsetzung verpflichten.

Unter dem Strich gibt es also Zuckerbrot und Peitsche – Geld, um die Mitgliedstaaten vor dem Bankrott zu bewahren, und Auflagen, den hoch defizitären Haushalt zu sanieren. Dafür muss der Staat dann nicht Bankrott anmelden, der Euro bleibt erhalten, und die europäischen Mitgliedstaaten rücken einander näher. Tun sie das? Es ist so eine Sache mit der Solidarität, auch mit der Solidarität der Europäer.

„Verkauft doch eure Inseln!"

Da wären beispielsweise die Slowaken: Sie verweigerten die Solidarität und erklärten, dass sie sich an den Hilfen für Griechenland nicht beteiligen. EU-Währungskommissar Olli Rehn nannte das einen „Bruch der Solidarität innerhalb der Euro-Zone", die Vertragstreue der EU-Mitglieder und die Glaubwürdigkeit der Euro-Gruppe stünden auf dem Spiel. Die Slowaken sahen das anders: Schließlich habe man den schmerzhaften Reformprozess vor dem EU-Beitritt 2004 auch allein gemeistert, zudem sei nicht einzusehen, dass eines der ärmsten Länder der Euro-Zone den reicheren Griechen unter die Arme greifen solle. „Die viel ärmere Slowakei soll nicht die Zeche für die undisziplinierte Haushaltspolitik des reicheren Griechenland zahlen", beschied die slowakische Ministerpräsidentin Iveta Radičová den Eurokraten. Finanzminister Ivan Mikloš legte nach: „Wenn es um die Solidarität von Armen mit Reichen und Verantwortungsvollen mit Verantwortungslosen geht, dann sehe ich das nicht als Solidarität", durften sich die Architekten des Rettungsschirms anhören.

Auch in Deutschland gab es nicht nur sonntagsredenfreundliche Kommentare zur Griechenland-Rettung: „Verkauft doch eure Inseln, ihr Pleite-Griechen!", trompetete es auf der Homepage einer deutschen Boulevardzeitung – ein Vorschlag, den einige Bundestags-Hinterbänkler gemacht hatten. „Also doch! Griechen wollen unser Geld!" und „Griechen wollen noch mehr Milliarden von uns!" folgten, und das Ergebnis war klar: Am Ende sind wir wieder mal Europas Deppen. Altkanzler Helmut Schmidt bezeichnete im *Zeitmagazin* die Haltung des Boulevards als Demagogie und Missbrauch der Pressefreiheit – ein nur teilweise verständlicher und wenig hilfreicher Kommentar.

Aber auch die Griechen hielten sich nicht zurück, was das Austeilen betrifft. Auf die erregte Debatte in Deutschland schlugen die Griechen mit dem gröbsten Holz zurück, das sie finden konnten: Griechischen Politiker bemühen Nazivergleiche, Verbraucher wurden zum Boykott deutscher Produkte animiert. Abgeordnete der kommunistischen und der ultrakonservativen Opposition forderten, die griechische Regierung müsse von Deutschland Reparationszahlungen für den Zweiten Weltkrieg einfordern. Vizeregierungschef Theodoros Pangalos warf Deutschland vor, im Zweiten Weltkrieg griechisches Gold gestohlen und damit die Wirtschaft ruiniert zu haben. Die deutsche Regierung erklärte dazu lapidar, dass Deutschland seinen Reparationsverpflichtungen in vollem Umfang nachgekommen sei. Keine Frage, das Rettungspaket hat vielleicht dazu beigetragen, den Euro zu retten – aber auch, Europa weiter zu spalten. Was ist das Problem dieses Pakets?

Den ersten Einwand haben die Slowaken recht plastisch formuliert: Warum soll die ärmere Slowakei dafür büßen, dass die reicheren Griechen nicht mit Geld umgehen können? Zugespitzt liest sich die Argumentation so: Die Griechen haben jahrelang auf Pump in Saus und Braus gelebt, und jetzt, wo es darangeht, die Zeche zu zahlen, wird die Solidargemeinschaft dafür zur Kasse gebeten. Das ist so nicht ganz richtig, denn die Kredite, für welche die Gemeinschaft den Griechen Garantien zur Verfügung stellt, sollen ja von den Griechen auch wieder zurückgezahlt werden – tun sie das, so zahlen sie doch letztlich selbst für ihre Schulden. Wenn man allerdings befürchtet, dass die Griechen die Kredite der Union nicht zurückzahlen können, bleibt die Union – also letztlich der europäische Steuerzahler – auf diesen Krediten sitzen. Dann hätten die Griechen in der Tat auf Kosten der europäischen Solidargemeinschaft gelebt.

Möglich ist das: So setzte sich der Chef der Deutschen Bank, Josef Ackermann, öffentlich in die Nesseln, als er das aussprach, was viele Experten dachten – dass man damit rechnen müsse, dass Griechenland diese Schulden nicht zurückzahlt. Brisanter wird dieser Kommentar dadurch, dass es ausgerechnet Ackermann und seine Berufsgenossen sind, die am meisten von der Rettungsaktion profitieren. Den Grund dafür hatten wir ja schon gesehen: Die europäischen Banken hielten einen Großteil der griechischen Schulden. Meldet Griechenland Insolvenz an und zahlt diese Schulden nicht – oder nur teilweise – zurück, so bleiben die europäischen Banken auf ihren Forderungen sitzen. Überspitzt kann man sagen, dass die Europäische Union erstens Griechenland und zweitens die eigenen Banken gerettet hat. Man kann das auch anders formulieren: Wenn man die eigenen Banken retten will, dann soll man das sagen und tun, aber nicht behaupten, man wolle Griechenland retten.

Das Rettungspaket der Union hat nicht nur die Griechen vor dem Bankrott bewahrt, sondern auch europäische Banken und Investoren, die den Griechen das Geld geliehen hatten – ohne das Rettungspaket wären diese Verluste in ihren Kleidern stecken geblieben. Für die Banken war das ein sattes Geschäft: Sie haben Griechenland Geld geliehen – gegen hohe Zinsen, die ja das Risiko eines zahlungsunfähigen griechischen Staats abdecken sollten. Doch statt die Folgen dieses Risikos – den griechischen Zahlungsausfall – zu tragen, wurde dieses Risiko auf die Union abgewälzt, respektive auf den europäischen Steuerzahler. Ein perfektes Geschäft: Man kassiert hohe Zinsen, weil ein Kredit an Griechenland riskant ist, doch das Risiko trägt die Union. Das Rettungspaket der Union hat die Finanzmärkte eingeladen, hemmungslos auf Kosten des europäischen Steuerzahlers auf die Rettung der Griechen zu spekulieren. Statt die Spekulanten zu vertreiben oder zu bestrafen, hat die Europäische Union sie reich gemacht.

Nicht umsonst haben Marktbeobachter in den Monaten vor der dramatischen Rettungsaktion im Mai 2010 berichtet, dass vor allem französische und Schweizer Banken wild Griechenland-Anleihen gekauft hatten – eine Spekulation auf den

Bail-out. Und nicht umsonst waren es vor allem Bankaktien, die am Morgen nach der Rettungsaktion satte Kurssprünge machten. Und noch wichtiger: Die Rettungsaktion für die Griechen hat ein Exempel statuiert. Eigentlich ist es schwer vorstellbar, dass die Union nur Griechenland rettet, aber weiteren Pleiteländern die Rettung verweigert. Stimmt dies, so ist die Strategie für den kleinen Kapitalisten klar: Anderen potenziellen europäischen Pleitekandidaten Geld gegen hohe Zinsen leihen und hoffen, dass die Union einspringt, wenn es schiefgeht. Oder noch krasser: Das Rettungspaket lockt nicht nur Spekulanten an, sondern auch andere Staaten. Es droht das, was der ehemalige Chefvolkswirt der EZB, Otmar Issing, „die griechische Krankheit" genannt hat.

„Die griechische Krankheit breitet sich aus"

Otmar Issing ist ein Mann, dessen Wort in der Währungspolitik Gewicht hat: Er ist ausgewiesener Experte für Geldpolitik und war Chefvolkswirt sowie Direktoriumsmitglied der Europäischen Zentralbank – der Mann hat über Jahre hinweg die währungspolitischen Geschicke Deutschlands und der Europäischen Union mitgestaltet und mitbestimmt. In der *Frankfurter Allgemeinen* sagte der erste Chefarchitekt der europäischen Geldpolitik, was er von der Idee hält, Griechenland zu helfen: „Ist die No-Bail-out-Klausel erst einmal verletzt, brechen alle Dämme. Die griechische Krankheit breitet sich aus", schrieb er den Lesern in die Zeitung und den europäischen Politikern ins Poesiealbum.

Genau das ist das Problem der Griechenland-Rettung: Wer Solidarität einfordert, Solidarität für den ersten Staat walten lässt, der muss auch dem zweiten, dritten, vierten und zehnten Staat diese Solidarität zusichern. Finanziell ist das nicht möglich – allein das griechische Schuldenpaket beträgt 300 Milliarden Euro; kommen Spanien, Portugal und Irland dazu, kann man kaum erwarten, dass die Mittel noch reichen, um diese Aufgabe zu lösen. Leider muss man damit rechnen, dass allein die Existenz eines Rettungsprogrammes dazu führt, dass weitere Rettungsschirme notwendig werden.

Wenn die Portugiesen beobachten, wie die Griechen mit europäischem Geld gerettet werden, so werden sie sich verständlicherweise fragen, ob sie nicht auch von den Segnungen der Solidarität profitieren und sich finanzpolitisch etwas mehr gehen lassen sollten.

Das ist die Befürchtung der Kritiker des Rettungspaketes: Warum sollten Staaten wie Irland, Portugal und Spanien unter großen Schmerzen ihren Schuldenberg konsolidieren, wenn andere Staaten sich von der Gemeinschaft aus der Patsche helfen lassen? Wenn ein Staat erkennt, dass laxe Schuldenpolitik nicht bestraft, sondern mit Hilfe beantwortet wird – welche Anreize hat er, solide Finanzpolitik zu betreiben?

Die Währungsunion, so befürchten Kritiker, könnte sich in eine Transfergemeinschaft verwandeln: Da alle für jeden haften, hält niemand seine Finanzen in Ordnung, jeder spekuliert auf die Hilfe des Nachbarn. Schwer vorstellbar, dass die Gemeinschaft das auf Dauer aushält, dass die Steuerzahler derjenigen Länder, die den Bankrott anderer Länder bezahlen sollen, das auf Dauer mitmachen. Dann dürften Schlagzeilen wie „Wir sind Europas Deppen" noch eher von der harmloseren Sorte sein. So betrachtet könnte sich das Rettungspaket auf lange Frist als Sprengsatz für die Währungsunion erweisen – die Bazooka ginge nach hinten los.

Nun ist es ja nicht so, dass die europäischen Politiker nicht um diese Gefahr wüssten – aber wie soll und kann man sich davor schützen? Wer es einem Staat schwer machen will, sich auf die Hilfe der Gemeinschaft zu verlassen, muss diese Hilfe mit einer bitteren Pille versehen, und das haben die Architekten des Rettungspaketes auch getan, indem sie die Hilfen an harte Auflagen knüpfen. Sparmaßnahmen, Haushaltssanierung – die üblichen Grausamkeiten werden Staaten abverlangt, die Mittel aus dem Rettungspaket erhalten.

So haben Griechenland, der Internationale Währungsfonds (IWF), die EU und die Europäische Zentralbank in einem „Memorandum of Understanding" ausgehandelt, dass die Kredithilfen für Griechenland von 2010 bis 2012 an strenge Auflagen gebunden sind, die nach einem genauen Zeitplan von 2010 bis 2014 umgesetzt werden müssen. Zum einen sind das eine höhere Mehrwertsteuer, höhere Steuern auf

Benzin, Alkohol, Tabak, eine Glücksspielabgabe sowie eine Strafsteuer auf illegale Bauten und Nutzungen. Hinzu kommen Ausgabensenkungen: Lohnkürzungen im öffentlichen Dienst, Reduzierung der Pensionsansprüche, Einsparungen bei den Investitionen.

Das sind harte Einschnitte, und diese Einschnitte sind notwendig – insofern kann man hoffen, dass diese Auflagen den Hunger potenzieller Pleitekandidaten nach Unionshilfe zügeln. Und doch bringen diese Auflagen ein brisantes Problem mit sich und sind mitverantwortlich für bürgerkriegsähnliche Szenen auf Athens Straßen.

Schon im März überrollte eine Protestwelle das Land: Die Fluglotsen streikten, alle Flüge von und nach Griechenland wurden gestrichen. Auch die Fähren zu den griechischen Inseln und die Eisenbahn wurden bestreikt, ebenso wie Radio und Fernsehen. Die Behörden blieben geschlossen, ebenso Schulen und Universitäten. In den Krankenhäusern behandelte man nur Notfälle. Die Reaktion des Staates war die übliche: Mit Knüppeln und Tränengas ging die griechische Polizei gegen Demonstranten vor. In den folgenden Wochen kam es immer wieder zu Protesten und gewalttätigen Auseinandersetzungen – es waren sogar zwei Tote zu beklagen.

Die Proteste der Griechen gegen das Sparpaket ihrer Regierung sind verständlich und nachvollziehbar: Höhere Steuern, Einstellungsstopps, weniger Staatshilfen – das tut weh. Was diese schmerzhafte Prozedur verschlimmert, ist das Gefühl, dass diese bittere Medizin von außen, von der Europäischen Union verordnet wird. Welcher Bürger eines Landes wird nicht sauer, wenn er das Gefühl hat, dass ausländische Regierungen ihm diktieren, wie viel Steuern er zahlen muss und was sein Staat ihm zukommen lassen darf?

Das ist die politische Achillesferse dieser Auflagenpolitik: Nur die wenigsten Bürger eines Landes nehmen es klaglos hin, dass eine ausländische Instanz ihnen und ihrer Regierung vorschreibt, was sie ausgeben und einnehmen dürfen. Das ist ein massiver Eingriff in die Souveränität eines Landes und wird von den Bürgern abgelehnt. Vermutlich war es genau dieses Problem, das die europäischen Politiker dazu bewogen hat, den Internationalen Währungsfonds mit an Bord zu nehmen und ihn mit in die Verantwortung für das Sanierungsprogramm der Griechen zu nehmen. Damit wird der Eindruck verwischt, dass die Europäische Union die Griechen bevormundet – nein, es ist der Währungsfonds, und von dem sind wir das ja gewohnt.

Ein politisch unlösbares Dilemma: Wer einem insolventen Staat Geld gibt, muss ihm Auflagen machen, andernfalls muss er damit rechnen, dass sich nichts ändert. Wer aber einem Pleitestaat Geld nur unter Auflagen leiht, sieht sich dem Vorwurf ausgesetzt, dass er ein souveränes Land bevormundet, mit entsprechenden Protesten im In- und Ausland. Verkürzt gesagt: Auflagen sind ökonomische Notwendigkeit und politischer Selbstmord.

Damit steht das Rettungspaket auf tönernen Füßen: Es lädt weitere Staaten dazu ein, sich auf Hilfe von außen zu verlassen, und es führt wegen der Auflagenpolitik zu politischen Konflikten. Zu allem Überfluss kauft es nur Zeit, denn dieses Programm verschiebt ja nur die Schulden der Griechen von den Bilanzen der Banken in die öffentlichen Haushalte der Hilfestaaten. Damit sind sie nicht aus der Welt, sie müssen immer noch zurückgezahlt werden. Dementsprechend leben die Schuldner von geborgter Zeit: Sobald die Staaten der Union ihre Kredithilfen zurückfordern, müssen sie Farbe bekennen und zahlen – oder der Welt mitteilen, dass sie ihre Schulden nicht zurückzahlen werden. Das eigentliche Problem löst der Rettungsschirm, der Mitte 2011 mehr oder weniger in der gleichen Form als permanente Einrichtung eingesetzt wurde, damit nicht. Dazu ist eine langfristige, tragfähige Lösung erforderlich, die verhindert, dass die Mitglieder der Währungsunion neue Schuldenberge auftürmen. Die Union braucht umfangreiche Renovierungsarbeiten. Sonst könnten uns noch mehr merkwürdige Todesanzeigen ins Haus stehen.

8 EIN NEUES HAUS FÜR EUROPA?

„Kohl hat's gegeben, Merkel hat's genommen"

Als Zeitschrift, auch als Wirtschaftsmagazin, muss man sich anstrengen, um sein Heft an die Frau oder den Mann zu bringen – man muss sich einiges einfallen lassen. Das taten die Macher der *WirtschaftsWoche* nach dem Euro-Krisenrettungswochenende. Sie quittierten die Beschlüsse der Euro-Politiker mit einer großformatigen Todesanzeige für Europas Währung: „Wir nehmen Abschied von einer stabilen Währung, fest verankert in einer soliden und verantwortungsvollen Finanzpolitik", trauerte das Magazin, schwarz gerahmt und mit schwarzem Kreuz versehen, inklusive Geburtsdatum (1. Januar 1999) und Todesdatum – 9. Mai 2010, das Datum der Beschlüsse für die Euro-Rettung. Über dem Namen des Verblichenen stand zu lesen „Kohl hat's gegeben, Merkel hat's genommen". Unterzeichnet war das Ganze von der „Bundesrepublik Deutschland und ihren Steuerzahlern". Auch andere Medien waren erfinderisch: Die *Börsen Zeitung* riet der Bundesbank, sie möge schon einmal anfangen, D-Mark zu drucken, die *Frankfurter Allgemeine* druckte einen hypothetischen Rückblick auf das Jahr 2013 ab, in dem sich die Währungsunion in Wohlgefallen aufgelöst hatte. Ganz wilde Gerüchte im Internet wollten wissen, dass Deutschland und Österreich bereits Probedrucke und -prägungen ihrer neuen Währungen hätten durchführen lassen.

Überhaupt ist das Internet eine Brutstätte für Gerüchte aller Art: Als die Marksuhler Firma Ruhlamat verkündete, dass man einen Großauftrag für Banknoten-Bearbeitungsanlagen im Volumen von sechs Millionen Euro erhalten habe, explodierte die digitale Gerüchteküche. Aus Banknoten-Bearbeitungsanlagen wurden Gelddruckmaschinen, die zunächst neue Euro-Noten drucken sollten, da Europa kurz vor einer Hyperinflation stehe. Da Ruhlamat auch Lösungen für sichere Chipkarten entwickelt, kam die Idee auf, man werde die neuen Scheine mit Computerchips ausstatten, die es gestatten, bei steigender Inflation den aktuellen Geldwert eines Scheins elektronisch anzupassen – dann bräuchte man nicht permanent neue Scheine mit vielen Nullen zu drucken. Dass die Maschine laut der Firma lediglich gebrauchte Euro-Noten in Italien verpackt, war der Internetgemeinde als Erklärung zu unspektakulär.

Ein anderer „Finanzexperte" reklamierte, dass er Informationen über den Druck einer „Notwährung" habe. Es gebe Großaufträge der Bundesdruckerei für neue Druckmaschinen, Probedrucke der neuen Währung würden bereits kursieren, Fahrer von Geldtransportern hätten die geheimnisvolle neue Währung bereits gesehen. Aus der chemischen Industrie wisse man von der Herstellung von Druckfarben, die keiner gängigen Währung zugeordnet werden könnten. Und die Debatte um den Einsatz der Bundeswehr im Inland sei ein weiterer Hinweis auf eine kommende neue Währung. In dieser Situation gebe es nur eines: Gold kaufen. Merkwürdigerweise finanziert sich die Firma des Finanzexperten über Werbung aus der Edelmetallbranche. Reiner Zufall.

So oder so: Publizistisch betrachtet ist der Euro tot. Und der Anfang von seinem Ende war in den Augen der Kritiker der Beschluss der Staaten, den Euro zu retten. Die Retter der europäischen Währung hatten ihrem Kind selbst das Grab geschaufelt. Formal ist da etwas dran, denn mit dem Beschluss der Griechenland-Rettung hatten die Politiker den Vertrag über die Währungsunion wenn nicht den Buchstaben des Gesetzes nach, so doch dem Geist nach gebrochen.

Schauen wir uns noch einmal Artikel 125 des „Vertrags über die Arbeitsweise der Europäischen Union" an, in dem die Bestimmungen zur Währungsunion niedergelegt sind:

> *„Die Union haftet nicht für die Verbindlichkeiten der Zentralregierungen, der regionalen oder lokalen Gebietskörperschaften oder anderen öffentlich-rechtlichen Körperschaften, sonstiger Einrichtungen des öffentlichen Rechts oder öffentlicher Unternehmen von Mitgliedstaaten und tritt nicht für derartige Verbindlichkeiten ein."*

Für viele Rechtsexperten eine klare Regel: Die Mitgliedstaaten der Union stehen nicht für die Schulden anderer Mitgliedstaaten ein. Andere Experten sehen das weniger streng – diese Klausel könne und solle Hilfeleistungen für Mitgliedstaaten in Not nicht verhindern. Die Gemeinschaft könne aus politischen Gründen kein Land finanziell untergehen lassen, lautet das Argument. Man kommt nicht umhin, zu konstatieren, dass der Wortlaut und der Geist dieser Vorschriften dahin gehend zu interpretieren sind, dass ein Fehlverhalten einzelner Mitglieder sanktioniert werden muss und nicht auf die anderen Mitglieder abgewälzt werden darf. Andere Rechtsexperten bieten eine weitere Hintertür an, Artikel 122 des Vertrags. Dort heißt es:

> *„Ist ein Mitgliedstaat aufgrund von Naturkatastrophen oder außergewöhnlichen Ereignissen, die sich seiner Kontrolle entziehen, von Schwierigkeiten betroffen, so kann der Rat auf Vorschlag der Kommission beschließen, dem betreffenden Mitgliedstaat unter bestimmten Bedingungen einen finanziellen Beistand der Union zu gewähren."*

Nun kann man ein Erdbeben, eine Überschwemmung, andere Katastrophen, vielleicht eine Finanzkrise als außergewöhnliches Ereignis einstufen, das sich der Kontrolle eines Staates entzieht, aber eine Schuldenkrise? Da kann man sich fragen, was schwerer wiegt: ein Staat, der seine Schulden nicht zurückzahlt, oder ein Staat, der Hilfe fordert mit dem Argument, seine Verschuldung entziehe sich seiner eigenen

Kontrolle. Man muss eine Menge Interpretationselastizität und viel guten politischen Willen bemühen, um ein Rettungspaket für insolvenzbedrohte Staaten der Union rechtfertigen zu können – der Geist der Verträge schließt diese Lösung aus.

Die mutige Interpretation der Unionsverträge, die von Kritikern als Verstoß gegen alle vorherigen Vereinbarungen gewertet wird, hat das Vertrauen in den Bestand und die Festigkeit der Währungsunion untergraben. Hier wurden klare Regeln der Union, die einst festgeschrieben wurden, um eine solide, krisenfeste Währungsunion zu schaffen, von der Politik unterwandert, ausgetrickst, mit Füßen getreten. Was ist passiert?

Aus den Geschehnissen um Griechenlands Schuldenkrise wissen wir, was das Problem einer solchen Währungsunion ist: Es besteht darin, dass die daran beteiligten Länder sich hinsichtlich ihrer wirtschaftlichen Entwicklung nicht allzu weit voneinander entfernen dürfen. Und genau das ist passiert: In einigen Euro-Staaten stiegen die Lohnstückkosten rascher als im Rest der Union, was dazu führte, dass sie weniger in den Euro-Raum exportieren konnten und zudem mehr importierten – es entstanden große Leistungsbilanzdefizite, die, wie wir gesehen haben, eine zunehmende Verschuldung gegenüber dem Ausland bedeuten. Bei flexiblen Wechselkursen wäre das kein großes Problem: Die Währungen der Staaten mit den hohen Lohnkosten werten ab, wodurch die Importe sinken, die Exporte steigen – die Leistungsbilanzen nähern sich wieder dem Gleichgewicht. Mit einer gemeinsamen Währung ist dieser Ausweg versperrt – die Länder im Süden Europas produzierten relativ zu ihren Nachbarn im Norden zu teuer und konnten ihre Produkte nicht im erforderlichen Umfang absetzen.

Dieser Mechanismus tritt immer auf, sobald ein Mitgliedstaat der Union sich wirtschaftlich von den anderen Staaten zu weit entfernt, warum auch immer: Er wächst schneller oder langsamer, die Nachfrage steigt dort rascher oder langsamer als im Rest der Union, die Bevölkerung wächst rascher oder langsamer – all das führt zu einem Auseinanderdriften der Staaten, das nicht durch den Wechselkurs abgefangen werden kann, da es diesen nicht mehr gibt.

Damit sind die Optionen klar, die es gibt, um das europäische Haus wieder in Ordnung zu bringen, ohne die Währungsunion zu beerdigen: Entweder man verhindert frühzeitig, dass Staaten der Union in die Pleite rutschen, oder man verhindert, dass die Wirtschaften des Euro-Raums auseinanderdriften, oder aber man führt zumindest teilweise wieder eine Art Wechselkursmechanik ein. Mehr Aufsicht, mehr Zusammenhalt oder weniger Währungsunion – das sind die drei Wege, die man beschreiten kann, will man den Euro retten. Lassen Sie uns mit der Aufsicht beginnen – wie kann man verhindern, dass Staaten in einem Währungsverbund einen zu großen Schluck aus der Schuldenpulle nehmen? Ein paar Ideen gibt es, aber die können ganz schön entwürdigend sein, wie die Griechen erfahren mussten.

Antreten zur Ausgabenkontrolle

Nehmen wir an, unser Ziel soll es sein, das Ausgabengebaren der Euro-Staaten im Zaum und unter Kontrolle zu halten. Da ist es naheliegend, die üblichen Verdächtigen regelmäßig zum Appell antreten zu lassen, um deren Ausgaben und Budgets zu überprüfen sowie gegebenenfalls Rüffel auszusprechen – oder sogar Strafen zu verhängen. Ein Lied von diesen Erziehungsmaßnahmen können die Griechen singen. Damit sie die von der Union und dem Währungsfonds gewährten Hilfsmittel abrufen können, müssen sie sich einer rigiden Haushaltskontrolle unterziehen. So muss das Athener Finanzministerium spätestens 15 Tage nach Ablauf eines Monats vorläufige Daten zum Stand der Haushaltskonsolidierung mitteilen. Im Monatsrhythmus muss es eine Übersicht zum Finanzgebaren der staatlichen Krankenhäuser abliefern, und alle drei Monate sind Zwischenbilanzen der 30 größten Staatsbetriebe fällig. Und als wäre das nicht schon demütigend genug, muss die Regierung jeden Freitag eine Übersicht über die Ausgaben der Vorwoche vorlegen. Als Zugabe muss die griechische Zentralbank wöchentlich über die Lage im Bankensektor des Landes berichten.

Für ein souveränes Land eine erniedrigende Veranstaltung: Da muss der Regierungschef eines Landes jeden Freitag wie ein Schuljunge vor den Geldgebern der Europäischen Union und des Währungsfonds antreten und sein Pflichtenheft vorzeigen – hast du dein Budget nicht überzogen, die Banken in Ordnung gehalten und deine Hausaufgaben gemacht? Das macht keinen Spaß.

Allerdings haben wir bereits gesehen, warum dies erforderlich ist: Wer einem Spielsüchtigen Geld leiht, will kontrollieren, was dieser mit dem geliehenen Geld macht – jedenfalls, wenn man das geliehene Geld wiedersehen will. Möchte man ein zweites Griechenland-Desaster verhindern, muss man diese Form der Kontrolle sogar ausdehnen. Und solche Ideen werden nicht nur diskutiert, sondern auch umgesetzt: Es geht darum, das Ausgaben- und Einnahmenverhalten der Mitgliedstaaten bereits zu kontrollieren, bevor sie in die Schuldenfalle tappen und sich Geld von der Union und vom Fonds leihen müssen. Die Grundidee ist einfach: Kontrolliert man die Staaten ständig, so besteht erst gar nicht die Gefahr einer Überschuldung. Dahinter steckt eine immens wichtige Erkenntnis. Kommt es so weit, dass ein Staat überschuldet ist, gibt es zur Rettung der Währungsunion kaum noch einen anderen Weg, als den Staat zu retten. Selbst wenn man vorher etwas anderes vertraglich vereinbart hat, ist in dieser Situation die Hilfe die relativ beste verbliebene Alternative – Vertrag hin oder her. Schon die alten Römer wussten: Wehret den Anfängen.

Genau genommen gab es bereits eine Regelung für die Währungsunion, die eine Überschuldung von Mitgliedstaaten verhindern sollte: Die uns bereits bekannten Konvergenzkriterien im Stabilitäts- und Wachstumspakt sind nichts anderes als eine vorbeugende Kontrolle der Finanzpolitik und eine Aufsichtsmaßnahme – den Buchstaben nach ist das eine Aufsicht der Union über die Haushaltspolitik der Mitgliedstaaten.

Leider nur den Buchstaben nach, denn wie wir gesehen haben, erlitten diese Konvergenzkriterien ein ähnliches Schicksal wie viele andere Regelungen, die dazu gedacht waren, die Staatsverschuldung im Zaum zu halten – denken Sie nur an den Artikel 115 des deutschen Grundgesetzes. Zwar waren innerhalb der Währungsunion auch Strafen für Defizitsünder vorgesehen, doch so richtig daran gehalten hat sich nie jemand. Selbst die Aussicht auf Strafen – laut Pakt konnten Geldstrafen von 0,2 bis zu 0,5 Prozent des Inlandsprodukts des betroffenen Landes verhängt werden – schreckte keinen Defizitsünder ab, denn als es zum Schwur kam und erste Defizitsünder auf der Anklagebank saßen, einigte man sich darauf, das alles nicht so eng zu sehen. Letztlich war es diese Nachlässigkeit gegenüber Budgetverstößen der Defizitstaaten, die in die griechische Katastrophe führte. Wehret den Anfängen? Fehlanzeige.

Warum diese Nachlässigkeit? Kritiker des Pakts weisen nicht ganz zu Unrecht darauf hin, dass die Bestrafung der Defizitsünder daran gescheitert ist, dass diese Strafen beschlossen werden müssen – und zwar von potenziellen Defizitsündern. Vermutlich ist der Drang, Defizitsünder zu bestrafen, gering, wenn man weiß, dass man in absehbarer Zeit selbst auf der Anklagebank sitzt. Hinzu kam vermutlich politischer Druck: Während das erste Defizitsünderland noch brav ein Defizitverfahren über sich ergehen ließ, wollten Deutschland und Frankreich, die 2003 das Defizitkriterium verletzten, selbiges nicht hinnehmen – das Verfahren wurde stillschweigend von den EU-Finanzministern ausgesetzt, Strafen gab es keine. Damit war der Stabilitäts- und Wachstumspakt tot; die Idee, die Haushaltspolitik der Mitgliedstaaten zu überwachen, war an der rauen politischen Realität gescheitert. Die vorbeugenden Maßnahmen gegen den Staatsbankrott verpufften, weil die Übeltäter über sich selbst zu Gericht saßen. Eine wichtige Lehre für die Zukunft.

Hier müssen die Reformkonzepte zur Rettung der Währungsunion ansetzen: mehr Automatismen. Die Idee: Man überwacht wie bisher die Ausgaben und Einnahmen eines Staates, und wenn dieser Staat die zuvor vereinbarten Schuldengrenzen überschreitet, werden Sanktionen fällig – automatisch, ohne vorherige Besprechungen, Anhörungen und Politikerklüngelei in geschlossenen Sitzungssälen. Natürlich muss so eine Idee auf massiven Widerstand stoßen, bedeutet sie doch, dass es ohne Wenn und Aber Strafen hagelt, sobald man sich nicht an die Vorgaben für die Budgetpolitik hält, welche die Union ihren Mitgliedstaaten macht.

Der Vorteil eines solchen Automatismus besteht darin, dass keine Gefahr politischer Einflussnahme besteht; dem steht der Nachteil gegenüber, dass man nun keine Ausnahmen mehr machen kann. Letzteres könnte vielleicht erforderlich sein, bei unvorhergesehenen Ereignissen, wo ein starres Festhalten an einmal vereinbarten Regeln schaden könnte. Das ist der Haken an einem Autopiloten, den man nicht mehr abschalten kann. Schafft man aber eine Regel, nach der man in bestimmten Ausnahmesituationen von der automatischen Bestrafung absieht, kann man darauf wetten, dass diese Hintertür von der Politik missbraucht wird. Da wird dann schon mal die von einem Staat selbst verschuldete Schuldenkrise als ein Ereignis gewertet, das sich der Kontrolle des betreffenden Staates entzieht – das hatten wir ja schon.

Ein weiteres Problem von Strafen für Defizitsünder besteht darin, dass sie erst greifen, wenn das Kind schon in den Schuldenbrunnen gefallen ist. Ein Land hat sich bis über die Halskrause verschuldet, und jetzt kommt obendrauf ein Defizitverfahren und zu den bisherigen Staatsschulden eine Strafe, die den Schuldenberg erhöht. Da versinkt man gerade im Schuldensumpf und soll nun noch eine Strafe darauf zahlen. Das ist weder politisch noch ökonomisch der Stein der Weisen. Da liegt ein anderer Gedanke näher: Statt erst einzugreifen, wenn es zu spät ist, handelt man präventiv; man greift ein, bevor es zur Schuldenkatastrophe kommt – wir brauchen also Regeln, die eine Entstehung überhöhter Staatsdefizite verhindern. Wie wäre es mit einem Semester?

„Ein Großangriff auf Demokratie und Sozialsystem"

Der Begriff „Semester" stammt vom lateinischen „semestris", also „halbjährig", und ist seit dem 15. Jahrhundert eine gebräuchliche Bezeichnung für ein Studienhalbjahr an Hochschulen. Viele Studierende schätzen diesen Ausdruck vor allem in Kombination mit dem Wort „Ferien" oder „Abschlussfeier", und nur die wenigstens verbinden diesen Begriff mit dem Thema Europa oder Staatsverschuldung. Dabei gibt es das auch, das Europäische Semester, und die Reaktionen, die dieses Semester auslöste, waren heftig. Hier gehe es um einen Großangriff auf die Sozialsysteme der Mitgliedstaaten und deren Möglichkeit, ihre Wirtschaftspolitik selbst zu bestimmen, war aus den Reihen von Kritikern zu vernehmen. Selbst deutsche EU-Diplomaten ließen sich hinter vorgehaltener Hand zitieren, man teile zwar das Ziel einer koordinierten Haushaltspolitik, doch sei es nicht akzeptabel, den Bundestag zu entmündigen. Was ist das für ein Semester, das so viel Ärger erregt?

Das Europäische Semester soll das bringen, was die Union bisher nicht geschafft hat – es sieht vor, dass die Mitgliedstaaten ihre langfristige Finanzplanung nach Brüssel melden. Die nationalen Haushalte sollen erst nach einer Stellungnahme der Europäischen Union verabschiedet werden. Auf diesem Weg hofft man, drohende Ungleichgewichte in der Haushaltsplanung frühzeitig zu erkennen und zu verhindern – eine vorbeugende Budgetüberwachung.

Vereinfacht gesagt verläuft das Europäische Semester in etwa wie folgt: Zunächst legt der Europäische Rat (der Rat der Staats- und Regierungschefs) wirtschaftspolitische Prioritäten fest und schnitzt daraus Empfehlungen für die Haushalts- und Wirtschaftspolitik der Mitgliedstaaten. Dann reichen die Mitgliedstaaten ihre mittelfristige Haushaltsplanung und wirtschaftspolitische Planung entsprechend diesen Vorgaben ein; der Europäische Rat und der Ministerrat geben auf Basis dieser Berichte für jedes Land Empfehlungen zur allgemeinen Wirtschafts- und Haushaltspolitik ab. Das Spektakuläre an diesem Semester ist, dass die wirtschaftspolitische Koordinierung in der Währungsunion bis auf den Haushaltsprozess eines jeden Mitgliedstaats durchgreift. Die Union schaut den Finanzministern der Staaten sozusagen direkt in die Kochtöpfe respektive auf die Finger.

Der Vorteil dieses Verfahrens liegt auf der Hand: Man kann die Defizitsünder stellen, noch bevor sie zu solchen werden. Der Nachteil: Hier beginnt eine eklatante Einmischung der Europäischen Union in die intimsten Angelegenheiten eines Staates, seinen Budgetprozess. Das Europäische Semester bedeutet – wenn auch verklausuliert und in geringem Ausmaß – eine Aufgabe nationaler Kompetenzen zugunsten Europas. Die nationale Souveränität des Parlaments – sein Budgetrecht – wird beschnitten, zwar nur ein wenig, aber es wird beschnitten. Der Bundestag wird nicht entmündigt, aber in seinen Kompetenzen gestutzt. Das muss man sich klarmachen und politisch wollen – wie viel Einmischung von außen verträgt eine Nation, eine Demokratie?

Schwer zu sagen, manche glauben, dass sie sogar noch mehr Einmischung von außen verträgt und benötigt, weswegen sie noch weiter gehende Vorschläge parat haben, um das Schuldenelend der Währungsunion zu reparieren: mehr Integration. Wie wir gesehen haben, ist eine Ursache für die Spannungen in der Währungsunion der Umstand, dass die Mitgliedstaaten wirtschaftlich auseinanderdriften. Höhere Löhne, geringere Produktivität und politischer Schlendrian führen zu hohen Leistungsbilanzdefiziten und zu einer höheren Verschuldung im Ausland – mit allen griechischen Folgen. Will man diesen verhängnisvollen Mechanismus abstellen, so liegt es nahe, hier anzusetzen: Was, wenn man die Staaten auch daraufhin kontrolliert, ob ihre Politik zu einer solchen Entwicklung führt? Im Politiksprech nennt man das Auseinanderdriften unterschiedlicher Staaten „makroökonomische Ungleichgewichte" und mischt sich in die nationale Politik ein, wenn man vermutet, dass solche Ungleichgewichte drohen. Wie soll das aussehen?

Konkret schwirren Pläne durch Brüssel, dass die Europäische Kommission die nationale Wirtschaftspolitik der Staaten untersuchen und Umstände benennen soll, die zu makroökonomischen Ungleichgewichten führen können. Als Beispiele werden zu hohe Arbeitskosten genannt, auch überhöhte Immobilienpreise könnten ein solcher Hinweis sein – denken Sie nur an den spanischen Bauboom. Wenn die Kommission solche Anzeichen für das Entstehen makroökonomischer Ungleichgewichte feststellt, soll sie das betreffende Land dazu ermahnen, seine Politik zu ändern, um die drohenden Ungleichgewichte abzuwenden. Und wenn das Land dauerhaft an dieser Politik nichts ändert, soll die Einleitung eines „Ungleichgewichtsverfahrens" mit Sanktionen möglich sein.

Entkleidet man diese Idee des üblichen Politikjargons, so steht dahinter eine knallharte Intervention der Europäischen Union nicht nur in die Haushaltspolitik, sondern auch in die Wirtschaftspolitik der Mitgliedstaaten. Vor allem die Lohnpolitik dürfte davon betroffen sein, ein Politikbereich, der so sensibel ist, dass man es sich kaum vorstellen kann, dass nationale Regierungen hier Kompetenzen abgeben werden – wenn sie dort überhaupt welche haben. Im Grunde genommen verbirgt sich hinter diesem Vorschlag die Vorstellung, den für eine Währungsunion notwendigen Gleichklang in der wirtschaftlichen Entwicklung der Mitgliedstaaten per Zwang herzustellen; eine Art europäische Wirtschaftsregierung. Das muss man schon mögen.

Strich drunter: Die Idee, die Probleme der Währungsunion – und die damit verbundenen Probleme der Staatsverschuldung – durch mehr Aufsicht zu lösen, kann letztlich nur funktionieren, wenn die Mitgliedstaaten bereit sind, sich in ihren Kompetenzen beschneiden zu lassen. Ob Sanktionen beim Nichteinhalten von Schuldenkriterien, Aufsicht über den Haushalt oder über die nationale Wirtschaftspolitik – alle Lösungen basieren auf einem Kompetenzverzicht der Nationalstaaten zugunsten der Union. Und allen Lippenbekenntnissen für ein geeintes Europa zum Trotz kann man den europäischen Staatenlenkern nicht viel Enthusiasmus dafür attestieren. Daher wird es wohl bis auf Weiteres solche Maßnahmen nicht geben.

Ein weiteres Lippenbekenntnis der Europäer ist die viel gepriesene Solidarität, der größere Zusammenhalt der Staaten – ist das vielleicht die Lösung des Problems? Damit wären wir bei Lösungsvorschlag Nummer zwei: nicht mehr Aufsicht, sondern mehr Zusammenhalt. Könnte das funktionieren?

„Pflicht zum Widerstand"

Das waren starke Worte: Von einem „Generalermächtigungsgesetz" war da die Rede, von „Notstandsgesetzen"; von einem „Putsch". Die Bürger hätten „nicht nur das Recht, sondern sogar Pflicht zum Widerstand" nach Artikel 20 Absatz 4 des Grundgesetzes. Was hier in markigen Worten daherkommt, sind die Kommentare deutscher Juristen und Ökonomen zum Rettungspaket für die Europäische Währungsunion. Die Zustimmung der Bundesregierung, sich zur Rettung der südlichen Schuldenländer am Rettungsschirm zu beteiligen und Garantien von bis zu 148 Milliarden Euro bereitzustellen, wurde gleich von mehreren Seiten mit Klagen beantwortet. Da war zum einen die Gruppe von Professoren um den Tübinger Ökonomen Joachim Starbatty, die Verfassungsbeschwerde gegen den Euro-Rettungsschirm einlegte. Diese Gruppe hatte schon vor der Einführung des Euro gegen diesen geklagt – ohne Erfolg. Interessanterweise hatten die Ökonomen im Zuge ihrer damaligen Klage genau das prophezeit, was später Realität werden sollte – Schuldenkrise plus Transferunion. Die „handstreichartige Missachtung des Lissabon-Vertrags" war für die Professoren Anlass, erneut zu klagen. Ebenfalls Klage eingereicht hat eine Gruppe um den Berliner Finanz- und Rechtswissenschaftler Markus C. Kerber, die sich gegen die Umwandlung der Währungsunion in eine Haftungsgemeinschaft durch ein „Generalermächtigungsgesetz" wendet. Kerber hofft auf eine „Bürgerrevolte", sollte das Gericht ihren Anträgen nicht stattgeben; die Bürger hätten „nicht nur das Recht, sondern sogar die Pflicht zum Widerstand" nach Artikel 20 Absatz 4 des Grundgesetzes. Weitere Kläger sind der ehemals prominente Bundestagsabgeordnete Peter Gauweiler von der CSU sowie mehrere Einzelpersonen.

Die Beschwerden der Kläger drehen sich mehr oder weniger um den gleichen Punkt, um die drohende Gefahr einer Transferunion. Das muss man sich so vorstellen wie den deutschen Länderfinanzausgleich, den wir bereits kennengelernt haben („Berlin ist pleite"): Die reichen Länder des Staatenbundes unterstützen mit ihrem Geld die armen Nachbarn. Die Begründung dafür ist in etwa die gleiche wie beim Finanzausgleich: Driften die einzelnen Mitgliedstaaten des Staatenbundes zu sehr auseinander, dann kommt es zu Wanderungsbewegungen von den armen in die reichen Staaten – mit allen unerwünschten Folgen –, oder aber zu gravierenden wirtschaftlichen Ungleichgewichten. Nun ist die Mobilität der Menschen innerhalb von Europa erstaunlich gering, weswegen es im Zuge des Auseinanderdriftens der Staaten der Währungsunion kaum zu Wanderungen gekommen ist. Statt der Menschen sind die Güter gewandert – die armen Länder haben sich auf diesem Weg, begünstigt von den niedrigen Zinsen, die der Euro-Raum ihnen beschert hatte, bei den reichen Schwestern und Brüdern verschuldet – mit allen bekannten Folgen.

Wer so etwas verhindern will, muss dafür sorgen, dass die Mitgliedstaaten nicht zu sehr auseinanderdriften, dass Armut und Reichtum im europäischen Haus nicht zu stark auseinanderfallen, und falls das geschieht, gibt es eben Ausgleichszahlungen von den reichen an die armen Länder. Der Gedanke ist nicht neu: Als 1993 der Beschluss zur Gründung der Währungsunion gefasst wurde, kam der Gedanke auf, dass einige Staaten auf dem Weg in diese Union Hilfe nötig hätten – Staaten wie Griechenland, Spanien oder Portugal. Ohne zusätzliche Förderung sei es diesen Ländern nicht möglich, an der geplanten Währungsunion teilzunehmen. Das klang damals plausibel, also wurden spezielle Fördermaßnahmen auf den Weg gebracht, beispielsweise in Form des sogenannten Kohäsionsfonds, der für die Südländer Hilfen für Investitionen spendierte. Deswegen wurden diese Länder auch „Kohäsionsländer" genannt.

Insgesamt hat die Europäische Union über den Zeitraum von 2007 bis 2013 für die Regionalpolitik, die solche Entwicklungsgefälle zwischen den Regionen und Mitgliedstaaten verringern soll, Mittel in Höhe von 348 Milliarden Euro zur Verfügung gestellt. Als Ziele werden hier eine Beschleunigung der Konvergenz der Mitgliedstaaten und Regionen mit dem größten Entwicklungsrückstand, die Verbesserung der regionalen Wettbewerbsfähigkeit und Beschäftigung sowie die europäische territoriale Zusammenarbeit genannt – das ist bereits ein verkappter, wenn auch vom Volumen her beschränkter europäischer Finanzausgleich.

Wenn Sie sich an unsere Überlegungen zum deutschen Finanzausgleich erinnern, wissen Sie auch, wo die Probleme liegen: Die Gefahr eines solchen Finanzausgleichs besteht darin, dass er die Nehmerländer dazu inspiriert, ihre Bemühungen einzustellen oder zumindest zu reduzieren – warum sich selbst anstrengen, wenn man doch von den reichen Schwestern und Brüdern Geld bekommt? Im Zweifelsfall muss man damit rechnen, dass solche Garantien die Staatsverschuldung noch weiter nach oben treiben. Die zweite Sorge muss man darin sehen, was die Empfängerländer mit dem Geld machen, das sie bekommen. Natürlich sind die Mittel der europäischen Regional- und Strukturpolitik zweckgebunden – kann da also nichts schiefgehen?

Möglicherweise doch, denn wie wir gesehen haben, sind die Kohäsionsländer trotz der Gelder aus dem Fonds in die Schuldenfalle geraten. Die Krux solcher Transfermittel besteht darin, dass zwar die Mittel selbst an eine entsprechende Verwendung gebunden sind, nicht aber die übrigen Haushaltsmittel des Staates. Also muss man damit rechnen, dass Folgendes passiert: Der Staat finanziert aus den Transfermitteln der Union die entsprechenden Bauwerke oder Infrastrukturinvestitionen, die er ohnehin verwirklicht hätte, und das Geld, das er normalerweise dafür aus der eigenen Tasche aufgebracht hätte, verwendet er nun für etwas anderes, das süße Leben, die Prestigeobjekte, die Wählerstimmenfang-Projekte. Und am Ende dieser Veranstaltung steht ein Land, das auf Kosten der Geberländer die dringenden Infrastrukturprojekte finanziert und das eigene Geld für öffentliche Konsum- und Transferausgaben verwendet hat – und diese Ausgaben sind, wie wir gesehen haben, wenig wachstumsförderlich.

Bis jetzt haben wir nur über die Tücken eines solchen Unterstützungsmodells gesprochen, nicht aber darüber, ob man das auch politisch will: Wie groß ist die Solidarität der Europäer untereinander? Wollen die Deutschen mehr Steuern zahlen, damit in Griechenland neue Straßen entstehen? Sollen portugiesische Neubauten mit deutschen Steuergeldern finanziert werden? Das ist vorrangig eine politische Frage. Wer eine vertiefte Union mit mehr Solidarität will, muss sagen, wer diese Solidarität bezahlen soll – hier ist der sonntagsredenerprobte Spaß meist rasch zu Ende.

Zugegebenermaßen ist mit dem Euro-Rettungsschirm die europäische Transferunion noch nicht besiegelt – der Rettungsschirm gibt nur Kreditgarantien; man erwartet also, dass Griechenland und andere Pleitekandidaten das Geld zurückzahlen. Allerdings gibt es zwei verdeckte Transfermechanismen in diesem Rettungspaket: Erstens erhalten die Pleiteländer das Geld aus dem Rettungstopf günstiger als am Kapitalmarkt; dies stellt einen zinsvergünstigten Kredit dar, und die Kosten dafür tragen diejenigen, die diese Kredite vergeben – also unter anderem auch der deutsche Steuerzahler. Das mag keine große Summe sein, aber bei 500 Milliarden kommt da schon etwas zusammen. Teurer könnte der zweite Punkt werden: Können die Pleitekandidaten das Geld aus dem Rettungstopf nicht zurückzahlen, so fallen diese Schulden den Geberländern auf die Füße, dann zahlt der deutsche Steuerzahler für die griechischen Schulden.

Das wären also die Optionen in Richtung einer tieferen, engeren Währungsunion – der Verzicht auf nationale Souveränität und die Bereitschaft, mehr Steuern für die ärmeren europäischen Brüder zu zahlen. Dass das nicht nach jedermanns Geschmack ist, kann man verstehen, aber was sind die Alternativen? Eine davon liegt auf der Hand: die nukleare Option.

Weniger Währungsunion wagen

Es gibt Dinge, die nicht sein dürfen, weil man sie politisch nicht will. So ist es zum Beispiel mit dem Austritt oder Rauswurf aus der Europäischen Währungsunion. Einen Austritt aus der Währungsunion sehen weder der Maastricht-Vertrag noch die Satzung des europäischen Zentralbankensystems vor. Im Vertrag von Lissabon gibt es zwar den Paragrafen 50, der erstmals ausdrücklich das Austrittsrecht eines Staates aus der EU erwähnt, allerdings ist unklar, ob das auch für die Währungsunion gilt. Die Politik verdrängt diese Option, und Ökonomen sind skeptisch: „Die Debatte über einen Austritt ist Science-Fiction, tauglich vielleicht als Thema für die Gartenparty, aber nicht für die Politik", erklärt der amerikanische Ökonom Barry Eichengreen, der den Europäern bescheinigt, dass Griechenland ihre Lehman Brothers seien.

„Lieber die Augen zu und den Schwächsten stabilisieren, als das gesamte Euro-System ins Rutschen zu bringen", sagt der Wirtschaftsweise Peter Bofinger. Aber es gibt auch Stimmen, die das Undenkbare thematisieren. So verlangt CSU-Landesgruppenchef Hans-Peter Friedrich, den Austritt Griechenlands aus der Euro-Zone nicht zum Tabu zu erklären.

Was aus Sicht vieler Politiker undenkbar scheint, war in den vergangenen 60 Jahren Realität: Von 1948 bis 1997 gab es weltweit 130 Austritte aus Währungsunionen, aber nur 16 Beitritte. Insofern wäre geklärt, dass so etwas nicht nur denkbar, sondern auch machbar ist. Über die unmittelbaren Folgen eines solchen Schritts haben wir ja bereits gesprochen. Hier wollen wir für einen Moment das Undenkbare denken: Wie könnte eine Welt nach der Währungsunion aussehen?

Die maximal größten Auflösungserscheinungen hätte man, wenn jedes Land zu seiner eigenen Währung zurückkehren würde – eine Welt, wie es sie vor der Währungsunion gab. Auch damals hat die Erde sich gedreht, und sie würde sich auch in diesem Fall weiterdrehen. Die unmittelbaren Umstände wären unangenehm; Währungsturbulenzen, politische Reibereien, logistische Albträume und hohe Kosten der Wiedereinführung würden diesen Unions-GAU begleiten – allerdings nur vorübergehend. Besser ein Ende mit Schrecken als ein Schrecken ohne Ende. Es würde zu Kapitalflucht aus den abwertungsbedrohten Ländern kommen, was deren Lage noch verschlechtern würde, Länder mit Aufwertungstendenzen wie Deutschland hingegen würden Kapitalzuflüsse sehen – und Probleme mit ihrer Exportindustrie bekommen.

Langfristig wäre die Frage, wie eine Europäische Union ohne gemeinsame Währung funktionieren könnte. Zu erwarten wären Wechselkursunruhen, Abwertungen, Aufwertungen, Streitigkeiten – aber man darf nicht verkennen, dass es die gleichen Anspannungen im Falle einer weiteren Existenz der Währungsunion gibt, nur dass diese sich nicht in Form von Wechselkursunruhen äußern, sondern in Form solcher Unruhen, wie wir sie auf Griechenlands Plätzen gesehen haben. Wechselkursunruhen sind das Resultat zwischenstaatlicher wirtschaftlicher Ungleichgewichte, und diese Ungleichgewichte stellt man nicht ab, indem man die Wechselkurse abschafft. Man verlagert lediglich ihre Folgen in andere Bereiche.

Dennoch: Eine komplette Auflösung der Währungsunion ist vermutlich weder realistisch noch wünschenswert; eine wirklichkeitsnähere Variante wäre eine Zweiteilung, eine Nord-Währungsunion und eine Süd-Währungsunion, in der Nord-Union die stabileren, inflationsabgeneigten Staaten des Nordens, in der Süd-Union die Oliven-Staaten des Südens, die etwas mehr Inflation vertragen und möglicherweise sogar brauchen. Wir wollen hier nicht weiter auf die Vor- und Nachteile dieses Modells eingehen, nur so viel: Der Vorteil ist, dass man die Spannungen innerhalb der jetzigen Union reduziert, der Nachteil, dass zunehmende Spannungen zwischen beiden Unionen möglich sind.

Insgesamt muss man feststellen, dass keine der Optionen zur Rettung der Währungsunion und zur Eindämmung des damit verbundenen Schuldenproblems überzeugt. Die Europäer haben in den kommenden Jahren die Wahl zwischen Cholera und Pest, zwischen Not und Elend. Was aber viel schwerer wiegt: Die hier diskutierten Lösungen tragen nichts dazu bei, das aktuelle Schuldenproblem zu lösen. Europa ist hoch verschuldet, die meisten anderen Staaten der Welt ebenfalls, und irgendwie werden wir von diesem Schuldenberg herabsteigen müssen. Aber wie? Eine mögliche Lösung schwebt wie ein Damokles-Schwert über den Köpfen aller Bürger, und dieses Schwert wollen wir uns anschauen. Es beginnt mit einer Zeit, in der jeder Deutsche Millionär war.

9 DER WEG DER FEIGLINGE

„Der Wert des Geldes ist der Pulsschlag des Staates."

Voltaire (1694–1778)

Die Zeit der Millionäre

Sie kamen zu den Fabriken mit Wäschekörben und Koffern behängt, um den Lohn ihrer Männer abzuholen – jeden Tag. Und dann rannten sie. Sie rannten, um das nahezu wertlose Papier, mit dem ihre Männer täglich entlohnt wurden, so rasch wie möglich einzutauschen gegen Brot, Wurst, Kaffee, was man eben zum Überleben braucht. Und je schneller sie es schafften, Papier in reale Werte umzutauschen, umso mehr hatten sie der Geißel ein Schnippchen geschlagen, jener Geißel, die Deutschland 1923 drangsalierte.

Man musste sich in diesen Jahren beeilen, sein Geld unters Volk zu bringen. Kostete ein Roggenbrot im Oktober 1922 noch 23 Mark, musste man im Juli 1923 dafür bereits 2.000 Mark und im Herbst 260 Millionen Mark hinblättern. Eine Fahrt in der Straßenbahn kostete Mitte November 150 Milliarden Mark. Jeder Deutsche war Millionär, auch wenn er sich für diese Millionen kaum etwas kaufen konnte.

Allein zwischen Oktober und November 1923 brachte die Reichsbank 400 Trillionen Mark in Umlauf. Auf dem Höhepunkt der deutschen Inflationstragödie waren 30.000 Menschen mit der Herstellung von Geldscheinen beschäftigt, rund um die Uhr arbeiteten bis zu 133 Fremdfirmen mit 1.800 Druckmaschinen für die Reichsdruckerei. 30 Papierfabriken produzierten das Banknotenpapier. Das Geld wurde tonnenweise in Geldtransportern durch Berlin gefahren – ohne dass die Polizei sie eskortieren musste: Im Oktober 1923 verzeichnete die Berliner Polizei fast keine Überfälle auf gepanzerte Wagen, obwohl sie in Kolonnen durch die Stadt fuhren. Kein Wunder: Ihre Ladung war kaum etwas wert. Wenn die Räuber die Geldtransporter überfallen hätten, dann allenfalls, um die Reifen zu stehlen.

Die Hyperinflation des Jahres 1923 war eine der größten ökonomischen Tragödien in der Geschichte Deutschlands – sie hat die Weimarer Republik vernichtet und die Machtergreifung der Nationalsozialisten vorbereitet. Sie hat das Bürgertum enteignet, Gläubiger zu armen Menschen gemacht, die Ersparnisse der Rentner aufgezehrt, das Vertrauen in den demokratischen Staat zerstört. Die Arbeitslosigkeit stieg, die Reallöhne fielen, Verarmung und Verelendung nahmen ebenso zu wie Plünderungen und Krawalle. Geld wurde zum Beheizen von Öfen benutzt, Kinder spielten mit Geldbündeln und ein US-Dollar kostete 4,2 Billionen Mark.

Neu ist das nicht: Zu allen Zeiten und in allen politischen Systemen haben sich Politiker, Staatsoberhäupter oder Despoten ihrer Schulden entledigt, indem sie das Geld, mit dem sie bezahlten, wertlos machten. Alleine für das 20. Jahrhundert zählt der Basler Wirtschaftshistoriker Peter Bernholz 29 Hyperinflationen, die alle mit gewaltigen Staatsdefiziten begannen. Schuld daran ist vor allem das Papiergeld (das eigentlich eher Baumwollgeld heißen müsste und theoretisch Kreditgeld darstellt): Papiergeld lässt sich rasch und kostengünstig drucken – schneller und billiger kann man Inflation nicht erzeugen. Aber schon vor der Erfindung des Papiergeldes gab es Wege, den Wert des Geldes zu ruinieren. Die Römer setzten nach dem Ersten Punischen Krieg den Kupfergehalt ihrer Münzen von zwölf auf zwei Unzen herab und reduzierten so ihre Schulden im Realwert um fünf Sechstel.

Die Reduktion des Silbergehalts in den umlaufenden Münzen war auch Ursache der größten Inflation in der Geschichte des Heiligen Römischen Reichs Deutscher Nation – die Zeit

zwischen 1618 und 1623 nannte man die Kipper- und Wipperzeit. Damals wurden mithilfe einer Waage (Wippe) die guten
Münzen mit hohem Silbergehalt ausgesondert (gekippt). Aus
diesen Münzen gewann man das Silber und prägte unter Zugabe von Kupfer neue Münzen mit geringerem Silbergehalt.
Der Gewinn, der dabei entstand, war so verlockend, dass man
den Silbergehalt der Münzen immer weiter verringerte, bis
schließlich reine Kupfermünzen umliefen – und der Geldum-
lauf nahm immer weiter zu. Die Folge: Handel und Verkehr
belebten sich, aber die Preise gingen durch die Decke. Inflation ist keine Erfindung der Neuzeit, nur die Methoden und
deren Wirksamkeit haben sich verändert. Auch die Folgen
einer Inflation sind zeitlos. Schauen wir, was dabei heraus-
kommt.

Die Zeit der Sachwerte

Man kann sich die Folgen von Inflation am Beispiel einer
Motte klarmachen, die den Inhalt der eigenen Brieftasche
auffrisst. Zu Beginn des Jahres hat man 100 Euro in der Tasche, und Brot kostet einen Euro. Also kann man zu Beginn
des Jahres 100 Brote kaufen. Steigen die Preise, und Ende des
Jahres kostet ein Brot zwei Euro – dann kann man mit den
100 Euro, die man zu Beginn des Jahres hat, nur noch 50 Brote kaufen. Das Geld verliert an Kaufkraft, man kann nicht
mehr den gleichen Güterberg kaufen, den man vor dem Anstieg der Preise kaufen konnte. Die Motte hat einen Teil des
Brieftascheninhalts verspeist.

Damit ist klar, wen Inflation trifft: alle Besitzer von Geldvermögen, also alle Sparer. Stellen Sie sich vor, Sie wollten im
Jahr 1922, bevor die Hyperinflation ihren Lauf nahm, in Rente
gehen und haben sich dafür mühsam 500.000 Mark für den
Rest des Lebens angespart. Schon ein Jahr später können Sie
von dem, was Sie über Ihr ganzes Leben angespart haben,
nicht mal mehr eine Zeitung kaufen. Eine Lebensleistung ist
vernichtet. Das Gleiche gilt, wenn Sie eine Lebensversiche-
rung oder ein anderes Altersvorsorgeprodukt besitzen, das
Ihnen verspricht, vorher festgelegte Geldbeträge auszuzah-

len. Dann reicht das, was Sie über ein Leben hinweg angespart haben, für ein Päckchen Zahnpflegekaugummi. Lebens-
versicherung ade.

Inflation ist die Zeit der Sachwerte: Alles, was nicht staatlich bedrucktes Geld ist, wird immer wertvoller – das Land,
die Münzsammlung, die Immobilie, das Gold, Sammlerstücke. Deswegen rennen die Menschen von der Fabrik aus so
rasch wie möglich in die Läden, um Sachwerte zu erstehen,
die nicht an Wert verlieren, sondern zulegen. Wer Sachwerte
hat, ist Inflationsgewinner.

Satte Verluste hingegen erleiden Sie, wenn Sie Kredite vergeben haben: Sie verleihen am Jahresanfang 100 Euro – also
bei einem Brotpreis von einem Euro je Brot – und bekommen
am Ende des Jahres zwar wieder 100 Euro zurück, allerdings
sind die dann nur noch 50 Brote wert, weil sich der Brotpreis
verdoppelt hat. Für den Schuldner ist das komfortabel: Er leiht
sich am Jahresanfang 100 Euro, kauft damit 100 Brote, und am
Jahresende zahlt er Geld im Gegenwert von 50 Broten zurück.

Fazit: Gläubiger verlieren in der Inflation, Schuldner gewinnen. Das ist der Grund, warum Inflation eine für den
Staat so angenehme Lösung ist: Die Staatsschuld wird lautlos
abgetragen. Das war auch das Ziel der Regierung in den 20er-
Jahren: Deutschland war de facto pleite. Mit Staatsanleihen
hatte man einen teuren, sinnlosen Krieg finanziert, und jetzt
sollten diese Anleihen zurückgezahlt werden, zudem lasteten
hohe Reparationszahlungen auf dem Deutschen Reich. Also
beschloss man, der Welt zu demonstrieren, dass man nicht in
der Lage sein werde, diese Schulden zurückzuzahlen, und
überflutete das Land mit Geld. Mit den bekannten Resultaten.

Technisch funktioniert das so: Der Staat macht Schulden,
indem er Staatsanleihen begibt. Er verkauft ein Blatt Papier,
auf dem steht, dass er gegen Vorlage dieses Papiers zu einem
späteren Zeitpunkt das Geld, das man ihm für dieses Papier
gegeben hat, wieder zurückzahlt – mit Zinsen. Eine Staatsan-
leihe ist ein Schuldschein, also ein Versprechen. Doch wer
soll dieses Versprechen kaufen, wenn der Staat in die Pleite
schliddert?

In dramatischen Krisen ist das die Zentralbank. Sie druckt
Geld, gibt dem Staat dieses Geld und erhält im Gegenzug die

Staatsanleihen mit dem Versprechen, dass der Staat dieses Geld später wieder zurückzahlt. Im Grunde genommen wird hier also erst einmal Papier gegen Papier getauscht – aber mit einem wichtigen Unterschied: Mit seinen Schulden kann der Staat nicht bezahlen, mit den Geldscheinen der Notenbank schon.

Das Problem daran ist, dass diesen Geldscheinen zunächst nichts gegenübersteht – keine Güter, keine Wertsachen. Man erhöht einfach die umlaufende Geldmenge. Gibt der Staat das von der Notenbank geborgte Geld mit vollen Händen aus, so steht diesem Geld ein unverändert hoher Güterberg gegenüber, den man damit kaufen kann. Was aber passiert, wenn sagen wir unseren 100 Broten nicht 100 Euro Geldmenge, sondern 200 Euro Geldmenge gegenüberstehen? Im schlechtesten Fall steigt der Brotpreis von einem auf zwei Euro, und wir haben Inflation. Im besten Fall passiert etwas anderes: Der Staat schafft es, mit dem gedruckten Geld neue wirtschaftliche Aktivitäten anzuregen, die dazu führen, dass der Güterberg steigt, und dem gestiegenen Güterberg darf eine größere Geldmenge gegenüberstehen. Und noch besser: Die gestiegene Wirtschaftsaktivität steigert die Steuereinnahmen des Staates, wodurch dieser seine Schulden bei der Zentralbank zurückzahlen kann.

Das kennen wir ja schon: Wie immer kommt es darauf an, wofür der Staat das geliehene Geld verwendet – fließt es in produktive Verwendungsrichtungen, so ist das kein Problem, wird es hingegen verfrühstückt, bekommen wir ein Problem. Also: Wird aus dem zusätzlich gedruckten Geld, das der Staat der Notenbank aus den Rippen leiert, mehr Wachstum, geht das gut, verschleudert der Staat dieses Geld, gibt es Inflation, Heulen und Zähneklappern.

Im Falle der deutschen Hyperinflation ist das offenkundig schiefgegangen: Die deutsche Notenbank musste die Staatsanleihen der Regierung ankaufen, wodurch sich die Geldmenge dramatisch erhöhte mit dem Endergebnis, dass ein Roggenbrot 260 Millionen Mark kostete. Dieses Experiment ist gründlich gescheitert. Man muss sich nicht unbedingt mit Zeitunglesen beschäftigen, um ein unangenehmes Gefühl in der Magengegend zu bekommen: Die Zentralbank kauft Staatsschulden – das ist irgendwie recht aktuell, oder? In der Tat. Willkommen in der Welt des Quantitative Easing, oder QE, wie der Fachmann sagt.

Die Welt wird geflutet

Nach der Krise 2008 stand die Welt vor einem Scherbenhaufen: Die Konjunktur drohte weltweit einzubrechen und das Bankensystem stand kurz vor dem Kollaps. In dieser Situation begannen die Notenbanken weltweit, die Zinsen zu senken, um die Wirtschaft zu stimulieren und einen Zusammenbruch des Weltwirtschaftssystems zu verhindern. Zum einen sollte durch eine Lockerung der geldpolitischen Zügel verhindert werden, dass weitere Banken zusammenbrachen. Indem die Notenbanken den Geschäftsbanken billiges Geld zur Verfügung stellten, ermöglichten sie diesen, die Kreditvergabe an die Wirtschaft aufrechtzuerhalten, obwohl viele Banken in der Finanzkrise einen Großteil ihrer Reserven verloren hatten und kurz davor standen, handlungsunfähig zu werden (oder es sogar waren). Zum anderen sollte mit dem billigen Geld die Konjunktur belebt werden – niedrigere Zinsen bedeuten geringere Investitionskosten, also bessere Aussichten für die Unternehmensinvestitionen.

Und hier beginnt das Problem der Zentralbanken: In vielen Ländern waren die Zinsen bereits derart niedrig, dass man sie nicht weiter senken konnte – man kann den Nominalzins definitionsgemäß bestenfalls auf null reduzieren, andernfalls müsste man Geld von den Leuten dafür verlangen, damit sie ihr Geld anlegen – das klingt nicht sehr vernünftig. Was aber tun? Die Weltwirtschaft taumelte wie ein angeschlagener Boxer, weitere Maßnahmen zur monetären Lockerung sollten her. Die erste Idee war das sogenannte Qualitative Easing. Um das zu verstehen, müssen wir uns kurz vergegenwärtigen, wie die Zentralbank das Geld unters Volk bringt.

Die Geschäftsbanken erhalten von der Notenbank Geld, indem sie der Notenbank Wertpapiere verkaufen. Die Notenbank tauscht sozusagen diese Wertpapiere in Geld, indem sie den Geschäftsbanken dafür Bargeld leiht. Dieser Vorgang wird in der Notenbankbilanz entsprechend verbucht. Nach einem vorher festgelegten Zeitraum wird dieses Geschäft rückabgewickelt – die Bank gibt das Bargeld zurück, die Notenbank gibt der Geschäftsbank die Wertpapiere zurück. Bei diesen Wertpapieren handelt es sich zumeist um Anleihen, also Schuldpapiere, auch von Staaten. Im Grunde genommen werden also die Schulden, welche diese Anleihen repräsentieren, zu Bargeld gemacht. Normalerweise gibt die Notenbank dieses Bargeld nur gegen sehr gute Kreditpapiere her, also beispielsweise gegen Staatsanleihen von Staaten, von denen sie erwartet, dass sie ihre Schulden begleichen werden.

Was aber, wenn die Zentralbank ihr Geld für Anleihen von eher zweifelhafter Qualität hergibt? Im schlimmsten Fall kann der Staat seine Schulden nicht zurückzahlen, dann bleiben diese in der Bilanz der Zentralbank hängen. Das Geld, das die Zentralbank dafür herausgegeben hat, kreist aber weiter in der Wirtschaft. Und erzeugt Inflation. Und die Zentralbank bleibt auf einem Berg wertlos gewordener Staatspapiere sitzen.

Das klingt nicht gut, hat aber die Zentralbanken weltweit nicht davon abgehalten, im Schatten der Finanzkrise die Strategie des Qualitative Easing zu fahren, bei der man die Qualitätsstandards senkte, welche die Zentralbanken für Anleihen fordern, die sie von den Geschäftsbanken in Zahlung nehmen. Mit anderen Worten: Die Zentralbank gibt ihr Geld nicht nur für erstklassige Schulden her, sondern auch für Anleihen, bei denen Zweifel bestehen, ob der Schuldner sie zurückzahlen wird. So geschehen im Mai 2010, als die Europäische Zentralbank beschloss, dass griechische Anleihen weiterhin beleihungsfähig sind, auch wenn deren Bonität offiziell als bedenklich galt. Banken des Euro-Systems dürfen also auch künftig griechische Staatsanleihen bei der Zentralbank einreichen und erhalten dafür Bargeld, unabhängig davon, wie weit die Bonität des griechischen Staates noch fallen sollte, unabhängig davon, dass damit das Risiko steigt, dass die Zentralbank mit einem Berg griechischem Schuldenschrott in der Bilanz endet. Das ist Qualitative Easing.

Das klingt unangenehm, ist aber steigerungsfähig, nämlich durch das sogenannte Quantitative Easing. Hier fallen nun alle Hemmungen – die Zentralbank kauft direkt Staatsanleihen, finanziert die Schulden des Staates auf direktem Weg mit frischem Geld. Der Unterschied zum Qualitative Easing besteht darin, dass beim Qualitative Easing – zumindest theoretisch betrachtet – die Geldmenge als Ganzes nicht steigt, weil man hier sozusagen „nur" die Qualität der Wertpapiere, welche die Zentralbank annimmt, reduziert. Beim Quantitative Easing hingegen geht es explizit darum, mehr Geld in die Wirtschaft zu pumpen, um selbige anzukurbeln. Die Zentralbanken fluten die Welt mit Geld, für das sie im Gegenzug Staatsschulden erhalten.

Die Konsequenz des Qualitative Easing der Europäischen Zentralbank ist ein Ressourcentransfer von der Europäischen Zentralbank an Griechenland: Sobald die Zentralbank griechische Anleihen zu einem Wert erwirbt, der nicht gerechtfertigt ist – den die Finanzmärkte also nicht zahlen würden –, gibt sie den Griechen zu viel Geld für ihre Schuldpapiere. Das ist, als würde man den Griechen einen verbilligten Sonderkredit spendieren.

Aber QE, wie man Quantitative Easing in der Fachsprache nennt, hat noch weitere Effekte: Wenn die Menschen erwarten, dass mit der steigenden Geldmenge die Inflationsrate steigt – was auf längere Frist wohl richtig ist –, dann erkennen sie, dass ihr Geld künftig weniger wert sein wird. Was liegt dann näher, als selbiges sofort auszugeben? Das hätte einen belebenden Effekt auf das Wirtschaftswachstum: Die Notenbank flutet das Land mit Geld, die Bürger erwarten höhere Inflationsraten und geben schleunigst ihr Geld aus – und schon wird der Konsum belebt. Kommt es dennoch zu höheren Inflationsraten, hätte dies eine weitere Nebenwirkung: Der Staat könnte sich auf diese Weise – wie wir bereits gesehen haben – eines Teils seiner drückenden Schuldenlast entledigen. Der Staat hat wenig Anreize, sich gegen Inflation zu stemmen.

Leider ist das nicht die ganze Geschichte. Erwarten die Bürger höhere Inflationsraten, flüchten sie möglicherweise statt in Konsum in Sachwerte: Gold, Erdöl, andere Rohstoffe, Aktien, Immobilien und so weiter. Das Ergebnis wäre dann keine Inflation im üblichen Sinn, sondern eine Vermögenspreisinflation. Wegen QE steigen Aktienkurse oder Immobilienpreise in Rekordhöhen – bevor sie abstürzen. Das kommt uns bekannt vor. Diese Art der Inflation ist besonders gefürchtet, da man nicht weiß, wie man damit umgehen soll. Solch eine Inflation gab es am Beginn der Krise von Japan und auch am Beginn der Finanzkrise 2008.

Abgesehen von diesen möglichen Folgen: Von welchen Summen sprechen wir hier? Das ist von Land zu Land verschieden, kann aber sportliche Ausmaße annehmen: Die Bank of England, die britische Zentralbank, hat 2009 die gesamte Neuverschuldung des Staats mittels QE finanziert. Das bedeutet: Großbritannien hat 2009 seine Neuverschuldung de facto über die Notenpresse bezahlt. Die Fed (Federal Reserve Bank), die amerikanische Zentralbank, hielt Mitte 2010 rund 12,5 Prozent der Anleihen der Vereinigten Staaten und fast zwölf Prozent der amerikanischen Staatsschulden. Dagegen nimmt sich die Europäische Zentralbank noch harmlos aus; dort hatte man gegen Ende 2010 knapp ein Prozent der Staatsschulden in der Bilanz schlummern.

Wer jetzt an die deutschen Hausfrauen der 20er-Jahre denkt, die mit Schubkarren vor die Fabriktore zogen, um damit den Lohn ihrer Männer abzuholen und sofort in Sachwerte umzusetzen, ist vielleicht ein wenig zu panisch, hat aber vom Prinzip her recht: Die Zentralbanken kaufen Staatsschuldenpapiere der Zentralregierungen und bringen im Gegenzug dafür Geld in den Umlauf, das zunächst nicht durch einen entsprechenden Güterberg gedeckt ist – das riecht nach Inflation. Aber noch ist es nicht so weit und es muss nicht zwangsläufig eintreten – warum?

Zunächst einmal besteht zumindest in der Europäischen Währungsunion ein Unterschied zwischen der heutigen Situation und der Lage in den 20er-Jahren darin, dass die Zentralbank die Staatsanleihen nicht direkt vom Staat kauft, sondern an den Kapitalmärkten. Streng genommen verläuft die Geschichte also so: Der Staat leiht sich Geld bei den Geschäftsbanken und gibt ihnen im Gegenzug dafür Anleihen. Die Geschäftsbanken wiederum reichen diese Anleihen an die Zentralbank weiter und erhalten dafür Geld, das sie in Umlauf bringen können.

Doch genau Letzteres haben die Geschäftsbanken im Euroraum bisher kaum getan – sie haben zwar Staatsanleihen an die Zentralbank weitergereicht, das Geld, das sie von der Zentralbank dafür bekommen, haben sie aber als eine Art eiserne Reserve bei der Zentralbank selbst angelegt – als sogenannte Überschussreserven. Noch liegt das von der Zentralbank geschaffene Geld also auf den Konten der Zentralbank und hatte bisher keine Gelegenheit, für mehr Inflation zu sorgen – dazu muss es erst in die Brieftaschen der Konsumenten gelangen. Aber selbst wenn es dorthin gelangt, bedeutet das nicht automatisch eine höhere Inflation. Fragen die privaten Haushalte mehr Güter und Dienstleistungen nach, wird die daniederliegende Produktion angekurbelt und der an und für sich zu weite Geldmantel passt wieder – ohne größere inflationäre Tendenzen. Geben die Haushalte aber das Geld hauptsächlich für den Kauf von Gold und anderen bereits bestehenden Wertanlagen aus, wie bereits erwähnt, gibt es eine Inflation bei den Vermögenspreisen – mit den unangenehmen Folgen, die wir 2000 und 2008 bereits kennengelernt haben.

Bleibt das neu geschaffene Geld aber als Überschussreserve auf den Konten der Geschäftsbanken bei der Zentralbank liegen, kann es nicht nachfragewirksam werden. Damit wäre der Zweck der Politik weitgehend verfehlt. In diesem Fall wäre es einfach, das Geld wieder einzusammeln. Dazu muss die Notenbank nur die Anleihen, die sie von den Geschäftsbanken übernommen hat, an diese wieder zurückverkaufen.

Keine Frage, technisch sind die Notenbanken in der Lage, den riesigen Geldüberhang, den sie selbst geschaffen haben, abzubauen – die spannende Frage wird sein, ob es ihnen gelingt, eine erneute Vermögenspreisinflation – also den Anstieg der Preise von Gold, Immobilien oder anderen Vermögenswerten – zu verhindern oder einzudämmen. Dazu müssen sie die Zinsen erhöhen, mit dem Risiko, den konjunkturellen Aufschwung abzuwürgen. Darüber hinaus würde ein Zinsanstieg zu einer höheren Belastung der Staatshaushalte mit Zinszahlungen führen mit der Gefahr, dass dadurch die Budgetdefizite weiter steigen.

Nun wussten die Architekten der Europäischen Währungsunion um solche Gefahren – sie haben sogar versucht, Abhilfe zu schaffen. Die Blaupause für diese Abhilfe haben sie in Hessen gefunden, genauer gesagt in Frankfurt, in der Wilhelm-Epstein-Straße 14.

Die Sakristei des deutschen Wirtschaftswunders

So richtig zentral liegt die Wilhelm-Epstein-Straße nicht: Vom Herzen Frankfurts aus muss man die U-Bahn-Linien U1, U2 oder U3 nehmen, bis zur Station Dornbusch. Von dort aus kann man entweder die Stadtbuslinie 34 in Richtung Mönchhofstraße besteigen oder sich einen kleinen Fußmarsch in die Epstein-Straße gönnen. Wer mit dem Auto anreist, muss über die A 5 zum Nordwestkreuz Frankfurt, und dort auf die A 66 in Richtung Miquelallee/Stadtmitte abbiegen. An dieser Ausfahrt stehen die ersten Schilder, die den Weg zur Epstein-Straße weisen. „Bundesbank" steht darauf.

Der graue Betonklotz in der Epstein Straße war jahrzehntelang die „Sakristei des deutschen Wirtschaftswunders", wie ein Magazin es formulierte; andere, wie der ehemalige Notenbanker Karl Otto Pöhl, nannten sie schlicht die „Macht am Main". Die Deutsche Bundesbank war jahrzehntelang das Maß aller Dinge in der Geldpolitik, hier in Frankfurt, in der Epstein-Straße, wurden die monetären Konditionen für Europa festgezurrt, die Zinsen für Europa festgelegt, hier wurde Politik ohne Politiker gemacht.

Die erste politische Attacke auf die Bundesbank erfolgte im zarten Kindesalter, als sie noch „Bank Deutscher Länder" hieß. Damals, im Jahr 1950, wollte der Zentralbankrat den Diskontsatz (der Zinssatz, zu dem die Geschäftsbanken Geld von der Zentralbank leihen) erhöhen, sehr zum Unmut des damaligen Bundeskanzlers Konrad Adenauer, der von einem „Fallbeil für die Konjunktur" sprach. Adenauer sah in den hohen Zinsen eine Gefährdung der deutschen Konjunktur, das hätte seine Wiederwahl gefährdet. Am 26. Oktober 1950 fand die Sitzung der Notenbank nicht in Frankfurt, sondern in Bonn statt, im Bundeskanzleramt – Politiker kämpfen lieber auf vertrautem Territorium. Adenauer, Ludwig Erhard und weitere Bundesminister nahmen an der Sitzung teil, auf der Adenauer den Notenbankern klarmachte, was er von ihnen erwartete. Die Bank blieb unbeeindruckt – und erhöhte den Diskontsatz von vier auf sechs Prozent.

Diese Unbeugsamkeit hat der Deutschen Bundesbank in der Geldpolitik einen entsprechenden Ruf verschafft – unabhängig, unnachgiebig, unbeugsam. „Mit der Bundesbank ist es wie Schlagsahne – je mehr man sie schlägt, umso fester wird sie", urteilte Wim Duisenberg, der spätere Präsident der Europäischen Zentralbank. „Nicht alle Deutschen glauben an Gott, aber alle glauben an die Bundesbank", urteilte EU-Präsident Jacques Delors – wobei nicht ganz klar ist, ob das ein Kompliment ist. Beliebtheit war aber kein Ziel der Bundesbank, wie das britische Wirtschaftsmagazin *Economist* einmal feststellte: „Diese Bank liebt es, gehasst zu werden."

Diese Zeiten des Hasses sind vorbei – mit der Einführung des Euro hat die Bundesbank ihre herausragende Stellung unter Europas Zentralbanken verloren. Geblieben ist der Ruf, der Nimbus der Unbeugsamkeit – und genau diese Unbeugsamkeit war vom Gesetzgeber gewünscht. Warum, wissen wir aus den bisherigen Überlegungen: Eine unabhängige Notenbank wird sich nicht dem Druck der Politik beugen, mehr Geld zu drucken, Inflation zu erzeugen und auf diesem Weg die Schuldenpolitik des Staates mit frisch gedruckten Geldnoten zu füttern. Die Resultate dieses Arrangements sprechen im Fall der Deutschen Bundesbank eine deutliche Sprache: Eine unabhängige Notenbank ist ein Garant für Preisniveaustabilität, sie bewahrt die Bürger des Landes vor so einschneidenden Erlebnissen wie der Hyperinflation von 1923.

Der Ruhm der Bundesbank begründet sich darauf, dass es ihr gelungen ist, in den vergangenen Jahrzehnten die Inflationsrate in Deutschland niedrig zu halten – stabiler als im Rest Europas. „Wenn ich Deutsche wäre, würde ich die Bundesbank und die D-Mark auf alle Fälle behalten", kommentierte dies die ehemalige britische Premierministerin Margaret Thatcher 1993.

Die Deutschen durften ihre Zentralbank nicht behalten, aber als Ausgleich dafür versprach man ihnen, eine Zentralbank zu schaffen, die genauso unabhängig ist – die Europäische Zentralbank. Artikel 123 des Vertrags über die Arbeits-

weise der Europäischen Union ist Ausfluss dieses Verspre-
chens:

> *„Überziehungs- oder andere Kreditfazilitäten bei der Euro-*
> *päischen Zentralbank oder den Zentralbanken der Mitglied-*
> *staaten ... für Organe, Einrichtungen oder sonstige Stellen*
> *der Union, Zentralregierungen ... sind ebenso verboten wie*
> *der unmittelbare Erwerb von Schuldtiteln von diesen durch*
> *die Europäische Zentralbank oder die nationalen Zentral-*
> *banken.“*

Nach allem, was wir über die Folgen von Inflation und die
Rolle der Notenbank im Inflationsdrama gelernt haben, darf
uns das nicht überraschen: Inflation ist ein monetäres Phänomen, sie entsteht, wenn die Menge der umlaufenden Zahlungsmittel übermäßig steigt und größer wird als der Güterberg, den man damit kaufen kann. Und das passiert vor allem
dann, wenn der Staat Schulden macht und diese Schulden
von der Zentralbank mittels Notenpresse bezahlen lässt. Wer
das verhindern will, muss der Zentralbank untersagen, der
jeweiligen Regierung die Schulden mit der Notenpresse zu
finanzieren. Und genau das sieht der EU-Vertrag vor.

Wenn Sie an die obigen Ausführungen denken, kommen
Ihnen Zweifel: Im Rahmen von Quantitative Easing kaufen
die Notenbanken Staatsschulden und erhöhen dafür die Geldmenge – irgendetwas kann nicht stimmen. Tut es auch nicht:
Offiziell kauft die Europäische Zentralbank keine Schulden
von den Zentralregierungen, nein, sie kauft sie auf dem sogenannten Sekundärmarkt. Das haben wir bereits beschrieben:
Der Staat leiht sich Geld bei den Geschäftsbanken und gibt
ihnen im Gegenzug dafür Anleihen. Die Geschäftsbanken
wiederum reichen diese Anleihen an die Notenbank weiter
und erhalten dafür Geld, das sie in Umlauf bringen können.
Damit ist den Buchstaben des Vertrags Genüge getan – die
Notenbank kauft nicht direkt die Schulden der Regierungen,
sondern auf dem Umweg über die Geschäftsbanken. Natürlich kann das de facto auf die Bezahlung von Staatsschulden
über die Notenpresse hinauslaufen, auf dem geduldigen Papier des EU-Vertrags aber sieht das regelkonform aus.

Mit anderen Worten: Die Zentralbanken sind weltweit längst nicht mehr Herr der Lage, sie haben dem Drängen der Politik nachgegeben, deren Schuldenpolitik zu unterstützen, indem sie Geld drucken. Aus dieser Perspektive heraus erhebt sich erstens die Frage, wie unabhängig die Notenbanken noch sind, und zweitens, welche Folgen sich daraus ergeben können.

Die erste Frage hat nur eine politische Antwort: Offiziell werden die Notenbanken ebenso wie die zuständigen Politiker betonen, dass die Zentralbanken unabhängig sind – de facto lässt sich darüber streiten. Das muss nicht einmal so sein, dass die Politiker die Zentralbanken sozusagen dazu zwingen, Politik gegen deren Willen zu betreiben. Vielmehr muss man befürchten, dass den Zentralbanken irgendwann keine andere Wahl bleibt – sie geraten ins Schlepptau der Kapitalmärkte und ins Schlepptau der Politik. Der Rücktritt von Bundesbank-Chef Axel Weber, der sich als einziger europäischer Notenbanker öffentlich gegen den Kauf von Staatsanleihen ausgesprochen hatte, spricht da eine deutliche Sprache.

Letztlich blieb den Zentralbanken nicht viel übrig, als den Geschäftsbanken mit billigem Geld aus der Patsche zu helfen, sonst hätte ein Zusammenbruch der nationalen Bankensysteme gedroht. Es ging also nicht darum, ob die Zentralbanken wollten – sie mussten. Ein ähnliches Muster war auch beim Staatsbankrott Griechenlands zu besichtigen: Griechenland war de facto pleite, konnte seine Schulden nicht mehr begleichen, und der griechische Bankrott bedrohte die gesamte Euro-Zone. In dieser Situation blieb der Europäischen Zentralbank nicht viel mehr übrig, als die Geldschleusen zu öffnen, griechische Ramschanleihen als Gegenleistung für frisch gedrucktes Geld zu akzeptieren (Qualitative Easing) und griechische Staatsanleihen anzukaufen (Quantitative Easing) – hätte sich die EZB in dieser Situation quergestellt, wäre es vermutlich zum Euro-Zonen-Crash gekommen.

Die Frage dürfte in den kommenden Jahren also nicht nur lauten, ob die Europäische Zentralbank unabhängig ist, sondern auch, ob sie es sich leisten kann, unabhängig zu agieren, oder nolens volens der Politik und den Finanzmärkten Folge leisten muss. Die andere Frage ist, ob eine mögliche Inflation den Regierungen hilft, ihre Schulden zu reduzieren. Vielleicht kommt es darauf an, wie viele Katholiken und Kommunisten ein Land hat?

„Profit ist unanständig"

Von Fiat-Chef Giovanni Agnelli ist der Spruch überliefert, man könne Gewinndenken nicht in einem Land verankern, dessen Bevölkerung zu zwei Dritteln aus Anhängern katholischer oder marxistischer Parteien bestehe, für die – wenn auch aus unterschiedlichen Gründen – Profit unanständig sei. Ein Ausdruck dieser unternehmerfeindlichen Haltung, über die sich Agnelli beschwerte, war die legendäre *Scala Mobile*, die automatische Indexierung der Löhne an die Inflationsrate. Wann immer die Inflationsrate sich erhöhte, stiegen die Löhne. Die Folgen dieser verhängnisvollen Scala: Stieg die Inflationsrate, so stiegen die Löhne, und steigende Löhne erhöhen die Inflationsrate, die zu steigenden Löhnen führt – und so weiter. Italien wurde, wie es Wirtschaftsmagazine formulierten, „Europameister in Sachen Teuerung und Arbeitskampf", ein „inflatorischer Modellstaat". Dennoch: Es dauerte Jahre, bis die Scala Mobile mithilfe einer Volksabstimmung abgeschafft wurde.

Auch wenn sich die Scala Mobile als verhängnisvoll erwiesen hat, so leuchtet ihr Zweck ein: Sie soll die Arbeitnehmer vor den Gefahren der Inflation schützen. Diese Art der Indexierung gibt es auch in anderen Bereichen, beispielsweise in der Immobilienbranche oder bei sonstigen lang laufenden Verträgen. Und – es gibt sie auch bei den Staatsschulden. „Inflationsindexierte Anleihen" nennt das der Fachmann, und ihre Grundidee ist die gleiche wie bei der Scala: Sie soll die Gläubiger vor Inflation schützen. Das geschieht, indem der Zins oder der Betrag, der später zurückzuzahlen ist, automatisch an die Inflationsrate angepasst wird. Damit ist der Gläubiger nicht mehr Inflationsverlierer, der Schuldner nicht mehr Inflationsgewinner.

Inflationsindexierte Anleihen wurden bereits an Soldaten im amerikanischen Unabhängigkeitskrieg als Sold ausgegeben, nach dem Zweiten Weltkrieg haben neben Ländern wie Finnland und Schweden insbesondere Hochinflationsländer wie Brasilien, Argentinien und Großbritannien solche Anleihen verkauft. Deutschland traute sich erstmals 2006 mit einer solchen Anleihe an den Markt.

Wirtschaftspolitisch besteht der Clou dieser Anleihen darin, dass dem Staat damit die Lust auf Inflation vergeht. Sind seine Schulden – wie üblich – nicht an die Inflationsrate gekoppelt, so kann er sich dieser Schulden zumindest teilweise entledigen, indem er Inflation erzeugt, wie wir oben gesehen haben. In einer Welt der inflationsindexierten Schulden ist diese Strategie sinnlos.

Nun ist aber der Anteil der inflationsindexierten Schulden der Bundesrepublik kaum messbar, und auch in den anderen Ländern ist das Gros der Schulden nicht inflationsindexiert – oder doch? Das kommt darauf an. Die offizielle Verschuldung ist praktisch in allen Staaten zu sehr großen Teilen nicht inflationsindexiert. Aber da ist ja noch die versteckte Staatsverschuldung, also vor allem die Verpflichtungen aus den Sozialversicherungssystemen – Rente, Gesundheit, Pflege und so weiter. Diese Verpflichtungen des Staates sind, wie wir schon gesehen haben, de facto auch Schulden, aber Schulden, deren Höhe tendenziell an der Inflationsrate hängt.

Nehmen wir beispielsweise die Rentenversicherung: Die Höhe der Renten ist in Deutschland an die Entwicklung der Nominallöhne gekoppelt, die sich eng an der Inflationsrate orientieren – steigt die Inflationsrate, steigen die Löhne, steigen die Renten; die Verpflichtungen des Staates gegenüber den Rentnern verringern sich durch Inflation kaum. Ähnlich ist es im Gesundheitswesen: Steigt die Inflation, so steigen die Kosten im Gesundheitswesen und damit das, was der Staat respektive die Sozialversicherungen bezahlen müssen. Inflation bringt hier eher Be- als Entlastung.

Diesen Teil der Staatsverschuldung wird der Staat nicht über Inflation entsorgen können, hier hilft nur eine echte Schuldenkürzung, eine Art verkürzter Staatsbankrott: Man reduziert die Leistungen aus diesen Versicherungen, ohne die Beiträge zu senken. Insofern muss man sich Rentenkürzungen als teilweisen, versteckten Staatsbankrott, vorstellen: Der Staat treibt von den aktuellen Beitragszahlern Rentenbeiträge ein, um seine Schulden gegenüber der aktuellen Rentnergeneration zu begleichen. Im Gegenzug dafür verspricht er den Beitragszahlern später eine Rente. Hat sich der Staat nun aber überschuldet, kann er dem Versprechen, den Beitragszahlern entsprechend den geltenden Leistungsregeln Renten zu zahlen, nicht mehr nachkommen, zumindest nicht in dem versprochenen Umfang – also kürzt er die Rückzahlung respektive die Rente. Das ist letztlich ein versteckter Staatsbankrott bei der impliziten Staatsverschuldung.

Bei diesem Teil der Staatsverschuldung hilft Inflation nicht weiter, aber es gibt noch einen weiteren Grund, warum Inflation heutzutage keine Patentlösung für das Staatsschuldenproblem ist: Die Bürger sind nicht dumm. Sobald sie bemerken, dass der Staat beginnt, sich seiner Schulden per Inflation zu entledigen, beginnen sie, Gegenmaßnahmen zu ergreifen. Zuerst steigen die Löhne, es kommt zu so etwas Ähnlichem wie der Scala Mobile: Steigt die Inflationsrate, so steigen die Löhne, weswegen die Inflationsrate steigt – und so weiter. Schlimmer aber für den Staat ist, dass auch die Zinsen steigen werden – sobald die Bürger erkennen, dass sich Inflation ausbreitet, werden sie höhere Zinsen verlangen, um dafür entschädigt zu werden. Das bedeutet, dass der Staat höhere Zinsen auf seine Schulden zahlen muss, was sein Schuldenproblem vergrößert. Also: Steigt die Inflation, so steigen die Zinsen, so steigen die Zinszahlungen, die der Staat leisten muss, es wird immer teurer für ihn, sich neues Geld zu leihen, was seinen Schuldenberg erhöht.

Heißt das, dass der Staat keinen Vorteil aus der Inflation ziehen kann? Hier muss man nach der Fristigkeit der Staatsschulden schauen. Dabei gehen wir von einer realistischen Annahme aus: Der Staat wird trotz Inflation nicht ohne neue Schulden auskommen, er muss also neue Schulden aufnehmen, allein schon deshalb, weil die Altschulden zeitlich befristet sind und nach Ablauf der Frist zurückgezahlt und erneut aufgenommen werden müssen. Und hier liegt der Haken: Will der Staat nach einem Jahr neue Schulden aufnehmen, um seine alten Schulden zu begleichen, so passiert das, was wir oben beschrieben haben: Die Gläubiger werden höhere Zinsen verlangen, um für die höhere Inflationsrate entschädigt zu werden. Und dann wird es für den Staat nicht trotz, sondern wegen der Inflation teuer, Schulden zu machen. Diejenigen, denen der Staat die Schulden unmittelbar nach dem Inflationsschock zurückzahlt, verlieren in diesem Spiel – sie bekommen statt der 100 Brote nur noch 50 Brote zurück. Diejenigen aber, die dem Staat neues Geld leihen sollen, lassen sich vom Staat und seinen Inflationseskapaden nicht überrumpeln und verlangen höhere Zinsen, damit sie, sobald es zur Rückzahlung kommt, nicht so gekniffen sind wie ihre Vorgänger.

Damit entpuppt sich Inflation als weniger geeigneter Rettungsanker für den Staat als auf den ersten Blick vermutet. Je größer der Anteil seiner Schulden ist, den er refinanzieren muss, umso weniger hilft ihm Inflation, weil die neuen Schuldner die Inflation in ihren Zinsforderungen berücksichtigen. Die landläufigen Vorstellungen, dass der Staat sich über Inflation entschulden kann, beruhen darauf, dass man unterstellt, dass der Staat keine neuen Schulden aufnehmen muss. Sobald er das tut, verliert diese Option deutlich an Charme. Mithilfe der Inflation kann er sich bestenfalls eines Teils der bestehenden Schulden entledigen – Inflation ist ein Taschenspielertrick, der nur einmal funktioniert.

Dieser Trick lässt sich nur weiter verwenden, wenn der Staat die Inflationsraten immer schneller immer höher schraubt. Wenn das erste Jahr vorbei ist, die Preise sich verdoppelt haben (die Staatsschulden real halbiert sind) und er neue Schulden aufnehmen muss, macht der Staat Folgendes: Er zahlt den von den neuen Gläubigern geforderten höheren Zins – und hebt die Inflationsrate danach nochmals an, um dadurch die Forderungen der neuen Gläubiger ebenfalls zu entwerten. Sie merken, wo dieses Spiel hinführt: Der Staat muss von Schuldenrunde zu Schuldenrunde die Inflationsrate hochtreiben, um sich real zu entschulden, und nach jeder Runde werden die neuen Gläubiger höhere Zinsen verlangen, um für die drohende Inflation entschädigt zu werden, weswegen der Staat dann die Inflation weiter in die Höhe treiben muss. Das ist wie bei Drogen: Die Dosis muss von Mal zu Mal höher werden, damit sich der gewünschte Effekt einstellt. Inflation ist eine Droge, zumindest für einen hoch verschuldeten Staat. Und wie das endet, haben wir gesehen. Aber wie ging die Geschichte mit den Frauen, die mit Waschkörben das Gehalt ihrer Männer einsammelten, aus? Ganz einfach: Die Politik besann sich auf den deutschen Klassiker, den jeder Bildungsbürger im Bücherschrank stehen hat. Den Klassiker, in dem der Teufel Geld druckt.

Die List des Teufels

Im zweiten Teil seines *Faust* erklärt das Dichtergenie Johann Wolfgang von Goethe, wie ein modernes Geldwesen funktioniert: Der Kaiser leidet darunter, dass sein Reich pleite ist, also fragt er den Hofnarren um Rat, der natürlich niemand anderes ist als der Teufel, Mephistopheles. Er erinnert den Kaiser daran, dass überall im Boden seines Reiches viele Schätze vergraben sind:

In Bergesadern, Mauergründen,
Ist Gold gemünzt und ungemünzt zu finden ...
Das alles liegt im Boden still begraben,
Der Boden ist des Kaisers, der soll's haben.

Diese Schätze könnten den Kaiser und sein Reich retten, aber wie soll er diese bekommen? Selbst ausgraben? Nein, der Teufel flüstert dem Kaiser einen anderen Plan zu, er soll einfach den Bürgern das Recht geben, diese Schätze auszugraben und zu behalten – und dieses Recht als Papier verpfänden:

„Zu wissen sei es jedem, der's begehrt:
Der Zettel hier ist tausend Kronen wert.
Ihm liegt gesichert, als gewisses Pfand,
Unzahl vergrabnen Guts im Kaiserland.
Nun ist gesorgt, damit der reiche Schatz,
Sogleich gehoben, diene zum Ersatz."

Die Idee ist teuflisch genial: Man druckt Scheine, die ihren Besitzer berechtigen, die Schätze, die im Boden des Landes stecken, zu heben und zu behalten – wenn man diesen Schein besitzt. Damit wird dieser Schein zu einem Wertpapier und wird zum Zahlungsmittel – und vom Volk akzeptiert. Ihm liegt ja ein Wert zugrunde, nämlich der Wert der im Boden des Reiches noch ungehobenen Schätze. Also wirft man die Druckmaschine an:

> *Durch Tausendkünstler schnell vertausendfacht.*
> *Damit die Wohltat allen gleich gedeihe,*
> *So stempelten wir gleich die ganze Reihe,*
> *Zehn, Dreißig, Fünfzig, Hundert sind parat.*

Und der Trick funktioniert: Die Untertanen des Kaisers akzeptieren diese Scheine als Geld, das Land findet aus seiner Schuldenklemme und prosperiert:

> *Ihr denkt euch nicht, wie wohl's dem Volke tat.*
> *Seht eure Stadt, sonst halb im Tod verschimmelt,*
> *Wie alles lebt und lustgenießend wimmelt!*

Dieser Trick ist die erste Beschreibung keynesianischer Konjunkturpolitik in der deutschen Literatur – mehr als 100 Jahre, bevor John Maynard Keynes diese Idee zu einem wirtschaftspolitischen Programm ausarbeitete. Bei allem Respekt vor Goethes Genie – er hatte für diese Idee reale Vorbilder, nämlich die legendäre Südseespekulation und den Fall des Schotten John Law, der mit Wertpapierspekulationen das französische Reich ruinierte.

Die unter der Hyperinflation ächzenden Deutschen haben bei der Lösung ihrer Inflationsprobleme auf ihren Goethe zurückgegriffen, standen sie doch vor einem ähnlichen Problem wie weiland der Kaiser im *Faust*: das Land pleite, das Geld nichts mehr wert, aber keine Werte, mit denen man neues Geld rechtfertigen und decken könnte. Also besann man sich auf Goethe und führte 1923 die Rentenmark ein – deren Wert stützte sich auf den Grundbesitz von Landwirtschaft, Industrie und Gewerbe in Deutschland. Der deutsche

Staat hatte Hypotheken auf Immobilien von Landwirtschaft, Industrie und Gewerbe aufgenommen und deckte quasi mit dem Wert dieser Immobilien die neue Währung – ähnlich wie beim Kaiser in Goethes *Faust* war das Papier durch die unveräußerbaren Schätze des Landes, nämlich Grund und Boden, besichert. Zudem wurden zwölf Nullen von den Scheinen gestrichen, indem der Wechselkurs zur Papier-Mark mit eins zu einer Billion Mark festgesetzt wurde, und der Zentralbank wurde verboten, die Schulden des Staates zu finanzieren. Es bestand zwar kein Zwang, die Rentenmark als gesetzliches Zahlungsmittel zu akzeptieren, die Bevölkerung tat dies aber – wie die Bürger in Goethes *Faust*. Die Inflation wurde schlagartig gestoppt. Etwas später, 1924, wurde die Rentenmark durch die Reichsmark als neuem gesetzlichem Zahlungsmittel abgelöst. Das war das Ende der deutschen Hyperinflation der 20er-Jahre.

Wer heute an die milliardenschweren Schuldenlasten denkt, welche die meisten Staaten belasten, wer an die ausschweifenden Abenteuer der Zentralbanken denkt, kann rasch auf die Idee kommen, dass uns über kurz oder lang ein solcher Währungsschnitt respektive eine Währungsreform droht – vor allem ältere Menschen, welche die Hyperinflation noch von ihren Eltern kennen und die Furcht ihrer Eltern vor solchen Katastrophen geerbt haben, stellen diese Frage häufig. Droht uns eine Währungsreform oder ein Währungsschnitt?

Ausschließen kann man nie etwas, aber die Befürchtungen vor einer solchen Katastrophe sind übertrieben. Solange ein Land in der Lage ist, ein großes Sozialprodukt herzustellen, hat seine Währung einen Wert, so lange benötigt es keine Währungsreform. Es ist der politische Wille einer Regierung, die Schuldenkrise in den Griff zu bekommen, der eine Hyperinflation mit angeschlossener Währungsreform verhindert. Ohne eine Änderung des Ausgabenverhaltens nützt die beste Währungsreform nichts – das Spiel würde einfach wieder von vorne losgehen. Sie werden sich erinnern – Argentinien lässt grüßen.

Es geht primär darum, Schulden abzubauen und den staatlichen Schuldendrang an die Leine zu legen. Mit anderen Worten, der Tiger muss gezähmt werden. Aber wie?

10 DIE BESTIE AUSHUNGERN

„Macht mir eine gute Politik, und ich will euch gute Finanzen machen."

Baron Lois, französischer Finanzminister 1830

Wie fängt man einen Tiger?

Ganz einfach: Man hebt eine Grube aus und wartet, bis das Tier hineinstürzt. Aber nun muss man ihn aus der Grube in einen Käfig schaffen – eine knifflige Aufgabe, jedenfalls solange das Tier noch bei Kräften ist. Also hungert man den Tiger aus, bis er freiwillig in den Käfig geht, den man an die Grube herangebugsiert hat. Die Amerikaner nennen diese Strategie „starve the beast" – die Bestie aushungern.

Mitte der 80er-Jahre bekam diese Redewendung eine neue Bedeutung – in einem Artikel des *Wall Street Journal* ließ sich ein anonymer Mitarbeiter der Regierung Reagan mit den Worten zitieren, man habe zu wenig getan, um die Ausgabenwut des Staates zu drosseln. „Wir haben die Bestie nicht ausgehungert", erklärte er dem Reporter der Zeitung. Die Bestie, das ist im Weltbild konservativer Politiker der Staat, der sich immer mehr in die Belange der Bürger einmischt und in alle Bereiche des Lebens hineinregiert, vorzugsweise indem er mit Geld um sich wirft, mit der Folge steigender Staatsausgaben und höherer Staatsverschuldung. Und diese Bestie gelte es auszuhungern.

Die Grundidee der „starve the beast"-Strategie besteht darin, dass man den Staat davon abhalten soll, zu viel Geld auszugeben, und zwar am besten, indem man ihm erst gar kein Geld in die Hand gibt. Wer jemanden davon abhalten wolle, sein Geld zum Fenster hinauszuwerfen, der entziehe ihm am besten die Mittel. Also wollten die Konservativen – ihnen voran Präsident Ronald Reagan – dem Staat diese Mittel entziehen. Budgetdefizite, so Reagan, vermittelten Wählern den Glauben, dass sie zusätzliche Staatswohltaten zum Nulltarif bekämen. Daher präsentierte Reagan seinen Wählern Studien, nach denen jeder zusätzlich eingenommene Steuerdollar zu einem Anstieg der Staatsausgaben in Höhe von 1,58 Dollar führe. Wenn man den Staat in seinem Ausgabenhunger beschränken wolle, müsse man ihm den Geldhahn zudrehen, ähnlich wie bei verschwendungssüchtigen Kindern – da helfen Appelle an die Vernunft wenig, stattdessen kürzt man das Taschengeld.

Das hat eine gewisse Logik – wer viel Geld hat, gibt viel aus. Im schlimmsten Fall führen steigende Staatsdefizite zu steigenden Staatsdefiziten: Der Staat erhöht die Steuern, um das Defizit zu reduzieren, doch statt dies umzusetzen, werden die zusätzlichen Steuereinnahmen dazu verwendet, weitere Wohltaten an die Bevölkerung auszuschütten. Die Bestie ernährt die Bestie. Die Sanierung eines öffentlichen Haushalts mittels Steuererhöhungen ist nach dieser Lesart zum Scheitern verurteilt, da sie zu weiteren Schulden führt. Deswegen die radikale Idee der konservativen Tigerjäger: Einfach die Steuereinnahmen reduzieren; das zwingt den Staat quasi automatisch, weniger auszugeben. Das wirft eine interessante Frage auf: Was passiert, wenn der Staat weniger Geld ausgibt?

„Es gibt ein Leben nach den Ausgabenkürzungen"

Es sah nicht immer so triste aus mit den Staatsfinanzen, von den frühen 80er-Jahren bis Mitte des ersten Jahrzehnts des 21. Jahrhunderts gelang vielen industrialisierten Staaten das Kunststück, ihre Ausgaben zu stutzen. Wirtschaftswissenschaftler haben die Folgen dieser fiskalischen Enthaltsamkeit untersucht. Die Ergebnisse dieser Untersuchung lesen sich ein wenig wie ein Märchen – fast zu schön, um wahr zu sein.

Die Autoren der Studie, Ludger Schuknecht und Vito Tanzi, haben sich viel mit der Geschichte der Staatsausgaben beschäftigt. So haben sie sich das Ausgabenverhalten industrialisierter Staaten seit dem Jahr 1870 angesehen. Ihre Befunde decken sich mit den Vermutungen des wagnerschen Gesetzes, das wir bereits kennengelernt haben: Seit 1870 steigen die Ausgaben der meisten Staaten; speziell nach dem Ersten Weltkrieg und nach 1960. Noch erstaunlicher: Schuknecht und Tanzi fanden jede Menge Hinweise darauf, dass steigende Staatsausgaben nicht unbedingt zum Wohl der Bürger sind. Wie muss man sich das vorstellen?

Etwa so: Die beiden Ökonomen haben sich angesehen, was aus den Staaten wurde, die in den vergangenen 20 Jahren versucht haben, ihre Ausgaben in den Griff zu bekommen. Dabei fanden sie heraus, dass es drei verschiedene Gruppen von Staaten gibt: die ambitionierten Reformer, die ihre Staatsausgaben um mehr als fünf Prozent des Sozialprodukts senkten, die zögerlichen Reformer, bei denen die Ausgaben um weniger als fünf Prozent des Sozialprodukts zurückgingen, und die Nichtreformer, die ihre Ausgaben nicht im Griff hatten. Wie haben sich diese drei Gruppen geschlagen?

Je nach Standpunkt überraschend oder wenig überraschend waren die ambitionierten Reformer die Musterknaben unter den untersuchten Staaten: Sie senkten ihre Budgetdefizite und ihren Schuldenstand deutlich, was zu einem Rückgang der Steuerbelastung der Bürger führte. Und nicht nur das: Das Wachstum in diesen Ländern verbesserte sich deutlich, und damit einhergehend die Beschäftigung – ein Rückgang der Sozialausgaben relativ zum Sozialprodukt um ein Prozent erhöhte die Beschäftigung um 1,3 Prozent. Verglichen mit den zögerlichen Reformern und den Nichtreformern zeigte sich ganz klar: Wer mutig seine Ausgaben beschneidet, erzielt mehr Wachstum, höhere Beschäftigung und eine geringere Steuerbelastung. Einen Rückgang in der Lebensqualität der Bürger fanden die Forscher nicht: Lebensstandard, Erziehung – das alles zeigte sich von dem Rückgang der Staatsausgaben unbeeindruckt.

Gibt es wirklich keinen Haken? Zumindest einen: Die Einkommensungleichheit in den Reformstaaten nahm zu, was vor allem daher rührt, dass die Reformer einen wesentlichen Teil ihrer Ausgabenkürzungen bei den Sozialausgaben und den Subventionen vornahmen. Wer viel sparen will, muss dort sparen, wo viel ausgegeben wird, und das sind nun einmal die üblichen Verdächtigen. Allerdings war der Zusammenhang zwischen Budgetkürzung und Ungleichheit weniger ausgeprägt, als man erwarten würde. Das dürfte vor allem daran liegen, dass ein wesentlicher Teil der Sozialausgaben wenig zielgenau ist – da werden Subventionen und Einkommenstransfers zu einem Teil an Menschen vergeben, die das nicht brauchen; kürzt man diese Ausgaben, hat das wenig Einfluss auf die Einkommensungleichheit der Gesellschaft, aber einen großen Einfluss auf ihr Wachstum.

Genau dieses Wachstum ist es, welches die Zunahme der Ungleichheit entschärfen kann, führt es doch dazu, dass auch die Einkommen der unteren Einkommensschichten zumindest absolut gesehen steigen. Armut und Ungleichheit werden in der Regel relativ zur Gesamtgesellschaft gemessen, was erklärt, warum man in jeder Industrienation immer Arme haben wird – selbst wenn die Personen in dieser Bevölkerungsgruppe einen Internetanschluss und Fernseher haben. Senkt der Staat also seine Ausgaben, so mag dies durchaus dazu führen, dass Familien mit geringerem Einkommen relativ zu anderen Familien weniger haben, obwohl ihr Einkommen absolut steigt. Wenn Sie so wollen, kann man sich entscheiden: mehr Gleichheit für alle, bei zugleich geringerem Einkommen für alle, oder aber höhere Einkommen mit etwas größerer Ungleichheit. Das ist keine einfache politische Frage.

Bemerkenswert an den Sparanstrengungen der Staaten war auch, dass weniger an Erziehung und Gesundheit gespart wurde, fast die Hälfte der Einsparungen – lässt man wieder die Zinszahlungen außen vor – fielen bei den Sozialausgaben und Transfers an. Darüber hinaus haben vor allem die vorher hoch verschuldeten Staaten massiv an Zinsausgaben gespart, die sie bei sinkender Staatsverschuldung nicht mehr zahlen mussten. Insgesamt kann man feststellen, dass die Bemühungen der Staaten um sinkende Ausgaben den Staaten und ihren Bürger sehr gut bekommen sind. „Es gibt ein Leben nach den Ausgabenkürzungen", lautet das Fazit der Forscher.

Ein ermutigendes Ergebnis: Der Abbau der Staatsverschuldung kann zu mehr Wachstum führen. Und noch besser: Wenn Sie sich an die Überlegungen zur Schuldenstandsquote erinnern, wird das Ganze noch besser. Die Schuldenstandsquote, also die Staatsschulden dividiert durch das Sozialprodukt, sinkt umso mehr, je stärker das Sozialprodukt wächst. Damit wird aus dem Schuldenteufelskreis ein Schuldentugendkreis: Ein Abbau der Staatsverschuldung führt zu einem Rückgang der Schuldenquote und zu mehr Wachstum, und das steigende Wachstum reduziert die Schuldenquote weiter. Mit steigendem Sozialprodukt steigen auch die Steuereinnahmen des Staates, was es noch leichter macht, Schulden abzubauen. Besser geht es kaum, oder?

Das wäre also auf lange Frist der Königsweg zu einem Staat mit mehr Wachstum und Wohlstand: runter von den Schulden. Aber so einfach das klingt, so schwer kann das sein: Wie kommt man von seinen Schulden runter? Möglich ist das, das hat die Bundesrepublik Deutschland selbst bewiesen, die am 3. Oktober 2010 schuldenfrei wurde.

Endlich schuldenfrei

Der 3. Oktober 2010 war ein historischer Tag: Deutschland wurde offiziell schuldenfrei. Na ja, nicht ganz schuldenfrei, aber einen Teil ihre Schulden wurden die Deutschen endlich los: Ganze 92 Jahre nach dem Ende des Ersten Weltkrieges zahlte die Bundesrepublik Deutschland die letzte Rate ihrer Kriegsschulden zurück. Das waren Zinsrückstände aus der sogenannten Dawes- und der Young-Anleihe, zwei Anleihen, welche die Weimarer Republik zur Tilgung der Kriegsschulden aufgenommen hatte.

Nach dem Londoner Schuldenabkommen von 1953 waren noch Forderungen offen, vor allem die unbedienten Anleihen aus dem Dawes- und dem Young-Plan und die nicht gezahlten Zinsen zwischen 1945 und 1952, die Deutschland gestundet wurden. Die Begründung für diese Stundung war die Teilung Deutschlands. Komme es zur Wiedervereinigung, so die Vereinbarung, wäre Deutschland in der Lage, die ausstehenden Schulden zu begleichen. Und mit der Wiedervereinigung fielen dem Finanzminister als Mitgift diese Altschulden ins Nest. Dass er sie abbezahlen konnte, lag weniger an der eisernen Disziplin der Politiker als am bescheidenen Umfang der Restkriegsschulden – knapp 200 Millionen Euro wurden an die Inhaber dieser Anleihen gezahlt.

Die Alliierten hatten aus den Fehlern der Vergangenheit gelernt: Nach dem Desaster mit den deutschen Reparationen nach dem Ersten Weltkrieg, deren Höhe die deutsche Wirtschaft erdrückt hatte und die für die Hyperinflation und ihre desaströsen Folgen verantwortlich waren, war den alliierten Siegern nach dem Zweiten Weltkrieg klar, dass nur eine prosperierende Volkswirtschaft Reparationen oder Schulden zurückzahlen kann, und dass eine Volkswirtschaft, die unter den Forderungen ausländischer Gläubiger zusammenbricht, ein politisches Pulverfass ist.

Diese grundsätzlichen Überlegungen gelten heute noch, weswegen man Institutionen wie den Pariser und den Londoner Klub oder den Internationalen Währungsfonds geschaffen hat, die für eine geregelte Abwicklung eines de facto bankrotten Staates sorgen sollen – unter der Prämisse, dass dieser Staat weiter bestehen muss. Einen Staat kann und darf man nicht in den Schuldenturm sperren – es ist technisch unmöglich und politisch unklug.

Allerdings eröffnet diese Erkenntnis potenziellen Pleitestaaten ein Fenster zu opportunistischem Verhalten: Wenn man weiß, dass die internationale Staatengemeinschaft zur Stelle sein wird, wenn einem die finanzielle Puste ausgeht, liegt es nahe, diese Hilfsbereitschaft auszunutzen. Die Solidarität der internationalen Staatengemeinschaft darf nicht zu einem Blankoscheck werden. Es gilt, bei einem Staatsbankrott die feine Trennlinie zwischen der politisch notwendigen Solidarität und der wirtschaftlich erforderlichen Härte gegenüber Pleiteregierungen zu finden. Zu viel Solidarität bedeutet zu viele Staatspleiten, zu viel Härte bedeutet politische und wirtschaftliche Instabilität.

Was also soll die Staatengemeinschaft tun, wenn eines ihrer Mitglieder bankrottgeht? Im Grunde genommen erfordert dies vier Schritte: Zuerst muss man den Bankrott eines Staates feststellen, dann eine Bestandsaufnahme der Schulden machen, danach einen Rückzahlungsplan entwerfen und im letzten Schritt darüber nachdenken, wie man sicherstellt, dass sich der Schuldner an den vereinbarten Rückzahlungsplan hält.

Schritt Nummer eins klingt einfacher, als er ist: Wann ist ein Staat bankrott? Dazu haben wir in den vergangenen Kapiteln einiges gelernt, vor allem, dass ein Staat letztlich nur gegenüber dem Ausland insolvent werden kann; inländische Staatsverschuldung lässt sich immer – unter großen Schmerzen – beseitigen. Aber wann muss ein Staat gegenüber den internationalen Gläubigern Bankrott anmelden?

Den einen, einzig richtigen Indikator für diesen Bankrott gibt es nicht, vermutlich ist es hilfreich, sich auf mehrere Indikatoren zu stützen. Da wären beispielsweise die Exporterlöse und deren Verhältnis zum Schuldendienst, den ein Land an das Ausland leisten muss – solange die Wirtschaft des Landes in der Lage ist, die Verbindlichkeiten gegenüber dem Ausland mittels Exporten abzulösen, besteht keine Insolvenzgefahr. Wenn die Erlöse eines Landes aus den Exporten höher sind als der jährliche Schuldendienst an das Ausland, braucht man keinen Insolvenzverwalter. Auch die Devisenreserven eines Landes geben Hinweise auf die Zahlungsfähigkeit gegenüber dem Ausland.

Obwohl Indikatoren Hinweise darauf geben, wann ein Staat insolvent ist, kann letztlich nur der betreffende Staat selbst seine Insolvenz feststellen, es sei denn, er unterzeichnet eine bindende Vereinbarung über die Maßstäbe, nach denen eine Insolvenz von der internationalen Staatengemeinschaft verkündet wird. Dazu wären Kriterien der oben beschriebenen Art erforderlich.

Nach der Feststellung der Insolvenz folgen Bestandsaufnahme und Rückzahlungsplan – das ist ein Terrain für Ökonomen, Politiker und Diplomaten. Man muss ausloten, wie viel der betreffende Staat tragen kann, was die Gläubiger des betreffenden Staates zu tragen bereit sind, was ihnen zumutbar ist. Hier kommen alle Varianten zum Tragen, die wir bereits kennen: der Haarschnitt, also Reduktion der Rückzahlungssumme, Reduktion der Zinszahlungen, Streckung der Rückzahlungen – alles Varianten eines Staatsbankrottes.

Wie hoch die Schuldenreduktion ausfällt, ist eine Frage der Machbarkeit, des Verhandlungsgeschicks und der Solidarität der Staaten. Wir werden bei jeder weiteren Pleite, bei jedem weiteren Griechenland oder Irland uns fragen müssen, wie hoch unsere Bereitschaft ist, solchen Ländern zu helfen. Vorausgesetzt, wir haben noch die Fähigkeit zu helfen.

Und wenn Sie glauben, dass diese Frage schwer zu beantworten ist – der schwierigste Teil kommt erst: Wie stellt man sicher, dass sich der Schuldnerstaat an die getroffenen Vereinbarungen hält, und wie sorgt man dafür, dass die Anreize, einen Staatsbankrott in Kauf zu nehmen, so gering wie möglich gehalten werden? Die gängigen Möglichkeiten haben wir bereits durchdekliniert, und sie haben alle ihre Tücken: Strafzahlungen sind unglaubwürdig, vor allem, wenn man sie einem fast bankrotten Staat auferlegen will. Die Strafzahlungen auf später zu vertagen, nach dem Motto „Wenn es euch wieder besser geht, bezahlt ihr" klingt gut, hat aber den Haken, dass dadurch die Anreize für das Land sinken, sich von selbst wieder aus dem Sumpf zu ziehen – warum soll man sich abstrampeln und schuldenfrei werden, wenn dann die internationale Staatengemeinschaft bereitsteht und die Hände aufhält?

Bleibt noch die Möglichkeit der Haushaltsüberwachung oder der externen Haushaltsbegrenzungen: Ausländische oder supranationale Instanzen reißen das Ruder an sich und bestimmen, was und wie viel der Staat noch wofür ausgeben darf. Demokratisch äußerst bedenklich, politisch kaum zu verkaufen. Auch die subtileren externen Haushaltsbegrenzungen, bei denen sich die Staaten hinsichtlich Ausgaben und Verschuldung an Regeln halten sollen, sind nicht sonderlich wirksam – letztlich waren die Maastrichter Kriterien eine solche externe Vorgabe, und es findet sich kaum jemand, der behauptet, dass diese Kriterien funktioniert haben.

Ein Staatsbankrott ist nie eine erfreuliche Angelegenheit, und die Aufräumarbeiten sind alles andere als vergnügungssteuerpflichtig. Insofern wäre es wünschenswert, wenn sich die Staatengemeinschaft im Voraus auf ein standardisiertes Verfahren einigen könnte, wie man mit solchen Situationen umgeht – was der Welt fehlt, ist eine Insolvenzordnung für Staaten, ein international verbindlicher Kodex für den Umgang mit Pleitestaaten. Es ist bemerkenswert, dass die Insolvenz von Unternehmen in jedem Land gesetzlich geregelt ist, nicht aber die Insolvenz von Staaten. Dabei wäre eine solche Ordnung geeignet, den Investoren und der Staatengemeinschaft Sicherheit zu vermitteln – das hätte einige der Paniksituationen vermieden, die mit dem De-facto-Bankrott von Griechenland und Irland verbunden waren. Zudem würde eine solche Ordnung sicherstellen, dass kein Investor anschließend sagen kann, das habe er ja nicht gewusst – und Entschädigung von den anderen Staaten verlangt.

Einen Haken allerdings hat auch eine internationale Insolvenzordnung: Da es sich um souveräne Staaten handelt, gibt es letztlich keine Handhabe, Staaten dazu zu zwingen, sich an diese Ordnung zu halten – auch wenn dieselben Staaten in guten Zeiten einer solchen Insolvenzordnung zugestimmt haben. Der Umgang der europäischen Staaten mit den Regelungen des Vertrags zur Arbeitsweise der Europäischen Union hat deutlich gezeigt, dass Nationalstaaten im Zweifel keine Skrupel haben, sich über einmal getroffene Vereinbarungen hinwegzusetzen.

Keine Frage – ein Staatsbankrott ist eine unangenehme Sache. Statt also darüber nachzudenken, wie man einen solchen Fall managt, ist es sicherlich sinnvoller zu überlegen, wie man verhindern kann, in eine solche Situation zu geraten. Vielleicht, wenn es mehr Bürger gäbe wie Eberhard Kress?

Vollbremsung per Grundgesetz

Eberhard Kress ist Ingenieur und viel in der Welt herumgekommen, und im Laufe seines Berufslebens hat er, wie er sagt, gelernt zu schätzen, welch ein Privileg es ist, in Münster zu wohnen. Das hat in ihm den Wunsch geweckt, dass dies so bleibt. Da war nämlich etwas, das Kress schon lange ärgerte: Münster hat in Nordrhein-Westfalen mit die höchsten Steuereinnahmen und zugleich die höchste Verschuldung pro Einwohner. Sein Bekannter Lambert Lucas teilte seinen Ärger – er könne es nicht mehr mit ansehen, dass hier heutzutage in Saus und Braus gelebt werde – auf Kosten der Enkelkinder. Und schon stand die Bürgerinitiative „Schuldenstopp für Münster". Die Stadt Münster, so die Idee der beiden Männer, solle aufhören, neue Schulden zu machen – und zwar spätestens 2014. Kress und Lucas engagierten sich, hielten Mahnwachen und engagierten sich in Bürgerversammlungen.

Doch so ein richtiger Straßenfeger ist eine Bürgerversammlung über die Finanznot einer Stadt offenbar nicht: Auf der Versammlung zählte die örtliche Presse 29 Teilnehmer, darunter neun Pressevertreter und sechs städtische Beamte – eine Bilanz, die ebenso miserabel ist wie die Finanzen der Stadt Münster, um die es auf der Bürgerversammlung ging.

Man kann sich in der Tat nicht des Eindrucks erwehren, dass vielen Bürgern nicht bewusst ist, wie verschuldet Staat, Länder und Kommunen sind, welche Folgen das haben kann und wie hoch die Zeche sein könnte, die man ihnen und ihren Kindern auf die Rechnung setzen wird. Es ist erstaunlich, wie gering das Interesse vieler Bürger am Finanzgebaren ihrer Städte und Gemeinden ist. Während sich der Ausbau eines Bahnhofs zu einem bundesweiten Medienspektakel ausweitete, ist sie ohne große Debatte, Bürgerbegehren oder Bürgerproteste verabschiedet worden – die Bremse.

Die sogenannte Schuldenbremse wurde 2009 im Rahmen der Föderalismusreform II verabschiedet und ins Grundgesetz aufgenommen. Kern der Bremse: Dem Bund ist nur noch eine strukturelle Verschuldung in Höhe von 0,35 Prozent des Bruttoinlandsprodukts erlaubt, und ein konjunkturbedingter Anstieg der Kreditaufnahme im Abschwung muss in Aufschwungphasen ausgeglichen werden. Ausnahmen gibt es nur für Naturkatastrophen oder andere außergewöhnliche Notsituationen. Und damit drohende Haushaltsschieflagen künftig schneller erkannt werden, überwacht ein Stabilitätsrat die Haushalte von Bund und Ländern und leitet gegebenenfalls ein Sanierungsverfahren ein.

Kommt jetzt alles ins Lot? So einfach wird es nicht sein. Zunächst einmal ist die Schuldenbremse keine Budgetregel, die eine Rückführung der vorhandenen Staatsverschuldung vorsieht; sie begrenzt lediglich die maximale Höhe der Nettokreditaufnahme. Immerhin ein Anfang. Zudem kritisieren vor allem die Gewerkschaften, dass die klassische Konjunktursteuerung über Fiskalpolitik, wie wir sie bereits kennengelernt haben, mit der Bremse nicht mehr möglich sei. Das ist Ansichtssache: Zum einen muss man der Schuldenbremse attestieren, dass sie zumindest den Geist dieser Politik richtig erfasst und einfordert: Geld ausgeben in schlechten Zeiten, aber Rückführung der Schulden in guten Zeiten, damit man bei der nächsten Krise nicht ohne Patronen dasteht. Das, was bisher unter dem Etikett der Konjunkturpolitik verkauft wurde, beschränkte sich im Wesentlichen darauf, immer Geld auszugeben, ohne an die Rückführung der Schulden zu denken. Und Kreditaufnahme in Abschwüngen ist weiterhin möglich – das ist also nicht das Problem.

Kritikpunkt Nummer zwei wiegt da etwas schwerer: Es ist fraglich, ob mit der Bremse die klassische „gute" Staatsverschuldung noch möglich ist, die Verschuldung für mehr Investitionen oder die Verschuldung im Geiste der Generationengerechtigkeit (unsere Kinder sollen für die Autobahn zahlen, die sie nutzen werden). Hier legt sich der Staat Fesseln an, die für die gute Seite der Staatsverschuldung zu eng sind. Vielleicht ist das der politische Preis, den man zahlen muss, um die dunkle Seite der Staatsverschuldung im Zaum zu halten. Ein hoher Preis.

Offensichtlich kann man hinsichtlich der staatlichen Kreditaufnahme zwei Fehler unterscheiden. Der Fehler erster Art besteht darin, zu hohe Defizite in Kauf zu nehmen, weil das der politisch einfachste und bequemste Weg ist, sich gegenüber der Bevölkerung spendabel zu zeigen: Genieße die staatlichen Wohltaten heute und zahle dafür später. Wenn das Zahlen auf später verschoben wird, bleibt im Verborgenen, wer die Zeche zahlt. Der Fehler zweiter Art ist es, die

Möglichkeit der Staatsverschuldung fälschlicherweise als die Wurzel des Übels anzusehen. Verbietet man die Kreditaufnahme fast vollständig, so diese Fehleinschätzung, dann sind alle Staatsverschuldungsprobleme gelöst.

Die deutsche Schuldenbremse bekämpft den Fehler erster Art – und begeht den Fehler zweiter Art. Wenn es überhaupt dazu kommen sollte, dass die Schuldenbremse eingehalten wird, dürfte die staatliche Kreditaufnahme eher zu niedrig werden, weil dann auch sinnvolle Infrastrukturinvestitionen mit Steuern finanziert werden müssen – oder aber unterbleiben. Vor allem Letzteres steht zu befürchten.

Wie fast immer beruht die Einschätzung der Schuldenbremse darauf, welche Alternativen zur Verfügung stehen. Tatsächlich gibt es eine Alternative, die beide Fehlerquellen berücksichtigt. Ökonomische Analysen zeigen, dass nicht die Staatsverschuldung an sich Probleme bereitet, sondern das Ausgabenverhalten des Staates. Ähnlich wie im privaten Bereich beginnt der Absturz in die Schuldenfalle damit, dass die Ausgaben nicht an die Einnahmeerwartungen angepasst werden. Statt also die Schuldenaufnahme zu begrenzen, sollten wir die Freiheiten des Staates auf der Ausgabenseite beschneiden. Die Ausgaben dürfen dann nicht schneller steigen als das konjunkturbereinigte Bruttoinlandsprodukt.

Man macht also Folgendes: Man berechnet das Sozialprodukt, das sich ergibt, wenn man konjunkturbedingte Mehr- oder Minderausgaben herausrechnet, und an diesem bereinigten Sozialprodukt orientiert sich die maximal zulässige Staatsverschuldung. Diese Regel vermeidet, dass die Konjunktur durch eine Schuldenregel abgewürgt wird – im Gegenteil: Sie hätte den Charme eines sogenannten automatischen Stabilisators. Sinkt das Sozialprodukt wegen einer Rezession, so muss der Staat seine Ausgaben nicht dementsprechend reduzieren, weil ja genau dieser Teil des sinkenden Sozialprodukts nicht berücksichtigt werden soll. Damit steigen die Staatsausgaben relativ zum tatsächlichen Sozialprodukt, was ein zusätzlicher Impuls für die schwächelnde Wirtschaft ist. Im konjunkturellen Aufschwung dagegen bremst diese Regel die Staatsausgabenausweitung: Ein Boom erhöht das Sozialprodukt, dennoch darf der Staat nicht mehr ausgeben, weil die konjunkturbedingte Erhöhung nicht berücksichtigt wird. Damit sinken die Staatsausgaben relativ zum Sozialprodukt, was den Boom abbremst. Gerade das ist – wie wir gezeigt haben – dringend erforderlich, da besonders hier die schlimmsten Politikfehler gemacht werden. Darüber hinaus sagt die Regel nichts darüber, mit welchen Einnahmen die zulässigen Ausgaben zu finanzieren sind. Damit wird der Fehler zweiter Art – eine zu starke Beschränkung der Kreditaufnahme – vermieden.

Auch der Fehler erster Art – zu hohe Defizitfinanzierung – wird bekämpft. Zwar ist bei Gültigkeit der Ausgabenregel nicht auszuschließen, dass auch konsumtive Staatsausgaben und Transferzahlungen kreditfinanziert werden. Da aber die Staatsausgaben insgesamt limitiert werden, kann das Defizit in Relation zum Sozialprodukt ebenfalls bestimmte Grenzen nicht überschreiten. Daher wird ein gewisser Handlungsspielraum bei der Kreditfinanzierung geschaffen, aber ohne damit die Kreditfinanzierung zu einer Allzweckwaffe zu machen, deren Entwicklung letztlich dann doch nicht mehr kontrolliert werden kann.

Ein wichtiges Problem lässt sich selbst mit dieser Regel nicht aus der Welt schaffen. Vermutlich wird man auch bei dieser Regel Ausnahmen für zusätzliche Ausgaben in Notlagen zulassen. Tut man dies tatsächlich, und zwar ohne diese Notlagen möglichst gut abzugrenzen, riskiert man die Aushöhlung der Regelbindung. Es gibt gegen ein solches Verhalten keine wirksame Begrenzung, die man in ein Gesetz gießen könnte.

Letzten Endes darf man sich keinen Illusionen hingeben – jede rechtliche Regelung wird immer darunter leiden, dass sie Unklarheiten und Lücken lässt sowie Interpretationsspielraum eröffnet. Nicht alles, was berücksichtigt werden muss, lässt sich konkret aufschreiben und nicht alles, was man aufschreibt, kann so gefasst werden, dass es nicht umgangen werden kann. Regelbindungen für staatliches Handeln hinsichtlich Besteuerung, Ausgaben und Verschuldung sind erforderlich und sinnvoll. Gleichzeitig müssen wir aber damit rechnen, dass alle Regelbindungen nur in dem Ausmaß eingehalten werden, wie es der Stabilitätskultur der Politik entspricht.

Aus den Erfahrungen mit dem alten, leidgeprüften Artikel 115 Grundgesetz und den europäischen Konvergenzkriterien wissen wir, was diesen Regelungen fehlt: glaubwürdige und durchsetzbare Sanktionen. Wenn Regierungen Verfassungsbruch im Dutzend begehen, wenn Staaten ihre Budgetzahlen fälschen und supranational vereinbarte Regeln mir nichts dir nichts überrennen – wie glaubwürdig sind dann alle Schuldenbremsen und Ausgabenlimits der Welt? Man mag darüber streiten, ob es die in den Feuilletons der Zeitungen beklagte Ökonomisierung der Gesellschaft wirklich gibt, aber im Haushaltsrecht der Staaten gibt es sie nicht – hier haben politische Winkelzüge und wahltaktische Strategien den Vorzug gegenüber einfachem ökonomischem Denken. Die in diesem Buch vorgestellten Geschichten und Fakten zeigen, welche Folgen das hat. Vielleicht würde an der einen oder anderen Stelle etwas weniger Politik den Bürgern guttun.

Diese Überlegung gilt leider auch für alle anderen Verfahren, mit deren Hilfe die Staatsverschuldung begrenzt werden soll. Da wäre beispielsweise die Idee, die Einkommensteuersätze an die Neuverschuldung zu koppeln – je höher die Neuverschuldung, umso höher müssen die Steuersätze steigen. Das reduziert den Anreiz für die Politiker, Wählerstimmen per Neuverschuldung zu kaufen, weil diese Strategie automatisch mit höheren Steuern verbunden ist, was wahltaktisch betrachtet hässlich ist. Eine interessante Idee, die aber auch der Konjunktursteuerung via Staatsausgaben Rechnung tragen muss – und da sich höhere Steuern nicht mit einer Rezession vertragen, muss da wieder eine Ausnahmeregelung her. Und schon ist da wieder Manipulationsspielraum.

Ganz rigorose Vorschläge gehen in die Richtung eines unabhängigen Verschuldungsrats, der ein qualifiziertes Urteil über die zulässige Höhe der Staatsverschuldung fällt. Dieser Vorschlag ist dem Konzept der unabhängigen Notenbank nachempfunden – und hat damit fast die gleichen Probleme. So zeigen die Ereignisse um die Europäische Zentralbank, dass auch formal unabhängige Institutionen nicht vollständig unabhängig sind. Da wäre zum einen die Ernennung der Mitglieder einer solchen Institution, die immer politisch ist. Zum anderen kann ein solcher Rat von der Wucht der Ereignisse und den Forderungen der Politik überrannt werden, zumal er immer der Kritik ausgesetzt ist, keine demokratisch gewählte Institution zu sein – wie viel Macht darf und soll man einer solchen Institution einräumen?

Nicht zuletzt krankt diese Idee – wie alle anderen Reformvorschläge – am Fehlen geeigneter Sanktionen: Wie kann man eine Regierung dazu bringen, sich an Verschuldungsregeln oder Ausgabengrenzen zu halten, wenn keine ernsthaften Sanktionen drohen? Alle Geschehnisse um die Staatsverschuldung deuten immer wieder auf den gleichen Punkt: Letztlich kommen die Sünder davon. Staaten werden von der internationalen Staatengemeinschaft rausgehauen, Gläubiger geben Pleitestaaten wieder Kredit, und Wähler verzeihen Politikern ihre Schuldenexzesse zu schnell.

Mehr Licht!

Vielleicht hilft mehr Transparenz, den Bürgern zu zeigen, was die Politiker mit ihren Steuern machen? Wie wäre es mit dieser Idee: Man gestaltet den Haushalt des Staates um, führt drei getrennte Haushaltsbereiche ein – einen Investitionshaushalt, einen Konjunkturhaushalt und den Haushalt für das restliche, laufende Geschäft. Jeder dieser Haushalte hat unterschiedliche Funktionen, die klar getrennt sind.

Da wäre zunächst der Investitionshaushalt, in dem alle langfristigen Investitionsprojekte verbucht werden – für diesen Haushalt darf sich die Regierung verschulden. Das hat einen einfachen Vorteil: Die Politiker müssen explizit die Projekte anführen, für die sie sich verschulden dürfen, weil es sich um Investitionen handelt. Führt man diesen Haushalt nicht wie ein Staat, sondern wie ein Unternehmen, das die Rentabilität seiner Investitionen überprüft, so muss man auf lange Frist die Investitionsprojekte des Staates einer Erfolgskontrolle unterziehen. Natürlich ist diese Erfolgskontrolle nicht so einfach wie bei einem Unternehmen, weil sich viele staatliche Investitionen, wie wir gesehen haben, nicht unmittelbar in einer Rendite ausdrücken, sondern in mehr Wachstum. Aber immerhin würden ein solcher Haushalt und eine

langjährige Erfolgskontrolle der über diesen Haushalt finanzierten Projekte die Politik unter größeren Erklärungsdruck
setzen. Auch darf man die Macht der Presse nicht unterschät-
zen, wenn diese genüsslich über Kabinettstückchen aus dem
Investitionshaushalt berichtet, weil sie es nun leichter hat,
das mögliche Versagen von Politikern zu erkennen und zu
illustrieren. Man kann nicht mehr beliebige Staatsausgaben
als Investition deklarieren und sich fröhlich verschulden, da
man weiß, dass diese Ausgaben einer langfristigen Erfolgskontrolle unterzogen werden – im Grunde genommen ist es
schwer verständlich, dass es eine solche Erfolgskontrolle bisher nicht gibt.

Haushalt Nummer zwei ist der Konjunkturhaushalt; hier
werden alle Ausgaben und Einnahmen eingestellt, die der
Konjunktur geschuldet sind. Auch für diesen Bereich darf
sich der Staat verschulden, allerdings muss dieser Haushalt
langfristig ausgeglichen sein. Hier soll das passieren, was
keynesianische Konjunktursteuerung verlangt: In Boomzei-
ten muss er hohe Überschüsse aufweisen, die er in Krisenzeiten ausgeben darf.

Haushalt Nummer drei ist der normale Haushalt, das laufende Geschäft – für das sich der Staat nicht verschulden
darf. Wie sich auch ein privater Haushalt für seine laufenden
Ausgaben besser nicht verschuldet, sollte das auch dem Staat
nicht erlaubt sein. Und um sicherzugehen, kann man eine
Notfallrücklage bilden, so wie jeder gute Haushalt zwei Mo-
natsgehälter zurücklegt für den Fall, dass unvorhergesehene
Ausgaben entstehen.

Der Trick an diesen Haushalten besteht darin, dass sie
voneinander getrennt werden, wodurch sowohl die Ausgaben
als auch die Kredite eine eindeutige Zuordnung erhalten –
das erschwert es der Politik, sich der ungebremsten Schuldenlust hinzugeben. Jede Ausgabe, jeder Kredit, muss gerechtfertigt werden und wird auf lange Frist auf seine Rechtfertigung überprüft. Vielleicht wäre das ein kleiner Schritt
zur Eindämmung der Schuldenexzesse – ein kleiner Schritt
auf einem langen Weg. Doch wohin führt dieser Weg? Um
diese Frage zu beantworten, braucht es Hellseherei. Ein paar
Tipps gefällig?

Der Barnum-Effekt

Wer Hellseher werden will, braucht Menschenkenntnis und ein paar simple Tricks. Trick Nummer eins ist der Barnum-Effekt, benannt nach dem Zirkuspionier Phineas Taylor Barnum, Spitzname „König Humbug": Machen Sie nur allgemeingültige Aussagen, die mehr oder weniger auf jeden zutreffen. Trick Nummer zwei: Reden Sie möglichst viel, machen Sie viele Aussagen – eine davon wird schon zutreffen. Dann garniert man das Ganze mit Fachausdrücken, unverständlichem Jargon und Imponiervokabeln – das beeindruckt und lenkt vom geringen Inhalt der Weissagungen ab. Trick Nummer drei: Machen Sie Angst. Je angsteinflößender die Vorhersagen sind, desto größer ist die Aufmerksamkeit der Menschen.

Mit diesen Wahrsagertricks wäre es ein Leichtes, ein paar Prognosen darüber zu machen, was uns in den kommenden Jahren erwartet. Möglichst allgemein bleiben, viele Fachvokabeln benutzen, viele Aussagen treffen und ein wenig Panik verbreiten. Diese Sorte Prognosen findet sich in den Medien mehr als genug, weswegen wir einen anderen Weg wählen: Wir werden die verschiedenen Möglichkeiten beleuchten, die sich auftun. Also: Was zeichnet sich für die kommenden Jahre ab?

Am schwierigsten dürfte wohl die Prognose sein, was aus der Europäischen Währungsunion wird – hier gibt es zu viele offene Fragen. Das liegt vor allem an der Politik: Der politische Wille, die Währungsunion zu erhalten, gepaart mit dem gleichfalls vorhandenen politischen Willen, Niederlagen zu kaschieren, macht es extrem schwierig zu prognostizieren, was auf europäischer Ebene passieren wird. Die Optionen sind klar und liegen auf dem Tisch, wir haben sie alle diskutiert.

Die erste Möglichkeit besteht darin, dass die Mitgliedstaaten der Europäischen Union sich nicht zusammenreißen und ihre wirtschaftliche Entwicklung weiter auseinanderdriftet. Grob gesagt könnten dabei zwei Länderblöcke entstehen: die Nordländer mit niedriger Inflationsrate, hoher Produktivität und mäßigen Lohnstückkosten und die Südländer mit höheren Inflationsraten, geringerem Wachstum, dysfunktionalen Arbeitsmärkten und jeder Menge Schulden. Die Nordländer werden dann unter Leistungsbilanzüberschüssen leiden (weil sie günstige Produkte anbieten), die Südländer unter Leistungsbilanzdefiziten und eskalierenden Auslandsschulden. Auf Dauer hält auch die stärkste Währungsunion das nicht aus – die Europäische Währungsunion wird dann auseinanderbrechen.

Wer dabei austritt oder rausgeworfen wird, spielt für die ökonomischen Folgen – die wir ausgiebig erörtert haben – keine Rolle. Die Währungen der Südländer werden abwerten, weswegen es zu massiver Kapitalflucht in die Nordländer kommen wird, weil die Besitzer der zukünftigen Weichwährungen diesem Schicksal entgehen wollen. Wenn ein Grieche weiß, dass er bald eine neue Währung haben wird, für die er im Ausland weniger einkaufen kann als mit der alten Währung, wird er versuchen, dieser neuen Währung zu entkommen. Wollen die Südländer diese Kapitalflucht aufhalten, so müssen sie den Kapitalverkehr beschränken, ihren Bürgern verbieten, ihr Geld ins Ausland zu bringen – damit wäre eine der vier Grundfreiheiten des gemeinsamen europäischen Binnenmarktes ausgehebelt.

Keine Frage – das Auseinanderbrechen der Währungsunion wäre ein Ereignis, das den Kontinent erschüttern und hohe Kosten mit sich bringen würde. Technische Details wie das Einführen einer neuen Währung, die Umstellung von Computersystemen und Vertragswerken sind da noch das geringste Problem. Politiker malen das Schreckgespenst an die Wand, dass in diesem Fall die gesamte Europäische Union auseinanderbrechen würde – ein Argument, das nicht richtig sein muss. Wenn die Europäische Union auseinanderbrechen sollte, dann nur, weil der politische Wille fehlt, Tatsachen zu akzeptieren und trotz des Fehlschlags eines großen europäischen Projekts weiter miteinander zu arbeiten. Hier warnen uns Politiker vor ihrem eigenen Versagen.

Die Alternative zu diesem Szenario sieht nicht viel besser aus, jedenfalls solange die Staaten der Union weiterhin wirtschaftlich auseinanderdriften. Will man das Auseinanderbrechen der Währungsunion verhindern, so gibt es nur zwei

Möglichkeiten. Möglichkeit Nummer eins besteht darin, de facto bankrotten Mitgliedstaaten mit Geld, Krediten und Bürgschaften auszuhelfen und die Europäischen Zentralbank zu nötigen, deren Staatsschulden in frisch gedrucktes Geld umzuwandeln – das ist der Stand der Dinge im Jahr 2011. Alternativ kann man einen europäischen Finanzausgleich nach deutschem Muster einführen, in dem die finanzstarken Staaten Geld an die finanzschwachen zahlen. Der Wirtschaftswissenschaftler Kai Konrad hat ausgerechnet, dass ein solcher Finanzausgleich je nach Umfang zwischen 200 und 800 Milliarden Euro kosten könnte – jährlich, versteht sich. Im Extremfall kämen auf Deutschland Beträge von 260 Milliarden Euro pro Jahr zu – bei einem Bundeshaushalt von etwas mehr als 300 Milliarden Euro nicht vorstellbar.

Man muss kein Wissenschaftler sein, um zu erahnen, dass dies nicht lange gut gehen kann: Erstens wird den Geberländern die finanzielle Puste ausgehen, auch deswegen, weil dieses Arrangement gerade dazu einlädt, Schulden zu machen, auf denen die Europäische Gemeinschaft sitzen bleibt. Zweitens wird den Bürgern der Geberländer vermutlich schon vorher der Geduldsfaden reißen – Schlagzeilen wie „Wir sind wieder mal Europas Deppen" zierten schon längst die Titelblätter des deutschen Boulevards, und mit jedem Euro mehr, der in diese Transferunion fließt, dürfte der Unmut der Bürger größer werden. Wenn die Europäische Union bedroht ist, dann von dieser Seite.

Es bleibt nur ein Ausweg, der Ausweg, den Politiker an wenigsten mögen: der Weg der Sparsamkeit. So bieder das klingt, so schmerzvoll ist es und so unvermeidlich: Ohne größeren wirtschaftlichen Gleichklang in der Euro-Zone sind die obigen Szenarien vermutlich nicht zu vermeiden. Entweder die Nordländer passen sich in ihrer wirtschaftlichen Entwicklung nach unten an, oder die Südländer orientieren sich nach oben   entweder weniger Wohlstand im Norden oder mehr Wohlstand im Süden. Das erstgenannte Szenario klingt wenig clever, also bleibt nur Szenario Nummer zwei: mehr Wachstum, mehr Produktivität im Süden. Unglücklicherweise gibt es das nicht zum Nulltarif, hier gelten einfache Regeln: Mehr Wachstum gibt es nur durch mehr Arbeit, mehr

Investitionen und mehr Verzicht, also die Art von Reformen, die ein Politiker nicht mag und zumeist nicht überlebt.

Bliebe noch die Möglichkeit, die Südländer zu ihrem Glück zu zwingen, also strengere Regeln für Defizitsünder und Wachstumsnachzügler, also weniger Kompetenzen für die nationalen Regierungen. Auch das haben wir hinlänglich diskutiert: Das würde darauf hinauslaufen, die Wirtschaftspolitik aller EU-Staaten zu zentralisieren – noch mehr Macht für Brüssel, eine europäische Wirtschaftsregierung. Sind wir dafür bereit? Die Europäische Union ist nicht zu vergleichen mit den Vereinigten Staaten von Amerika, die eine gemeinsame Sprache, Kultur und Geschichte haben, deren Bürger wesentlich mobiler sind und deren Wirtschaftssystem über mehr als zwei Jahrhunderte zusammengewachsen ist – wie realistisch ist es heute, dass Europa eine einheitliche Wirtschaftsregierung erhält, und wie wünschenswert ist das?

Wer nicht genügend Optimismus hat, um die Frage nach größeren europäischen Kompetenzen zu bejahen, dem bleibt noch der lautlose Problemlöser, die Inflation. Ein weiteres mögliches Szenario sieht so aus: Die Europäische Zentralbank sorgt für Inflation im Euro-Raum und die Länder bestimmen ihre Nominallöhne. Länder mit guten Wirtschaftsdaten wie Deutschland oder andere Nordländer können höhere Nominallöhne wählen, um einen Ausgleich für die hohen Inflationsraten zu bewirken; die weniger wettbewerbsfähigen Länder bleiben bei ihren Lohnforderungen bescheiden, durch die Inflation ergeben sich niedrigere Reallöhne. Dies käme de facto einer Abwertung gleich und würde die Wettbewerbsnachteile der Südländer lindern. Das wäre eine lautlose Lösung: Der fehlende Wechselkursmechanismus, der eine der Ursachen der europäischen Wirtschaftsübel darstellt, wird durch den Nominallohn ersetzt – je geringer dieser ausfällt, umso stärker wertet man ab. Allerdings funktioniert diese Lösung nur, wenn die jeweiligen nationalen Gewerkschaften mitspielen – realistisch? Für Vermögensbesitzer bedeutet das Wertvernichtung, wenn man sich nicht darauf einstellt.

Das bringt uns zur letzten Station unserer Reise: Was soll man als Bürger tun? Vielleicht sich vor Politikern hüten? Die ungarischen Rentenbeitragszahler zumindest würden dieser

Einschätzung zustimmen, sie sahen sich vor ein teures Ultimatum gestellt.

Ein teures Ultimatum

Es war ein teures Ultimatum, das dem ungarischen Staat einige Milliarden Euro in die Kassen spülen sollte: Ungarn stellte seine Bürger Ende 2010 vor die Wahl, entweder im privaten Rentensystem zu bleiben oder komplett ins staatliche Rentensystem zu wechseln. Um den Bürgern die Entscheidung zu erleichtern, verfügte die Regierung, dass diejenigen, die nicht aus den Privatkassen aussteigen und ins staatliche System wechseln, gar keine staatliche Pension mehr erhalten. Diese Bürger würden also den größten Teil ihrer Ansprüche verlieren, obwohl ihr Arbeitgeber weiter in ihrem Namen ins öffentliche System einzahlt.

Sollte ein kollektiver Übertritt der drei Millionen Kunden stattfinden, winken dem Haushalt 2.700 Milliarden Forint, umgerechnet fast elf Milliarden Euro. Das entspricht rund zehn Prozent der ungarischen Wirtschaftsleistung. Ungarn würde 2011 statt eines angepeilten Defizits von drei Prozent einen satten Budgetüberschuss erwirtschaften. Auch diejenigen, die in den Schoß der staatlichen Pension flüchten, sollen bluten: Die privaten Versicherer haben auch in ungarische Staatsanleihen investiert, also dem ungarischen Staat Geld geliehen. Dieses Geld, so erklärte die Regierung in Budapest, solle bei der angestrebten Rückkehr von Privatversicherten in das staatliche Rentensystem eingezogen und annulliert werden – immerhin wären das umgerechnet rund 5,5 Milliarden Euro. Ein doppelt dreister Griff in die Kassen des Rentensystems – also in die Taschen der Bürger.

Ein Einzelfall wird dies vermutlich nicht bleiben, auch wenn die Politiker in anderen europäischen Staaten subtiler vorgehen: In Estland reduzierte die Regierung die Zuzahlungen zur privaten Rentenvorsorge, in Polen wurde über ähnliche Maßnahmen laut nachgedacht, und den Umgang Argentiniens mit den Renten, die von der Frau des Hurrikans geklaut wurden, haben wir bereits kennengelernt. Auch Deutschland hat de facto seine verdeckten Staatsschulden reduziert, indem man das Renteneintrittsalter angehoben hat – auch das ist nichts anderes als eine Kürzung von Rentenansprüchen, also eine Weigerung des Staates, das zu zahlen, was er seinen Bürgern einst versprochen hat.

Keine Frage – die staatliche Rente wird für die meisten Bürger der hoch verschuldeten Staaten in Zukunft deutlich geringer ausfallen. Diesen Teil der verdeckten Staatsverschuldung werden die Staaten mehr oder weniger lautlos reduzieren, indem sie die Rückzahlung kürzen, auf gut Deutsch: Die staatlichen Renten werden sinken, und die Bürger müssen sich darauf einstellen.

Das ist eine Rahmenbedingung, die wohl als ausgemacht gelten darf: Der Bürger wird seine Altersversorgung auf eigene Füße stellen, also privat vorsorgen müssen. Wir werden also darüber nachdenken müssen, was man als Privatperson tun muss, welche Alternativen es gibt und wovor man sich schützen muss.

Unsere Rahmenbedingung Nummer eins – sinkende staatliche Renten – bedeutet dabei, dass die Bürger sich immer mehr auf ihre eigene, private Altersvorsorge verlassen müssen. Dabei gilt als Faustregel: Je früher, desto besser, und je früher, desto riskanter. Wer früh mit der Altersvorsorge beginnt, kann auf riskantere Produkte wie Aktien setzen, mit zunehmendem Alter aber sollte man sein Vermögen von den riskanten Produkten auf sichere Investments umschichten. Allerdings gibt es da einen Konflikt: Mehr Sicherheit bedeutet weniger Rendite – diesem Zusammenhang entkommt man nicht.

Doch nicht nur die Rendite zählt, ein Investment zur Altersvorsorge muss weitere Kriterien erfüllen. Da wäre zunächst die Liquidität. Je liquider ein Investment ist, umso leichter und schneller kann man es wieder veräußern. Börsengehandelte Wertpapiere sind sehr liquide, lassen sich also rasch und einfach veräußern, bei Unikaten wie Immobilien hingegen wird es deutlich schwieriger, diese schnell und zu einem guten Preis zu verkaufen. Das ist ein grundsätzlicher Nachteil illiquider Investments: Es dauert unter Umständen lange, bis man einen Käufer findet, der bereit ist, den gewünschten Preis zu zahlen – das kann mit Gewinneinbußen verbunden sein.

Kriterium Nummer drei ist Inflation: Angesichts der Überlegungen, die wir bereits im vorherigen Kapitel angestellt haben, muss man sich fragen, inwieweit ein Investment gegen drohende Inflation schützt. Hinzu kommt Kriterium Nummer vier: Angesichts der staatlichen Schuldenberge ist klar, dass der Zugriff des Staates auf private Einkommen und vermutlich auch Vermögen zunehmen wird – also muss man fragen, welche steuerlichen Vor- und Nachteile ein Investment haben kann.

Wir sind keine Vermögensberater, und wir wollen Ihnen keine Anlagetipps verkaufen, aber mit diesen vier Kriterien vor Augen können wir einen kurzen Blick wagen, wie verschiedene Investments als Altersvorsorge abschneiden.

Da wären zunächst Aktien – riskant, aber rentabel lautet hier die Kurzform. Wer 30 Jahre Zeit hat, um seine Altersvorsorgung aufzubauen, kann wesentlich entspannter in Aktien investieren. Auf lange Frist müssen Aktien eine angemessene Rendite bringen, sonst würde sich das damit verbundene Risiko nicht lohnen, dann würde niemand mehr in Aktien investieren. Aktien sind Beteiligungsscheine an Unternehmen; je besser es den betreffenden Unternehmen geht, desto besser geht es der jeweiligen Aktie. Insofern bieten Aktien einen Schutz vor Inflation, da sie de facto ein Investment in Sachwerte (die Unternehmen) darstellen, und sie sind liquide, sofern sie an der Börse gehandelt werden. Allerdings darf man mit Blick auf den japanischen Aktienmarkt, der seit zwei Jahrzehnten in Agonie liegt, nicht die Augen davor verschließen, dass dieses Investment auch auf lange Frist enttäuschen kann. Fazit: Aktien werden vor der Inflation schützen, wenn ihre Kurse im Zuge der zunehmenden Staatsverschuldung steigen sollten, aber sie werden gegebenenfalls mitleiden, wenn diese Schulden das Heimatland der Unternehmen in die Tiefe reißen. Diesem Risiko kann man vorbeugen, indem man eher weltweit investiert, also in Unternehmen verschiedener Länder oder in Unternehmen, deren Geschäft weltweit aufgestellt ist. Aktien bieten allerdings keinen Schutz, wenn der klamme Staat seinen Bürgern steuerlich tiefer in die Taschen greifen will – dann kann es teuer werden.

Dann gibt es da die Anleihen, über die wir schon viel gesprochen haben – wie sieht es damit aus? Ein Vorteil von Anleihen ist, dass sie ebenfalls an der Börse gehandelt werden, also recht liquide sind. Früher, in der Vor-Griechenland-Zeit, galten Staatsanleihen, also das Investieren in Staatsschulden, als sichere Anlage, weil man sich nicht vorstellen konnte, dass industrialisierte Staaten ihre Schulden nicht zurückzahlen. Heute, in der Nach-Griechenland-Ära, ist dies nicht mehr so abwegig, weswegen Staatsanleihen nicht mehr als das absolut sichere Investment gelten. Auch wenn es Rettungsschirme und internationale Hilfen gibt – wer in die Anleihen hoch verschuldeter Staaten investiert, muss damit rechnen, dass er einen Teil seines Geldes nicht wieder sieht – fragen Sie einmal die Gläubiger Argentiniens. Natürlich dürften die Staatsanleihen mancher Länder sicherer sein als die anderer Staaten, doch das bedeutet zugleich, dass diese Länder weniger Zinsen zahlen werden. Was den steuerlichen Appetit des Staates angeht, verhält es sich mit Anleihen ähnlich wie mit Aktien – hier werden Sie dem Zugriff des Fiskus voll ausgesetzt sein.

Aber was ist mit Immobilien – schützen die vor dem Staatsfiasko? Schwer zu sagen. Grundsätzlich bieten Immobilien als Sachwerte einen gewissen Schutz vor einer Inflationskatastrophe; dafür haben sie aber einen anderen entscheidenden Nachteil: Sie sind illiquide. Man kann nicht mal eben schnell sein Haus oder seinen Wintergarten verkaufen, wenn man Geld braucht. Das schwerwiegendste Problem bei Immobilien aber ist das Klumpenrisiko: Wer sein gesamtes Geld in eine Immobilie steckt, setzt sein gesamtes Vermögen auf eine Karte – würden Sie Ihr gesamtes Geld in die Aktien eines Unternehmens investieren? Vermutlich nicht, aber genau das tut man, wenn man ein Haus kauft. Geht hier irgendetwas schief – eine Autobahn wird in der Nachbarschaft gebaut, eine Müllkippe verlagert –, so steht das gesamte Vermögen auf dem Spiel. Ganz schlimm wird es, wenn man verkaufen muss, beispielsweise wegen privater Umstände – das kann teuer werden. Wir wollen Ihnen nicht die vier Wände ausreden, plädieren aber dafür, sich vorher alle Risiken genau zu überlegen. Schützen Immobilien vor dem Staatsbankrott? Vor der Inflation durchaus, aber sie werden vermutlich nicht vor dem steuerlichen Zugriff eines Staates schützen, der in die Pleite zu rutschen droht – hier muss auch der Eigenheimbesitzer bluten.

Als Klassiker in Sachen Inflationsschutz gilt das Gold – stimmt das? Durchaus, Gold ist ein Sachwert, und in Zeiten von Unsicherheit und Inflation steigt der Goldpreis. Das ist ein Pluspunkt für das gelbe Metall, aber es gibt auch Minuspunkte: Gold wirft außer dem Kursgewinn keine Erträge ab. Anleihen bringen Zinsen, Aktien Dividenden, das Eigenheim spart Miete – Gold liegt nur faul im Depot herum. Cleverer ist es, in die Aktien von Goldminenunternehmen zu investieren, deren Geschäft und Wert am Goldpreis hängen, die aber zusätzlich auch Dividenden abwerfen. Ist man sehr pessimistisch hinsichtlich der künftigen Wirtschaftsentwicklung und kauft Gold, wäre es vermutlich nicht besonders klug, sein gesamtes Vermögen in Form von Gold in den Keller zu packen – wer das macht, sollte dazu Konserven und eine Schrotflinte kaufen.

Bleibt eine letzte, etwas exotischere Investitionsmöglichkeit, die in Fachkreisen unter dem Sammelbegriff „alternative Investments" zusammenfasst wird. Das umfasst alle Anlagearten wie Hedgefonds (auch nur ein Sammelbegriff für sehr viele, sehr verschiedene Anlageformen), Investments in Wald, Unternehmensbeteiligungen, Kunst oder andere Exoten. Wie sieht es damit aus? Über die Rendite und das Risiko dieser Investments lassen sich keine allgemeingültigen Aussagen treffen, dazu sind sie zu verschieden. Generell kann man vermuten, dass sie weniger liquide sind als Aktien oder Anleihen, einfach deswegen, weil sie ausgefallener sind – das erschwert es, sie sofort und zu einem guten Preis zu verkaufen. Da solche Investments oft auf Sachwerten basieren, sind sie entsprechend gegen Inflation geschützt – ein Pluspunkt. Was die Steuer angeht, so sind die Perspektiven gemischt: Sind es offizielle Investments, so werden sie vom Finanzamt ebenso verfolgt wie alle anderen Investments. Ein kleines Schlupfloch, eine Grauzone könnten Investments sein, die an der Grenze zur Liebhaberei angesiedelt sind: historische Objekte, Kunst, die man sich ins Wohnzimmer hängt, Sammlerstücke – das sind allesamt Sachwerte, die eine gewisse Attraktivität als Anlageobjekt neben ihrem persönlichen Gebrauchswert haben. Hier dürfte sich das Finanzamt schwerer tun, zuzugreifen, auch wenn man das nach heutigem Stand der Dinge nicht ausschließen kann und darf.

Viel Allgemeingültiges lässt sich nicht sagen. Die Bürger, Steuerzahler, Sparer und Rentner der kommenden Jahre werden eingeklemmt sein zwischen einer niedrigeren staatlichen Rente, höheren Steuern und weniger Anlagesicherheit, da man vermuten kann, dass viele Staaten ihre Finanzpolitik auf Sicht und nach Kassenlage betreiben werden – eine konstante, nachhaltige und konsistente Ausgaben- und Steuerpolitik darf man da wohl zurzeit nicht erwarten. Eher, dass auch in Zukunft Präsidentenmaschinen gepfändet werden. Zeit für ein letztes Déjà-vu.

EPILOG: LÖCHER IN DER TASCHE ODER DIE TAGE DAVOR

„Ein selbst wohlberechnetes Anleihesystem (also Staats-verschuldung, H. B./A. P.) ist ein Mittel, unmoralisch und verwerflich zugleich. Es besteuert im Voraus die zukünfti-ge Generation; es opfert dem gegenwärtigen Augenblick das teuerste Gut der Menschheit, das Glück der Kinder; es untergräbt unvermerkt das Staatsgebäude und ver-dammt eine Generation zu den Verwünschungen der fol-genden."

Napoleon Bonaparte

Als gewählte Präsidentin eines souveränen Landes ist man es gewohnt, um die Welt zu reisen, mit gekrönten oder gewähl-ten Häuptern zu plaudern, Paraden abzunehmen und wichti-ge Geschäfte voranzutreiben. Und man ist es gewohnt, in al-len Ehren und in aller Freundschaft empfangen zu werden. Doch leider ist das keine zwingende Veranstaltung, wie Ar-gentiniens Präsidentin Cristina Fernández de Kirchner er-fahren musste. Bei ihrem Besuch der Frankfurter Buchmesse im Jahr 2010 wurde sie – wie schon zuvor ihr verstorbener Mann, von dem sie das Amt übernommen hatte – mal wieder von Gerichtsvollziehern verfolgt. Argentinien schuldet Anle-gern noch immer zehn bis 15 Milliarden US-Dollar – auch vielen deutschen Privatleuten, die bis zur Jahrtausendwende Argentinien gegen gute Zinsen viel Geld geliehen hatten. Im

Jahr 2001 hatte Argentinien die Rückzahlung seiner Schulden ausgesetzt. Längst befindet sich das Land wieder auf Wachstumskurs, doch die geprellten Anleger warten weiter vergeblich auf ihr Geld.

Der Vizepräsident des Frankfurter Amtsgerichts, Bernhard Olp, bestätigte, dass man zwei Vollstreckungsaufträge erhalten und einen Gerichtsvollzieher auf die Buchmesse geschickt habe, auf der Argentinien 2010 Ehrengast war – man habe aber nichts Pfändbares gefunden. Seit Jahren versuchen die geschädigten Anleger, Botschaftskonten, Kunstexponate oder Gelder der argentinischen Zentralbank zu pfänden – ohne Erfolg. Entweder sprachen diplomatische Gründe gegen eine Pfändung oder die pfändbaren Exponate wurden flugs zu unpfändbaren Kulturgütern erklärt, so wie bei einer Dinosaurier-Ausstellung in Rosenheim. Auf ein anderes Hindernis zur Pfändung stießen die Gerichtsvollzieher auf der Buchmesse: Exponate und Messeutensilien, die man pfänden wollte, gehörten nicht der Republik Argentinien, sondern einer anderen juristischen Person, weswegen sie nicht pfändbar waren. Auch die Präsidentinnenmaschine, so das Fazit des Gerichtsvollziehers, sei nicht pfändbar, da sie rechtlich der Fluglinie gehöre, nicht dem Staat Argentinien.

Man muss sich nichts vormachen: Wenn ein Staat beschließt, seine Schulden nicht zurückzuzahlen, wird er auch nicht zurückzahlen, da helfen keine Pfändungsbeschlüsse, keine Anwälte und keine Gerichtsvollzieher. Weder bei dem Geld, das man ausländischen Staaten geliehen hat, und erst recht nicht beim eigenen Staat. Weltweit haben sich die Staaten in den vergangenen Jahren von der Droge Staatsverschuldung ernährt, und mit jedem Tag kommen wir dem Punkt näher, an dem diese Sucht ihre hässlichen Folgen bei den Bürgern und Gläubigern dieser Staaten zeigen wird. Ob Steuern, Inflation, Enteignungen, Währungsschnitte – zahlen werden zum Schluss wir, die Bürger, es sei denn, wir fangen an, gegenzusteuern, es sei denn, wir erkennen, dass wir der Staat sind, dass seine Schulden unsere Schulden sind, es sei denn, wir beginnen diese Erkenntnis auch an der Wahlurne umzusetzen, statt uns mit billigen Slogans, plumper Polemik und falschen Versprechungen abspeisen zu lassen. Es ist an der Zeit, dass die Machthaber umdenken, unbequeme Wahrheiten aussprechen und handeln; tief in unserem Inneren wissen wir, dass wir es sind, die umdenken, die umlenken müssen – und die das alles werden bezahlen müssen. Lassen Sie uns keine Zeit mehr verlieren. Fangen wir an.

LITERATUR

Allgemeine Literatur

Vorbemerkung: Staatsdefizite und Staatsverschuldung sind seit über 200 Jahren ein Dauerbrenner der Wirtschaftswissenschaften, insbesondere der Finanzwissenschaft (also derjenigen Abteilung der Wirtschaftswissenschaften, die sich mit dem wirtschaftlichen Handeln des Staates beschäftigt). Die folgenden allgemeinen Literaturhinweise stellen einen nur kleinen Ausschnitt aus der vorhandenen Literatur dar, der zudem unseren subjektiven Präferenzen entspricht. Diese knappe Übersicht ist daher weder vollständig noch ausgewogen.

Adam, Klaus G.; Franz, Wolfgang (Hrsg.): *Instrumente der Finanzpolitik. Grundlagen, Staatsaufgaben, Reformvorschläge*. Frankfurt am Main: F.A.Z.-Institut für Management-, Markt- und Medieninformationen, 2003.

Alesina, Alberto; Tabellini, Guido: „Positive and Normative Theories of Public Debt and Inflation in Historical Perspective". *European Economic Review* 36 (1992), S. 337–344.

Augsten, Frank: *Zur Begrenzung der Staatsverschuldung im föderalen Staat*. Dissertation Passau 2002.

Barro, Robert J.: „Are Government Bonds Net Wealth?" *Journal of Political Economy* 82 (1974), S. 1095–1117.

Barro, Robert J.: „The Ricardian Approach to Budget Deficits". *Journal of Economic Perspectives* 3 (1989), S. 37–54.

Battaglini, Marco; Coate, Stephen: „A Dynamic Theory of Public Spending, Taxation, and Debt". *American Economic Review* 98 (2008), S. 201–236.

Besfamille, Martin; Lockwood, Ben: „Bailouts in Federations: Is a Hard Budget Constraint Always Best?" *International Economic Review* 49 (2008), S. 577–593.

Bjørnskov, Christian; Dreher, Axel; Fischer, Justina A. V.: „The Bigger the Better? Evidence of the Effect of Government Size on Life Satisfaction around the World". *Public Choice* 130 (2007), S. 267–292.

Blejer, M. I.; Cheasty, A.: „The Measurement of Fiscal Deficits: Analytical and Methodological Issues". *Journal of Economic Literature* 29 (1991), S. 1644–1678.

Buiter, Willem H.: „A Guide to Public Debt and Deficits". *Economic Policy* 1 (1985), S. 13–79.

Buiter, Willem H.: „Ten Commandments for a Fiscal Rule in the E(M)U". *Oxford Review of Economic Policy* 19 (2003), S. 84–99.

Bundesministerium der Finanzen: „Nachhaltigkeit in der Finanzpolitik. Konzepte für eine langfristige Orientierung öffentlicher Haushalte". *Gutachten des Wissenschaftlichen Beirats beim Bundesministerium der Finanzen*, Heft 71, Berlin 2001.

Deutsche Bundesbank: „Zur langfristigen Tragfähigkeit der öffentlichen Haushalte – eine Analyse anhand der Generationenbilanzierung". *Deutsche Bundesbank Monatsbericht* Dezember 2001, S. 29–44.

EEAG (European Economic Advisory Group): *The EEAG Report on the European Economy*, CESifo, München 2011.

Eichengreen, Barry: „Restructuring Sovereign Debt". *Journal of Economic Perspectives* 17 (2003), S. 75–98.

EZB: „Die Wirksamkeit der Fiskalpolitik im Euro-Währungsgebiet". *EZB Monatsbericht* Juli 2010, S. 73–92.

Fornasari, Francesca; Webb, Steven B.: „The Macroeconomic Impact of Decentralized Spending and Deficits: International Evidence". *Annals of Economics and Finance* 1 (2000), S. 403–433.

Greiner, Alfred; Fincke, Bettina: *Public Debt and Economic Growth*. Berlin, Heidelberg: Springer, 2009, Kapitel 2: „Sustainability of Public Debt", S. 5–69.

Hagen, Jürgen von: „Sticking to Fiscal Plans: The Role of Institutions". *Public Choice* 144 (2010), S. 487–503.

Haldane, Andrew G.; Irwin, Gregor; Saporta, Victoria: „Bail Out or Work Out? Theoretical Considerations". *Economic Journal* 114 (2004), S. C130–C148.

Heijdra, Ben J.; Ploeg, Frederik van der: *Foundations of Modern Macroeconomics*. Oxford et al.: Oxford University Press, 2002, Kapitel 6: „The Government Budget Deficit", S. 134–158.

Kitterer, Wolfgang: „Staatsverschuldung und intertemporale Allokation". *Jahrbücher für Nationalökonomie und Statistik* 204 (1988), S. 346–363.

Kotlikoff, Laurence J.: *Generational Accounting: Knowing How Pays, and When, for What We Spend*. New York: Free Press, 1992.

Kotlikoff, Laurence J.; Burns, Scott: *The Coming Generational Storm. What You Need to Know about America's Economic Future*. Cambridge, London: The MIT Press, 2004.

Le Breton, Michel; Weber, Shlomo: „The Art of Making Everybody Happy: How to Prevent a Secession". *IMF Staff Papers* 50 (2003), S. 403–435.

Manes, Alfred: *Staatsbankrotte. Wirtschaftliche und rechtliche Betrachtungen*. 2. Auflage, Berlin: Verlag von Karl Siegismund, 1919.

Meyer, Dieter: *Die Schuldenfalle. Staatsverschuldung von 1965 bis 2025*. Hannover: Pinkvoss-Verlag, 2003.

Mikosch, Heiner Felix; Übelmesser, Silke: „Staatsverschuldungsunterschiede im internationalen Vergleich und Schlussfolgerungen für Deutschland". *Perspektiven der Wirtschaftspolitik* 8 (2007), S. 309–334.

Mückl, Wolfgang J.: „Ein Beitrag zur Theorie der Staatsverschuldung". *Finanzarchiv*, N. F. Band 39 (1981), S. 255–278.

Mückl, Wolfgang J.: „Langfristige Grenzen der öffentlichen Kreditaufnahme". *Jahrbücher für Nationalökonomie und Statistik* 200 (1985), S. 565–581.

Nowotny, Ewald (Hrsg.): *Öffentliche Verschuldung*. Stuttgart, New York: Gustav

Fischer Verlag, 1979.

O'Connell, S. A.; Zeldes, S. P.: „Rational Ponzi Games". *International Economic Review* 29 (1988), S. 431–450.

Persson, Torsten; Svensson, Lars E. O.: „Why a Stubborn Conservative Would Run a Deficit: Policy with Time-Inconsistent Preferences". *Quarterly Journal of Economics* 104 (1989), S. 325–346.

Ploeg, Frederick van der: „Political Economy of Prudent Budgetary Policy". *International Tax and Public Finance* 17 (2010), S. 295–314.

Reinhart, Carmen M.; Rogoff, Kenneth S.: *Dieses Mal ist alles anders. Acht Jahrhunderte Finanzkrisen*. München: FinanzBuch Verlag, 2010.

Roos, Michael W. M.: „Die makroökonomischen Wirkungen diskretionärer Fiskalpolitik in Deutschland – Was wissen wir empirisch?" *Perspektiven der Wirtschaftspolitik* 8 (2007), S. 293–308.

Roubini, Nouriel; Sachs, Jeffrey D.: „Political and Economic Determinants of Budget Deficits in Industrial Democracies". *European Economic Review* 33 (1989), S. 903–933.

Sachverständigenrat zur Begutachtung der gesamtwirtschaftlichen Entwicklung: *Staatsverschuldung wirksam begrenzen*. Expertise im Auftrag des Bundesministers für Wirtschaft und Technologie, Wiesbaden, 2007.

Schlesinger, Helmut; Weber, Manfred; Ziebarth, Gerhard: *Staatsverschuldung – ohne Ende?* Darmstadt: Wissenschaftliche Buchgesellschaft, 1993.

Schmölders, Günter: Finanzpolitik, 3. Aufl., Berlin et al.: Springer, 1970.

Seater, J. J.: „Ricardian Equivalence". Journal of Economic Literature 31 (1993), S. 142–190.

Sturzenegger, Federico; Zettelmeyer, Jeromin: *Debt Defaults and Lessons from a Decade of Crises*. Cambridge, London: The MIT Press, 2006.

Tabellini, Guido; Alesina, Alberto: „Voting on the Budget Deficit". *American Economic Review* 80 (1990), S. 37–49.

Tempelman, Jerry H.: „James M. Buchanan on Public-Debt Finance". *The Independent Review* XI (2007), S. 435–449.

Wagschal, Uwe; Wenzelburger, Georg: *Erfolgreiche Budgetkonsolidierungen im internationalen Vergleich* . Gütersloh, Bertelsmann Stiftung, 2006.

Weizsäcker, Robert K. von: „Finanzpolitik". In: Hagen, Jürgen von; Welfens, Paul J. J.; Börsch-Suppan, Axel (Hrsg.): *Springers Handbuch der Volkswirtschaftslehre 2: Wirtschaftspolitik und Weltwirtschaft*. Berlin et al.: Springer, 1997, S. 123–180.

Weizsäcker, Robert K. von: „Staatsverschuldung und Demokratie". *Kyklos* 45 (1992), S. 51–67.

Woo, Jaejoon: „Economic, Political, and Institutional Determinants of Public Deficits". *Journal of Public Economics* 87 (2003), S. 387–426.

Literatur zu den einzelnen Kapiteln

Kapitel 1: Eine kleine Geschichte der Staatspleiten

Hier finden Sie alles zu Argentinien:
Becher, Jörg: „Argentinien: Eine Nation wird verkauft". *Bilanz. Das Schweizer Wirtschafts-Magazin*, April 2002.
Busch, Alexander: „Argentinien verstaatlicht Pensionsfonds". *Handelsblatt* vom 22.10.2008; URL: http://www.handelsblatt.com/politik/international/argentinien-verstaatlicht-pensionsfonds;2069714;0.
Busch, Alexander: „Das System K.". *WirtschaftsWoche* 42 (2007), S. 54.
Engelhardt, Rolf: „Argentinien: Der Boom geht zu Ende". *Versicherungswirtschaft* 20 (2009), S. 1627.
Finkah, Andreas: „Nullsummenspiel à la Kirchner". *Euro am Sonntag* 34 (2008), S. 24–25.
Hannemann, Matthias: „Der Kriminaltango". *brand eins* 6 (2007), S. 126–131.
Moses, Carl: Staatsbankrott: „Das Beispiel Argentinien". *Frankfurter Allgemeine Zeitung*, URL: http://www.faz.net/s/Rub3AD-B8A210E754E748F42960CC7349BDF/Doc~EAAE9518159384F88B2F7EF76E7B26C76~ATpl~Ecommon~Scontent.html.
o. V.: „Argentinien: Staat verleibt sich Rentenkassen ein". *Focus Online*, URL: http://www.focus.de/finanzen/news/argentinien-staat-verleibt-sich-rentenkassen-ein_aid_350168.html.
o. V.: „Das war ein Raubüberfall". *Euro-Finanzen* 2 (2009), S. 78.
o. V.: „Neues Angebot für Argentinien-Bonds". *Euro am Sonntag* 16 (2010), S. 65.

Die Kosten eines Staatsbankrotts und Historisches finden Sie hier:
Blankard, Charles B.; Fasten, Erik R.: „Staatsbankrotte: Macht oder ökonomisches Gesetz?" *ifo Schnelldienst* 4 (2010), S. 3–8.
Borensztein, Eduardo; Panizza, Ugo: „The Costs of Sovereign Default". IMF Working Paper 08/238, Oktober 2008.
Braunberger, Gerald: „Wege aus der Schuldenfalle". *Frankfurter Allgemeine Zeitung*, URL: http://www.faz.net/s/Rub3ADB8A210E754E748F42960C-C7349BDF/Doc~E30951E5E8B244C37AEA4EF6CAEFF5232~ATpl~Ecommon~Sspezial.html.
De Paoli, Bianca; Hoggarth, Glenn; Saporta, Victoria: „Costs of sovereign default". Bank of England, *Quarterly Bulletin*, Juli 2006, (Q3), S. 197–307.
Drelichman, Mauricio; Voth, Hans-Joachim: „Returns to sovereign lending in Habsburg Spain, 1566–1600". *Explorations in Economic History* 48 (2011), S. 1–19.
Hatchondo, Juan Carlos; Martinez, Leonardo; Sapriza, Horacio: „The Economics of sovereign default". *Economic Quarterly* 93 (2007), S. 163–187.
Manes, Alfred: *Staatsbankrotte. Wirtschaftliche und rechtliche Betrachtungen.* 2. Auflage, Berlin, Verlag Karl Siegismund, 1919.
Merkel, Reiner: „Staatsbankrotte früher und heute". *SparkassenZeitung* vom 17.04.2009, S. 4.

Sie wollen etwas über Charles Ponzi wissen? Dann schauen Sie hier:
Braunberger, Gerald: „Internationale Antwortscheine als heißes Spekulationsobjekt". *Frankfurter Allgemeine Zeitung*, URL: http://www.faz.net/s/RubFDD3C7AC2DA84A62B07572E50A34044D/Doc~E95DBCD32E788495798A814AB386E9DAC~ATpl~Ecommon~Sspezial.html.

Mühlauer, Alexander: „Gauner im Maßanzug". *Süddeutsche Zeitung*, URL: http://www.sueddeutsche.de/geld/sz-serie-die-grossen-spekulanten-gauner-im-massanzug-1.599231.

Nigeria und der Fluch der Ressourcen:
o. V.: „Oil-exporting countries: key structural features, economic developments and oil revenue recycling". European Central Bank, *Monthly Bulletin*, 7 (2007), S. 75–86.
Ploeg, Frederick van der: „Natural Resources: Curse or Blessing?" CESifo Working Paper No. 3125, 7 (2010).

Hier zahlt Ecuador seine Schulden nicht zurück:
Dilger, Gerhard: „Ecuador zahlt Schulden nicht zurück". *taz* vom 14.12.2008, URL: http://www.taz.de/1/politik/amerika/artikel/1/ecuador-zahlt-schulden-nicht-zurueck/.

Weitere Literatur:
Hock, Martin: „Staatsanleihen-Ratings: Nur jedes sechste Land ist ein erstklassiger Schuldner", *Frankfurter Allgemeine Zeitung*, URL: http://www.faz.net/s/Rub09A305833E12405A808EF01024D15375/Doc~EBC91645F13F64E099AD6655596A05234~ATpl~Ecommon~Scontent.html.
o. V.: „Default settings". *Economist* vom 31.03.2010.

Kapitel 2: Mehr Geld für die Hydra

Hier steht das Gesetz der wachsenden Staatsausgaben:
Wagner, Adolph: *Allgemeine oder theoretische Volkswirtschaft*. 1. Teil 1876, Faksimile 1991,

Die Staatsquote und die Entwicklung der Schulden finden Sie hier:
Bundesministerium der Finanzen: „Entwicklung der Staatsquote". *Monatsbericht des Bundesministeriums der Finanzen* März 2009; URL: http://www.bundesfinanzministerium.de/nn_76934/DE/BMF__Startseite/Aktuelles/Monatsbericht__des__BMF/2009/03/statistiken-und-dokumentationen/finanzwirtschaftliche-entwicklung/tabellen/Tabelle__S11.html.
Cecchetti, Stephen G; Mohanty, M. S.; Zampolli, Fabrizio: „The future of public debt: prospects and implications". BIS Working Papers No. 300.
Deutsche Bank: „Staatsverschuldung in 2020. Eine Tragfähigkeitsanalyse für Industrie- und Schwellenländer". DB Research, *Research Briefing*, März 2010.
Dietz, Otto: „Indikatoren zur Beurteilung der Leistungsfähigkeit öffentlicher Haushalte". *Wirtschaft und Statistik* 10 (2008), S. 862–866.
Driessen, Oliver: „Was ist eigentlich die Staatsquote?" *brand eins* 6 (2002), S. 128–129.
Sachverständigenrat zur Begutachtung der gesamtwirtschaftlichen Entwicklung: *Staatsverschuldung wirksam begrenzen*. Expertise im Auftrag des Bundesministers für Wirtschaft und Technologie, Wiesbaden, 2007.

Zum Budget und den trinkenden Schatzkanzlern:
House of Commons Information Office: „Budgets and Financial Documents", März 2010.
o.V.: Drinks at the despatch box, URL: http://news.bbc.co.uk/2/hi/events/budget_99/budget_briefing/271449.stm

Saunders, Elaine: „How a bougette became the Budget". *Observer* vom 14.03.2004, URL: http://www.guardian.co.uk/money/2004/mar/14/observercashsection.theobserver6.

Die Generationenbilanzen und Herr Raffelhüschen:
Auerbach, Alan J.; Gokhale, Jagadeesch; Kotlikoff, Laurence J.: „Generational accounting: A meaningful way to evaluate fiscal policy". *Journal of Economic Perspectives* 8 (1994), S. 73–94.
European Commission (ed.): *European Economy – Reports and Studies No. 6, Generational Accounting in Europe.*
Hagist, Christian; Raffelhüschen, Bernd; Weddige, Olaf: „Brandmelder der Zukunft – Die aktuelle Generationenbilanz". Stiftung Marktwirtschaft, *Argumente zu Marktwirtschaft und Politik* 97 (2006).
Moog, Stefan; Müller, Christoph; Raffelhüschen, Bernd: „Ehrbare Staaten? Die deutsche Generationenbilanz im internationalen Vergleich: Wie gut ist Deutschland auf die demografische Herausforderung vorbereitet?" Diskussionsbeiträge des Forschungszentrums Generationenverträge, 44/10 – Juni 2010.
o. V.: „‚Gewaltige Last'. Der Finanzwissenschaftler Bernd Raffelhüschen will Beamte erst ab dem 68. Lebensjahr in Pension schicken". *WirtschaftsWoche* 16 (2010), S. 24.
Schmergal, Cornelia: „Raffelhüschen: Pension für Beamte erst mit 68". URL: http://www.wiwo.de/politik-weltwirtschaft/raffelhueschen-pension-fuer-beamte-erst-mit-68-427858/.
Stiftung Marktwirtschaft: „Ehrbarer Staat? Generationenbilanz Update 2010". URL: http://www.stiftung-marktwirtschaft.de/wirtschaft/themen/generationenbilanz.html.

Sonstige Literatur:
European Central Bank: „The importance of public expenditure reform for economic growth and stability". *ECB Monthly Bulletin*, April 2006, S. 61–73.
Heumann, Pierre: „Wie nach dem 3. Weltkrieg". *Weltwoche* 14 (2010), URL: http://www.weltwoche.ch/ausgaben/2010-14/artikel-2010-14-wie-nach-dem-3-weltkrieg.html.
Jahn, Thomas; Muscat, Sabine: „Wem die Schuldenuhr schlägt". *Capital* vom 01.10.2009, S. 36–40.
Losse, Bert: „Gefährlicher Wendepunkt erreicht". *WirtschaftsWoche* 24 (2009), S. 40.
Losse, Bert: „Historischer Härtetest". *WirtschaftsWoche* 10 (2008), S. 46.
Martin, Paul C.: *Aufwärts ohne Ende, die neue Theorie des Reichtums.* Frankfurt am Main, Berlin: Ullstein, 1991.
Wagner, Peter-Georg: „Reihenhäuser kosten so viel wie vor zehn Jahren". *VDI Nachrichten* vom 09.01.2009, S. 13.

Kapitel 3: Spendierhosen runter!

Ein wenig Geschichte zum Juliusturm findet sich unter:
http://www.zitadelle-spandau.de/Zitadelle_und_Juliusturm__/zitadelle_und_juliusturm__.html
und bei:
Nowel, Ingrid: *Berlin. Die neue Hauptstadt. Architektur, und Kunst, Geschichte und Literatur.* 6. Auflage, Ostfildern: Dumont Reiseverlag, 2009.

Der gequälte Artikel 115:
Groneck, Max; Kitterer, Wolfgang: „Schuldenverbot für die Bundesländer". *ifo Schnelldienst* 2 (2007), S. 12–16.
Schäfers, Manfred: „Der missbrauchte Artikel 115". *Frankfurter Allgemeine Zeitung* vom 15.02.2007.

Zur Entwicklung der staatlichen Ausgaben lesen Sie hier etwas:
Bundesministerium für Arbeit und Soziales: *Sozialbudget 2009*, Bonn 2010.
Deutsche Bundesbank: „Zur Entwicklung der staatlichen Investitionsausgaben". *Deutsche Bundesbank Monatsbericht* Oktober 2009, S. 15–34.
o. V.: „Wie findet Deutschland aus der Schuldenfalle?" *Update. Wissens-Service des HWWI*, April 2005, S. 1–3.

Alles über Dannielynn Smith:
Webler, Anne: „Dannielynn Smith: Doch kein Million-Dollar-Baby?" *Stern*, URL: http://www.stern.de/lifestyle/leute/dannielynn-smith-doch-kein-million-dollar-baby-586695.html.

Hier sind Florida-Rolf und die sozialpolitischen Härtefälle zu finden:
Fahrenbach, Christian; Rist, Robert: „Skandal und Reflex". *brand eins* 4 (2008), S. 106–107.
o. V.: „Was macht jetzt eigentlich Hartz-IV-Schmarotzer Florida-Rolf?" *Bild*, URL: http://www.bild.de/BILD/news/2010/02/19/was-macht-eigentlich/florida-rolf/was-macht-hartz-schmarotzer.html.
Renner, Kai-Hinrich: „‚Florida-Rolf' und Bohlens Lebensbeichte: Zum Agenda-Setting der *Bild*". Bundeszentrale für politische Bildung, URL: http://www.bpb.de/veranstaltungen/VVTUUC,0,0,FloridaRolf_und_Bohlens_Lebensbeichte:_zum_AgendaSetting_der_Bild.html.
Zacharias, Jasch: „Makler kassiert auf Mallorca Arbeitslosengeld". *Welt*, URL: http://www.welt.de/vermischtes/article2325799/Maklerin-kassiert-auf-Mallorca-Arbeitslosengeld.html.

Zum Thema Erbschaft:
Gesyellensetter, Catrin: „Zehn Irrtümer übers Erben". *Focus*, URL: http://www.focus.de/finanzen/recht/tid-7202/testamente_aid_130208.html.

Weitere Literatur:
o. V.: „Horrorautobahn A 1 – Europas längste Baustelle"; NDR, URL: http://www.ndr.de/nachrichten/niedersachsen/autobahn218.html.
Pickartz, Elke; Fischer, Malte: „Zurück zu Keynes. Aktion Steuern senken". *WirtschaftsWoche* 47 (2008), S. 24.
Smith, Adam: *Reichtum der Nationen*. Paderborn: Voltmedia, 2004.

Kapitel 4: Gute Schulden, schlechte Schulden

Zur ersten deutschen Rezession 1966/67:
Sachverständigenrat zur Begutachtung der gesamtwirtschaftlichen Entwicklung: *Stabilität im Wachstum*. Jahresgutachten 1967/68, Stuttgart und Mainz 1967.

Das Original:
Keynes, John Maynard: *Allgemeine Theorie der Beschäftigung, des Zinses und des Geldes*. 9. Auflage, Berlin: Duncker & Humblot, 2002.

Was kann Konjunkturpolitik, wie hoch ist der Multiplikator?
Dolls, Mathias; Fuest, Clemens; Peichl, Andres: „Automatic Stabilizers and Economic Crisis: US vs. Europe". Working Paper, 16.07.2010.
European Central Bank: „The effectiveness of euro area fiscal policies". *Monthly Bulletin*, 7 (2010), S. 67–83.
Ginsburg, Hans-Jakob; Losse, Bert: „US-Konjunkturpaket USA: Milliarden gegen die Finanzkrisen-Misere". *WirtschaftsWoche* 8 (2009), S. 34.
o. V.: „Mehr Keynes wagen, Aufruf der Keynes-Gesellschaft". *Frankfurter Rundschau*, URL: http://www.fr-online.de/wirtschaft/debatte/mehr-keynes-wagen/-/1473628/2791082/-/index.html.
Plickert, Philip: „Sind wir jetzt alle Keynesianer?" *Frankfurter Allgemeine Zeitung*, URL: http://www.faz.net/s/RubBA2FEF69D90D49589D58B-10299C8647D/Doc~E611FCEDCDC094E919B9C71C9CD236AF6~ATpl~Ecom mon~Scontent.html.

Europas und Deutschlands strukturelle Schulden:
Bundesministerium der Finanzen: „German Stability Programme – January 2010", URL: http://www.bundesfinanzministerium.de/nn_4540/DE/ Wirt-schaft__und__Verwaltung/Finanz__und__Wirtschaftspolitik/Finanzpolitik/ Deutsches__Stabilitaetsprogramm/Kabinettvorlage__Germany__Stability__ Programme__Jan__2010__Update,templateId=raw,property=publicationFile. pdf.
Caesar, Rolf: „Wirksame Grenzen für die Staatsverschuldung – eine Illusion?" *Jahrbuch für Wirtschaftswissenschaften*, 61. Jg. (2010), S. 21–44.
Deutsche Bundesbank: „Demographischer Wandel und langfristige Tragfähigkeit der Staatsfinanzen in Deutschland". *Deutsche Bundesbank Monatsbericht*, Juli 2009, S. 31–47.
Deutsche Bundesbank: „Zur Verschuldung und Zinsbelastung des Staates in Deutschland". *Deutsche Bundesbank Monatsbericht*, April 2010, S. 15–33.
European Commission, Directorate-General for Economic and Financial Affairs: „Public Finances in EMU 2010". *European Economy* 4 (2010).

Die 70er-Jahre:
Flocken, Jan von; Klonovsky, Michael; Thiede, Roger: „Deutschland. Die 70er Jahre". *Focus* 18 (1999), URL: http://www.focus.de/politik/deutschland/deutschland-die-70er-jahre_aid_175865.html.
o. V.: „Wenn der Scheich es will, stehen alle Räder still". *Spiegel*, URL: http://einestages.spiegel.de/external/ShowAuthorAlbumBackground/a843/l0/l0/F.html#featuredEntry.
o. V.: „Zunächst an vier Sonntagen Fahrverbot". *Zeit*, URL: http://www.zeit. de/1973/48/Zunaechst-an-vier-Sonntagen-Fahrverbot.
Stachel, Christoph: *Ölpreiskrise 1973/74 – Auswirkungen auf den deutschsprachigen Raum*. München: Grin Verlag, 2009.

Zur deutschen Einheit:
Bundesregierung: *Zwanzig Jahre deutsche Einheit*. Berlin, 2010.
o. V.: „Aufbau Ost kostete 1,3 Billionen Euro". *Spiegel*, URL: http://www. spiegel.de/wirtschaft/soziales/0,1518,659990,00.html.
o. V.: „Seit Mauerfall flossen 1,3 Billionen Euro gen Osten". *Welt*, URL: http://www.welt.de/wirtschaft/article5119198/Seit-Mauerfall-flossen-1-3-Billionen-Euro-gen-Osten.html.
Schroeder, Klaus: „Deutschland nach der Wiedervereinigung". *Parlament* 30-31 (2010), URL: http://www.das-parlament.de/2010/30-31/Beilage/003.html.
Sinn, Hans-Werner: „Zehn Jahre deutsche Wiedervereinigung – Ein Kommentar zur Lage der neuen Länder". *ifo Schnelldienst* 26-27 (2000), S. 10–22.

Zur Finanzkrise und den geschassten Chefs:
Beck, Hanno; Wienert, Helmut: „Anatomie der Weltwirtschaftskrise: Ursachen und Schuldige". *Aus Politik und Zeitgeschichte*, Beilage zur Wochenzeit-
schrift *Parlament*, 20 (2009), S. 7–12.
o. V.: „Finanzkrise kostet über 10 Billionen Dollar". *Handelsblatt*, URL:
http://www.handelsblatt.com/politik/nachrichten/finanzkrise-kostet-ue-
ber-10-billionen-dollar;2450612.
Tönnesmann, Jens: „Außer Dienst. Chef a. D. Gestürzt, geschasst, gekündigt
– wie Ex-Manager mit ihrem Machtverlust umgehen". *WirtschaftsWoche* 27
(2009), S. 67.

Zur Geschichte der deutschen Staatsverschuldung:
Deutsche Bundesbank: „Die Entwicklung der Staatsverschuldung seit der
deutschen Vereinigung". *Deutsche Bundesbank Monatsbericht*, März 1997, S.
17–32.
Lins, Ito Ingrid: „Kleine Geschichte der deutschen Rezession". *Sparkassen-
Zeitung* vom 19.12.2008, S. 6.

Sonstige Literatur:
Böschen, Mark von: „2.000.000.000.000". *WirtschaftsWoche* 45 (2009), S.
20.
o. V.: „Engel und Buhmänner". *Schweizer Bank* 11 (2009), S. 26.
o. V.: „Gebühren für deutsche Staatsgarantien steigen ab Juli". *Sparkassen-
Zeitung* vom 25.06.2010, S. 2.

Kapitel 5: Wir bestellen, ihr bezahlt

Die Pleite-Promis finden Sie hier:
Nareyek, Matthias: „Peter Lustig muss sein Haus verkaufen". *Bild*, URL:
http://www.bild.de/BILD/unterhaltung/leute/2009/08/20/peter-lustig/
muss-sein-haus-verkaufen.html.
Onken, Matthias: „Ich hatte Frauen, Geld, Ruhm. Aber ich war nie glücklich".
Bild, URL: http://www.bild.de/BILD/regional/hamburg/leute/2009/10/21/
gunter-gabriel/hatte-frauen-geld-ruhm.html.
o. V.: „Deutschland, deine Pleite-Stars". *Bild*, URL: http://www.bild.de/
BILD/unterhaltung/leute/2008/09/14/pleite-stars/saengerin-michelle-
und-andere-erzaehlen-ihre-schulden-geschichte.html.
o. V.: „Peter Lustig: Der Erklärbär geht in Rente". *Stern*, URL: http://www.
stern.de/kultur/film/peter-lustig-der-erklaerbaer-geht-in-rente-544510.html.
o. V.: „Schlagersängerin hat Privatinsolvenz angemeldet". *Bild*, URL: http://
www.bild.de/BILD/unterhaltung/leute/2008/09/10/michelle/pleite-schla-
ger-saengerin-musste-privatinsolvenz-anmelden.html.

Die Idee vom fiskalischen Spielraum steht hier:
Ostry, Jonathan D. et al.: „Fiscal Space". *IMF Staff Position Note* vom
01.09.2010, SPN/10/11.

*Die Panne auf dem Kongress der Globalisierungsgegner und der blonde Arbei-
ter:*
Staudt, Toralf: Attac: „Blondes Ächzen. Wenn Globalisierungskritiker gegen
‚Profithaie' wettern, ist der Antisemitismus nicht weit". *Die Zeit* 44 (2003),
URL: http://www.zeit.de/2003/44/attac.

Der staatliche Schlendrian ist hier dokumentiert:
Bund der Steuerzahler: *Die öffentliche Verschwendung 2010, 38. Schwarzbuch des Bundes der Steuerzahler.* Bonn, 2010.
Bundesrechnungshof: *Bemerkungen 2009 zur Haushalts- und Wirtschaftsführung des Bundes.* Bonn, 2009.
Bundesrechnungshof: *Ergebnisbericht 2006. Folgerungen aus den Bemerkungen des Bundesrechnungshofes 2003 und 2004.* Bonn, 2006.

Wachstum, Schulden und Nicht-Linearitäten:
Kumar, Manmohan S.; Woo, Jaejoon: „Public Debt and Growth". *IMF Working Paper* 19/174, Juli 2010.

Der Verkauf von Wahlstimmen und die politische Ökonomie der Staatsschulden:
o. V.: „Chicago will Stimmenkauf per Internet stoppen". Heise online, URL: http://www.heise.de/newsticker/meldung/Chicago-will-Stimmenkauf-per-Internet-stoppen-28570.html.
o. V.: „Ein Mann schockt Amerika". *Horizont* 42 (2000), S. 13.
Mikosch, Heiner Felix; Übelmesser, Silke: „Staatsverschuldungsunterschiede im internationalen Vergleich und Schlussfolgerungen für Deutschland". *Perspektiven der Wirtschaftspolitik* 8 (2007), S. 309–334.

Die Stadt Langenfeld:
Mäurer, Lutz: „Eine Stadt spart sich schuldenfrei". *IHK-Magazin – Wirtschaftsnachrichten der IHK Mittlerer Niederrhein* 7 (2010), S. 28.

Finanzausgleich und Kommunalfinanzen:
Deutsche Bank: „Kommunalfinanzen – zukunftssicher aufgestellt?" DB Research, *Aktuelle Themen 482* vom 05.05.2010.
Ehrensberger, Wolfgang: „Mehr Kontrolle bei Empfängern". *Euro am Sonntag* 32 (2010), S. 10–11.
Hofmann, Michael: „Fiscal Decentralization and Public Sector Deficits: An Empirical Analysis with Panel Data". *Working Paper TU Dresden*, Februar 2010.
Sarnes, Juliane et al.: „Pleite vor der Haustüre". *WirtschaftsWoche* 31 (2009), S. 18.

Hier ärgert sich Herr Seehofer über den Länderfinanzausgleich:
o. V.: „Bayern stellt Länderfinanzausgleich infrage". *Zeit*, URL: http://www.zeit.de/politik/deutschland/2009-11/seehofer-finanzausgleich.

Hier blitzt Berlin beim Verfassungsgericht ab:
Bundesverfassungsgericht: Urteil des Bundesverfassungsgerichtes vom 19.10.2006; BVerfG, 2 BvF 3/03 vom 19.10.2006, Absatz-Nr. (1–256), http://www.bverfg.de/entscheidungen/fs20061019_2bvf000303.html.
o. V.: „Haushaltspolitik ‚Extreme Haushaltsnotlage'". *Frankfurter Allgemeine Zeitung* vom 03.09.2003, S. 1.
Selmer, Peter: „Zur Reform der bundesstaatlichen Finanzverfassung – Fragestellungen nach Föderalismusreform und Berlin-Urteil des BVerfG". *Neue Zeitschrift für Verwaltungsrecht* (NVwZ) 2007, S. 872–880.

Ricardianische Äquivalenz in Deutschland:
Lucke, Bernd: „Econometric Tests of Ricardian Equivalence: Results for Germany". *Finanzarchiv* Band 55, 3 (1999), S. 288–314.
o. V.: „Hans Eichels dramatischer Appell". *Welt*, URL: http://www.welt.de/print-welt/article695034/Hans_Eichels_dramatischer_Appell.html.

Weitere Daten und Quellen zu Staatsverschuldung und Wachstum:
Deutsche Bundesbank: Zur Verschuldung und Zinsbelastung des Staates in Deutschland, in: *Deutsche Bundesbank Monatsbericht*, April 2010, S. 15–33.
European Commission: „Public Finances in EMU 2010". *European Economy* 4 (2010).
Greiner, Alfred; Koeller, Uwe; Semmler, Willi: „Testing the Sustainability of German Fiscal Policy: Evidence for the Period 1960–2003". *Empirica* 33 (2006), S. 127-140.

Kapitel 6: Zerbrochene Träume

Die Schuldenkrisen der 80er-Jahre:
Federal Deposit Insurance Corporation: *History of the 80s. Volume I: An Examination of the Banking Crises of the 1980s and Early 1990s.* Washington, 1997.
Glebe, Dirk: *Börse verstehen: Die globale Finanzkrise. Alles über die Finanzkrisen dieser Welt.* Wuppertal: Spinnbooks, 2008.
Heumann, Pierre: „Wie nach dem 3. Weltkrieg". *Weltwoche* 14 (2010); URL: http://www.weltwoche.ch/ausgaben/2010-14/artikel-2010-14-wie-nach-dem-3-weltkrieg.html.

Und noch mal Argentinien:
Hannemann, Matthias: „Kriminaltango". *brand eins* 6 (2007), S. 126–131.
Schupflocher, Robert: „Argentinien: zwanzig Jahre Demokratie. Vom Wohlstand in die Krise". *Matices. Zeitschrift zu Lateinamerika, Spanien und Portugal* 41 (2004), URL: http://www.matices.de/41/argentinien/.
Stausberg, Hildegard: „Argentinien aus dem Takt". *Welt*, URL: http://www.welt.de/die-welt/debatte/article8285853/Argentinien-aus-dem-Takt.html.

Peter Zwegat:
o. V.: „Schweigen bis zum bitteren Tod". Peter Zwegat im Interview, URL: http://www.rtl.de/cms/unterhaltung/tv-programm/real_life/raus-aus-den-schulden/rads-interview-zwegat.html

Die griechischen Militärausgaben:
Rhoads, Christopher: „A look at the submarine deals that helped to sink Greece". *Wall Street Journal* vom 13.07.2010, S. 14.
Gamillschegg, Hannes: „Deutsche verdienen gut am Waffenexport". *Frankfurter Rundschau*, URL: http://www.fr-online.de/in_und_ausland/politik/aktuell/?em_cnt=2422594&.

Der Währungsfonds:
Driscol, David D.: *Was ist der Internationale Währungsfonds?* International Monetary Fund, Publication Services, 1998.

Die Ratingagenturen und die Kritik an ihnen:
Beck, Hanno; Wienert, Helmut: „Zur Reform des Rating-(Un)Wesens. Bestandsaufnahme und eine Reform-Option". *Jahrbuch für Wirtschaftswissenschaften* 61 (2010), S. 45–67.
Ettel, Anja; Zschäpitz, Holger: „Die unheimliche Macht der Ratingagenturen". *Welt*, URL: http://www.welt.de/wirtschaft/article7399081/Die-unheimliche-Macht-der-Ratingagenturen.html.
o. V.: „Ratingagenturen: ‚Von Beginn an versagt'". *Süddeutsche Zeitung*, URL: http://www.sueddeutsche.de/geld/ratingagenturen-von-beginn-an-versagt-1.933547.

Kapitel 7: Ein einig Volk von Europäern

Die Swimmingpools, Privilegien für Staatsbedienstete und Steuerfahnder in Griechenland:
Batzoglou, Ferry et al.: „Der Stab ist gebrochen". *Spiegel* 19 (2010), S. 66–72.
Kadritzke, Nils: „Griechenland – Einschneidende Reformen wirken nur mit europäischer Solidarität".In: Friedrich-Ebert-Stiftung (Hrsg): *Euroland auf dem Prüfstand – Ist die Währungsunion noch zu retten?* Berlin, 2010, S. 7–13.
o. V.: „Wie Griechenland das Geld verschwendet". *Frankfurter Allgemeine Zeitung*, URL: http://www.faz.net/s/Rub3ADB8A210E754E748F42960C-C7349BDF/Doc~E600E8CCE9C4D4A71AF0EF8362995C0F9~ATpl~Ecommo n~Scontent.html.
o. V.: „Wo die Griechen Milliarden verschwenden". Presse.com; URL: http://diepresse.com/home/wirtschaft/economist/561787/index.do.
Steinvorth, Daniel: „Große Fische, kleine Fische". *Spiegel* 31 (2010), S. 84–86.
Sturm, Friedrich: „Beamten-Streik legt Griechenland zwei Tage lahm". *Welt*, URL: http://www.welt.de/politik/ausland/article7474887/Beamten-Streik-legt-Griechenland-zwei-Tage-lahm.html

Bolko Hoffmann:
Zschäpitz, Holger: „Das selbst ernannte Sprachrohr der Kleinanleger ist tot". *Welt*, URL: http://www.welt.de/welt_print/article1127542/Das_selbst_er-nannte_Sprachrohr_der_Kleinanleger_ist_tot.html.

Die Euro-Kritiker – Hankel und Issing:
Heumann, Dieter: „Europäische Währung: Interview mit Euro-Kritiker Wilhelm Hankel: ‚Der Bürger ist doch gar nicht gefragt worden'". *VDI Nachrichten* vom 14.11.1997, S. 7.

Die getürkten griechischen Statistiken:
Mussler, Werner: „Schwere Fehler in der griechischen Statistik". *Frankfurter Allgemeine Zeitung*, URL: http://www.faz.net/s/Rub3AD-B8A210E754E748F42960CC7349BDF/Doc~E36DFBBC8713A40279EDB373037 6BE962~ATpl~Ecommon~Scontent.html.
Mussler, Werner; Herrmann, Rainer: „Griechenlands Defizit plötzlich verdoppelt". *Frankfurter Allgemeine Zeitung*, URL: http://www.faz.net/s/Rub0E9E-EF84AC1E4A389A8DC6C23161FE44/Doc~E6FFF673BA79C40DC8A89C1432A 4983CF~ATpl~Ecommon~Scontent.html.

Die getürkten Beitrittsbilanzen:
Berschens, Ruth et al.: „Ein paar Tricks zeigen". *WirtschaftsWoche* 42 (1996), S. 39.
Dunkel, Monika: „Währungsunion: In bester Gesellschaft". *WirtschaftsWoche* 16 (1997), S. 32.
Funke, Andreas: „Euro-Hausaufgaben Schuldenquoten kaum rückläufig". *SparkassenZeitung* vom 22.12.1998, S. 4.
Meck, Georg: „EU: Tarnen und Täuschen". *Focus* 48 (1996), URL: http://www.focus.de/politik/ausland/eu-tarnen-und-taeuschen_aid_161685.html.

Die europäischen Banken, die Kapitalmärkte und die Kredite an Griechenland:
Avdjiev, Stefan; Upper, Christian; von Kleist, Karsten: „Trends im internationalen Bankgeschäft und an den internationalen Finanzmärkten". *BIZ-Quartalsbericht* September 2010, S. 1–16
European Commission: „Annual Report on the Euro Area 2009". *European Economy* 6 (2009).

Gyntelberg, Jacob; Hördahl, Peter: „Overview: sovereign risk jolts markets". *BIS Quarterly Review*, März 2010, S. 1–12.

Ruhkamp, Stefan: „Irlands Risikoprämien steigen auf Rekordwert". *Frankfurter Allgemeine Zeitung*, URL: http://www.faz.net/s/Rub09A305833E12405A-808EF01024D15375/Doc~E53D88989E58D4483B477E431AE70B84B~ATpl~E common~Scontent.html.

Portugal und der portugiesische Oppositionschef:
Grüttner, Anne: „Illusion des leichten Geldes". *WirtschaftsWoche* 19 (2010), S. 36.

Grüttner, Anne: „Portugal mit schwachem Antrieb". *WirtschaftsWoche*, URL: http://www.wiwo.de/finanzen/portugal-mit-schwachem-antrieb-429757/

Gescheiterte Währungsunionen:
Koch-Mehrin, Silvana: „Déjà-vu! Wie Griechenland sich schon einmal unbeliebt machte". *Welt am Sonntag* vom 07.03.2010, URL: http://www.welt.de/die-welt/politik/article6673397/Deja-vu-Wie-Griechenland-sich-schon-einmal-unbeliebt-machte.html.

Theurl, Theresia: „Unionsverträge: Sprengsatz war immer das Budget". *Frankfurter Allgemeine Zeitung*, URL: http://www.faz.net/s/Rub3AD-B8A210E754E748F42960CC7349BDF/Doc~ED8746691C0E74958B63651A7D7 03B1AC~ATpl~Ecommon~Scontent.html.

Welteke, Ernst: „Der Weg zur EWU". *Die politische Meinung* 387 (2002), S. 53–58.

„Wir sind Europas Deppen":
Blome, Nikolaus: „Wir sind wieder mal Europas Deppen!" *Bild*, URL: http://www.bild.de/BILD/politik/wirtschaft/2010/05/11/pleite-nachbarn-milliarden-hilfe/euro-krise-wir-sind-europas-deppen.html.

Die Nacht- und Nebelrettungsaktion für den Euro:
Appenzeller, Gerd: „Europas gute Nachtgeschichte". *Tagesspiegel*, URL: http://www.tagesspiegel.de/wirtschaft/europas-gute-nachtgeschichte/1907688.html.

Busse, Nikolas: „Als der Euro gerettet wurde". *Frankfurter Allgemeine Zeitung*, URL: http://m.faz.net/Rub3ADB8A210E754E748F42960CC7349BDF/Doc~E8B0 2B8EE48DC43F592E7472B868C052D~ATpl~Epartner~Ssevenval~Scontent.xml.

Die Rettung der Griechen – Zahlen und Stimmen:
Issing, Otmar: „Die Europäische Währungsunion am Scheideweg". *Frankfurter Allgemeine Zeitung*, URL: http://www.faz.net/s/RubB8DF-B31915A443D98590B0D538FC0BEC/Doc~EAB4863170BDC45E3BB25D4093 8FDB3B7~ATpl~Ecommon~Sspezial.html.

Mallien, Jan; Fischer, Malte; Höhler, Gerd: „Alles pleite. Der große Trick". *WirtschaftsWoche* 18 (2010), S. 18.

Meyer, Dirk: „Kredithilfe für Griechenland – eine ökonomische Analyse und Bewertung". *Zeitschrift für das gesamte Kreditwesen* 12 (2010), S. 614–619.

Müller, Henrik: „Warum Griechenland unser Geld verdient". *Manager Magazin*, URL: http://www.manager magazin.de/unternehmen/arti kel/0,2828,676848,00.html.

o. V.: „Euro-Krise: Merkel warnt vor einem Scheitern Europas". *Spiegel*; URL: http://www.spiegel.de/politik/deutschland/0,1518,694675,00.html.

o. V.: „Griechen schaffen Milliarden Euro ins Ausland". *Spiegel*, URL: http://www.spiegel.de/wirtschaft/soziales/0,1518,700790,00.html.

o. V.: „Griechen wachsen die Schulden über den Kopf". *Handelsblatt*, URL: http://www.handelsblatt.com/politik/international/griechen-wachsen-die-schulden-ueber-den-kopf;2105353.

o. V.: „Rettungspaket: Griechenland braucht bis zu 135 Milliarden Euro". *Spiegel*, URL: http://www.spiegel.de/wirtschaft/soziales/0,1518,691847,00. htm.

o. V.: „Schuldenkrise: Griechen schimpfen über Deutschland". *Focus*, URL: http://www.focus.de/finanzen/news/staatsverschuldung/schuldenkrise-griechen-schimpfen-ueber-deutschland_aid_484644.html.

o. V.: „Verkauft doch Eure Inseln, Ihr Pleite-Griechen", *Bild*, URL: http://www.bild.de/BILD/politik/wirtschaft/2010/03/04/pleite-griechen/regierung-athen-sparen-verkauft-inseln-pleite-akropolis.html

Schuster, Marcus: „Wir kriegen Korfu!" *Wirtschaftsjournalist* 03 (2010), S. 26.

Sinn, Hans-Werner et al.: „Zehn Regeln zur Rettung des Euro". *Frankfurter Allgemeine Zeitung* vom 18.06.2010, S. 10.

Wolff, Stefan: „Griechenland-Hilfe". *VDI Nachrichten* vom 30.04.2010, S. 16.

Zur Rechtmäßigkeit der Rettungsaktion:

Jahn, Joachim: „Europäische Verträge verbieten einen ‚Bail Out'", *Frankfurter Allgemeine Zeitung*, URL: http://www.faz.net/s/Rub3AD-B8A210E754E748F42960CC7349BDF/Doc~E06A3051636394CFDB91C276CE1 00A497~Atpl~Ecommon~Scontent.html.

Kerber, Markus C.: „Währungsunion mit Finanzausgleich? Eine Klarstellung zur Legalität von Finanzhilfen für Finanznotstandsstaaten der Eurozone". *ifo Schnelldienst* 11 (2010), S. 6–9.

Die unsolidarischen Slowaken:

Trares, Thomas: „Die Slowakei wagt den Bruch mit der Euro-Solidarität". *SparkassenZeitung* vom 17.09.2010, S. 5.

Weitere Literatur:

Blümel, Martin: „Schluss mit kreativem Schönrechnen". *Euro am Sonntag* 51 (2009), S. 34–35.

Deutsche Bundesbank: „Zur Problematik makroökonomischer Ungleichgewichte im Euro-Raum". *Deutsche Bundesbank Monatsberichte* Juli 2010, S. 18–40.

Sachverständigenrat zur Begutachtung der gesamtwirtschaftlichen Entwicklung: *Widerstreitende Interessen – Ungenutzte Chancen*. Jahresgutachten 2006/2007, Wiesbaden, 2006.

Schäfer, Hans-Bernd: „Insolvenzrecht für internationale Staatsschulden". *ifo Schnelldienst* 6 (2010), S. 18–25.

Kapitel 8: Ein neues Haus für Europa?

Die Todesanzeige für den Euro finden Sie in der *WirtschaftsWoche* 20 (2010).

Der Rückblick der F.A.Z.:

Plickert, Philip: „Ein Blick zurück aus dem Jahr 2013: Die Alternative". *Frankfurter Allgemeine Zeitung*, URL: http://www.faz.net/s/Rub3AD-B8A210E754E748F42960CC7349BDF/Doc~EAD022E2AB15F4C9F9E87E8657F AE90CE~Atpl~Ecommon~Scontent.html.

Die Euro-Verschwörungstheorien:

Greis, Christian: „Verschwörungstheorie sagt Auferstehung der D-Mark voraus". *Thüringer Allgemeine*, URL: http://www.tlz.de/startseite/detail/-/

specific/Verschwoerungstheorie-sagt-Auferstehung-der-D-Mark-vor-aus-1319791665.
Hüber, Paul: „Finanz-Experte: ‚Bundesbank druckt bereits neue D-Mark!'"
Freie Allgemeine, URL: http://www.freie-allgemeine.de/artikel/browse/13/news/finanz-experte-bundesbank-druckt-bereits-neue-d-mark/.

Die Griechen müssen zum Schuldenrapport antreten:
Martens, Michael: „Griechenland: Die Regierung muss den Geldgebern wöchentlich berichten". *Frankfurter Allgemeine Zeitung*, URL: http://www.faz.net/s/Rub3ADB8A210E754E748F42960CC7349BDF/Doc~E90301279F2334EB8A4A55D9AD2616933~ATpl~Ecommon~Scontent.html.

Die Reformoptionen für die Union und die Kritiker:
Franco, Daniele; Zotteri, Stefania: „Ensuring Fiscal Sustainability: Which Role for Fiscal Rules? The Experience of European Countries". *Working Paper*, Rom: Banca d'Italia, 2010.
Jahn, Joachim: „Eurokrise: Warnung vor Transferunion". *Frankfurter Allgemeine Zeitung*, URL: http://www.faz.net/s/Rub3ADB8A210E754E748F42960C-C7349BDF/Doc~E7A8F0796142A40C4821B33B3C7B43F20~ATpl~Ecommon~Scontent.html.
Lammers, Konrad: „Braucht die Eurozone eine europäische Wirtschaftsregierung?" *ifo Schnelldienst* 14 (2010), S. 14–19.
Mussler, Werner: „EU-Kommission: Wie die Währungsunion reformiert werden soll". *Frankfurter Allgemeine Zeitung*, URL: http://www.faz.net/s/Rub3ADB8A210E754E748F42960CC7349BDF/Doc~E80ABF999C5BE42079D572700C890D15A~ATpl~Ecommon~Scontent.html.
Ziedler, Christopher: „Euro-Krise: Was plant die EU-Kommission?" *Tagesspiegel*, URL: http://www.tagesspiegel.de/politik/was-plant-die-eu-kommission/1838174.html.

Die Kohäsionsfonds:
o. V.: „Strukturfonds und Kohäsionsfonds". Bundesfinanzministerium, URL: http://www.bundesfinanzministerium.de/nn_39848/DE/BMF__Startseite/Service/Glossar/S/018__Strukturfonds__und__Kohaesionsfonds.html

Die gescheiterten Defizitverfahren:
o. V.: „Defizit-Verfahren gegen Deutschland und Frankreich. EU-Kommission klagt vor dem Europäischen Gerichtshof". EU-Info Deutschland; URL: http://www.eu-info.de/euro-waehrungsunion/5009/5268/defizit-verfahren-deutschland-stabilitaetspakt/.

Barry Eichengreen und die Science-Fiction vom Ende der Währungsunion:
Meck, Georg: „Die Griechen sind eure Lehman Brothers". Starökonom Barry Eichengreen im Gespräch, *Frankfurter Allgemeine Zeitung*, URL: http://www.faz.net/s/Rub58BA8E456DE64F1890E34F4803239F4D/Doc~EDCE8C577B2074C4E9D1EBDBAC47618A8~ATpl~Ecommon~Scontent.html.

Peter Bofinger, Hans-Peter Friedrich und der Austritt aus der Währungsunion:
o. V.: „Griechenland-Krise: Debatte über Austritt aus Währungsunion". *Frankfurter Allgemeine Zeitung*, URL: http://www.faz.net/s/Rub3AD-B8A210E754E748F42960CC7349BDF/Doc~E35E06F5937DB4F7DB5DB4AF4BB2ACEB8~ATpl~Ecommon~Sspezial.html.

Empirisches zur Auflösung von Währungsunionen:
Nitsch, Volker: „Have a break, have a … national currency: when do monetary unions fall apart?" *CESifo Working Paper* No. 1113, 7 (2003).

Kapitel 9: Der Weg der Feiglinge

Historisches zur Inflation:
Bernholz, Peter: *Monetary Regimes and Inflation. History, Economic and Political Relationships.* Cheltenham, U.K., und Northampton MA, USA: Edward Elgar Publ., 2003.
Deutsche Bundesbank: „Die Kipper- und Wipperzeit von 1618 bis 1623". URL: http://www.geldmuseum.de/download/kipper_wipperzeit.pdf.
Hajek, Stefan: „Angst frisst Geld. Angst fressen Konto auf". *WirtschaftsWoche* 49 (2009), S. 102.

Die deutsche Hyperinflation:
Hardach, Gerd: „Billionen Mark für einen Dollar, 80 Jahren wurde die größte Inflation der deutschen Geschichte überwunden". *VDI Nachrichten* vom 24.10.2003, S. 8.
Iken, Katja: „Zeit ist Geld". *Spiegel*, URL: http://einestages.spiegel.de/static/topicalbumbackground/1278/zeit_ist_geld.html.
Malcher, Ingo: „Als sich das Geld in Rauch auflöste". *brand eins* 10 (2010), S. 20.

Quantitative und Qualitative Easing:
Aizenman, Joshua; Marion, Nancy: „Using Inflation to Erode the U.S. Public Debt". *Working Paper*, November 2009.
Sachverständigenrat zur Begutachtung der gesamtwirtschaftlichen Entwicklung: *Die Zukunft nicht aufs Spiel setzen.* Jahresgutachten 2009/10, Wiesbaden, 2009.

Die Geschichte der Deutschen Bundesbank und Stimmen zu ihrer Unbeugsamkeit:
Deutsche Bundesbank: „Bundesbank im Meinungsstreit – Stimmen aus Wissenschaft und Politik". URL: http://www.bundesbank.de/50jahre/50jahre_pressematerialien_stimmen.php.
Deutsche Bundesbank (Hrsg.): *Fünfzig Jahre Deutsche Mark: Notenbank und Währung in Deutschland seit 1948.* München 1998.
Historische Gesellschaft der Deutschen Bank e. V.: „Zur Erinnerung an Karl Klasen". *Bank und Geschichte, Historische Rundschau,* 19 (2009).
o. V.: „50 Jahre Bundesbank: Eine Bank wie Schlagsahne". *Manager Magazin,* URL: http://www.manager-magazin.de/unternehmen/artikel/0,2828,496083,00.html.
Der Seufzer über Italien und die unmoralischen Gewinne:
o. V.: „Italien Wunder auf Bewährung". *WirtschaftsWoche* 35 (1987), S. 34.

Inflationsindexierte Anleihen:
Wilkens, Sascha; Wimschulte, Jens: „Inflationsindexierte Anleihen. Eine Analyse vor dem Hintergrund der ersten Emission der Bundesrepublik Deutschland". *Finanz Betrieb* 9 (2006), S. 573–580.

Kapitel 10: Die Bestie aushungern

Die Bestie aushungern:
Bartlett, Bruce: „‚Starve the beast'. Origin and development of a budgetary metaphor". *Independent Review* XII (2007), S. 5–26.

Es gibt ein Leben nach den Schulden:
Schuknecht, Ludger; Tanzi, Vito: „Reforming public expenditure in industrialised countries: are there trade-offs?" *European Central Bank, Working Paper Series*, No. 435, Februar 2005.

Das Ende der deutschen Reparationen:
Fecke, Britta: „Das Ende der Reparationszahlungen vom 1. Weltkrieg".
Deutschlandradio, URL: http://www.dradio.de/dlf/sendungen/europaheute/1286932/.
Kellerhoff, Sven Felix: „Deutschlands Reparationszahlungen laufen aus".
Welt, URL: http://www.welt.de/wirtschaft/article9923669/Deutschlands-Reparationszahlungen-laufen-aus.html.

Die Münsteraner Schuldeninitiative:
Baumeister, Klaus: „Wenig Interesse: Bürger-Debatte zum Sparen". *Westfälische Nachrichten*, URL: http://www.westfaelische-nachrichten.de/lokales/muenster/nachrichten/1382263_wenig_interesse_buerger_debatte_zum_sparen.html.
Schemann, Wolfgang: „Bürger fordern ‚Schuldenstopp'". *Westfälische Nachrichten*, URL: http://www.westfaelische-nachrichten.de/lokales/muenster/nachrichten/1371195_Buerger_fordern_Schuldenstopp.html

Die Schuldenbremse:
Deutscher Bundestag und Bundesrat: *Die gemeinsame Kommission von Bundestag und Bundesrat zur Modernisierung der Bund-Länder-Finanzbeziehungen. Die Beratungen und ihre Ergebnisse.* Berlin 2010.
Lenz, Christofer; Burgbacher, Ernst: „Die neue Schuldenbremse im Grundgesetz". *Neue Juristische Wochenschrift* (NJW) 2009, S. 2561–2567.
Selmer, Peter: „Die Föderalismusreform II – ein verfassungsrechtliches simile monstrum". *Neue Zeitschrift für Verwaltungsrecht* (NVwZ) 2009, S. 1255–1262.

Was würde ein europäischer Finanzausgleich kosten?
Ettel, Anja; Zschäpitz, Holger: „Deutschland zahlt, Europa kassiert". *Welt am Sonntag* vom 28.11.2010, S. 33.
Ungarn und andere Staaten rauben die Renten ihrer Bürger:
o. V.: „Hands off our pensions". *The Economist* vom 04.12.2010, S. 80.
o. V.: „Ungarn will mit Rentenreform Staatsschulden drücken". Reuters Deutschland, URL: http://de.reuters.com/article/economicsNews/idDE-BEE6AP04G20101126.
Seiser, Michaela: „Ungarn greift in Rentenkassen". *Frankfurter Allgemeine Zeitung*, URL: http://www.faz.net/s/Rub09A305833E12405A-808EF01024D15375/Doc~E834874EC00AD457FAAED3926830A4B45~ATpl~Ecommon~Scontent.html.
Szigetvari, András: „Ungarns Budgetgesundung: Orbán saugt Pensionsfonds aus". *Standard* vom 26.11.2010.

Epilog: Löcher in der Tasche oder die Tage davor

Frau Kirchner und der Pfändungsbeschluss:
Boehringer, Simone: „Argentinien: Präsidentin Kirchner – Jagd auf die Unnahbare". *Süddeutsche Zeitung*, URL: http://www.sueddeutsche.de/geld/argentinien-praesidentin-kirchner-jagd-auf-die-unnahbare-1.1008964.

REGISTER

Droht uns ein neuer Kalter Krieg?
Ein kalter Wirtschaftskrieg?

Sandschneider
Der erfolgreiche Abstieg Europas
Heute Macht abgeben, um morgen
zu gewinnen
ca. 250 Seiten
ISBN 978-3-446-42352-7

Die Zahlen sprechen eine klare Sprache: Im Jahr 1900 lebten noch rund 21% der Weltbevölkerung in Europa, 2050 werden es gerade mal 7,6% sein. Versinken wir in der Bedeutungslosigkeit?

Aufstrebende Schwellenländer wie China, Indien, Brasilien und Russland gewinnen an wirtschaftlicher Stärke, machen uns mit ihrem Rohstoffhunger angestammte Plätze streitig und beanspruchen immer mehr politische Macht. Der Westen dagegen ächzt unter den Folgen der Wirtschaftskrise und ist geschwächt. Gigantische Schuldenberge schnüren kommenden Generationen die Luft ab. Unser technologischer Vorsprung, jahrzehntelang Garant unseres Wohlstands, schmilzt dahin.

Eberhard Sandschneider zeigt eine überzeugende Alternative auf: Wenn wir freiwillig Macht abgeben, kann ein neues Gleichgewicht zum Nutzen aller entstehen – nur so werden wir unseren Einfluss in der Welt wahren. Eine kluge und dabei sehr lesbare Analyse.

HANSER

Gestern Entwicklungsland –
heute Global Player

Alexander Busch
Wirtschaftsmacht Brasilien
ca. 310 Seiten
ISBN 978-3-446-42681-8

Brasilien gehört heute zu den neuen Playern auf der internationalen Bühne. Das Land verfügt über starke Trümpfe: Die 190 Millionen Brasilianer bilden einen großen Binnenmarkt. Private, staatliche und ausländische Unternehmen arbeiten dort nebeneinander – von Kleinstbetrieben bis zu Großkonzernen, mit eigener Forschung und eigenen Marken. Die gewaltigen Rohstoffvorkommen und das größte landwirtschaftliche Potenzial weltweit machen Brasilien zu einem der führenden Lebensmittelproduzenten und industriellen Zulieferer der Weltwirtschaft. Das Land wird mit Öl, Gas und Biotreibstoffen, durch seine Wasserkraft, nukleares Potenzial und nachhaltige Stromerzeugung eine Energie-Großmacht.

Weltpolitisch gewinnt Brasilien an Gewicht: Beim Welthandel, der Klimadiskussion, in der UNO, bei der G-20 – ohne die Brasilianer ist ein Konsens bei vielen großen Themen der Menschheit nicht möglich. Alexander Busch zeichnet das faszinierende Porträt einer der bedeutendsten Wirtschaftsmächte weltweit.

Mehr Informationen zu diesem Buch und zu unserem Programm unter **www.hanser-literaturverlage.de**

Warum der Westen Platz machen muss – und nur gewinnen kann

Bremmer
Das Ende des freien Marktes
Der ungleiche Kampf zwischen
Staatsunternehmen und Privatwirtschaft
240 Seiten
ISBN 978-3-446-42700-6

Staatskapitalismus lautet die Formel, die westliche Unternehmen und Demokratien neuerdings das Fürchten lehrt: Riesige Unternehmen wie Gazprom und Rosneft, Sinopec und die Industrial and Commercial Bank of China (ICBC) werden von staatlicher Seite massiv unterstützt – finanziell und durch die Gesetzgebung. Sie verfolgen nicht nur wirtschaftliche Ziele, sondern politische: Sie sollen den Einfluss ihres Ursprungslands und seiner Machthaber sichern. Zur Durchsetzung ihrer Interessen ist jedes Mittel recht: Preiskämpfe, Lohndumping, Bestechung. Die Hauptakteure sitzen in China, Russland, Saudi-Arabien und im Iran – doch ihr Erfolg ruft immer mehr Nachahmer in den Schwellenländern auf den Plan.

Westliche Unternehmen sind dagegen machtlos: Sie sind Zwerge im Vergleich zu den gigantischen Staatsunternehmen. Wie soll man einem Unternehmen wie der China Investment Corporation (CIC) ernsthaft Konkurrenz machen, deren Kapital mit rund 200 Milliarden Dollar dem Bruttoinlandsprodukt eines mittelgroßen Staates wie Portugal entspricht?

Mehr Informationen zu diesem Buch und zu unserem
Programm unter **www.hanser-literaturverlage.de**